◆ 徐州工程学院学术著作出版基金资助出版

◆ 江苏省「十三五」重点建设一级学科：徐州工程学院「中国语言文学」学科

《尚书》文体类型与成因研究

SHANGSHU WENTI LEIXING YU CHENGYIN YANJIU

潘 莉 ◎ 著

知识产权出版社

全国百佳图书出版单位

图书在版编目（CIP）数据

《尚书》文体类型与成因研究 / 潘莉著. —北京：
知识产权出版社，2016.12
ISBN 978 - 7 - 5130 - 4638 - 1

Ⅰ.①尚… Ⅱ.①潘… Ⅲ.① 中国历史—商周时代
②《尚书》—文体—研究 Ⅳ.①K221.04

中国版本图书馆 CIP 数据核字（2016）第 303561 号

责任编辑：邓　莹　　　　　　　　责任校对：谷　洋
封面设计：张　冀　　　　　　　　责任出版：刘译文

《尚书》文体类型与成因研究

潘　莉　著

出版发行：	知识产权出版社 有限责任公司	网　　址：	http://www.ipph.cn
社　　址：	北京市海淀区西外太平庄55号	邮　　编：	100081
责编电话：	010-82000860 转 8346	责编邮箱：	dengying@cnipr.com
发行电话：	010-82000860 转 8101/8102	发行传真：	010-82005070/82000893
印　　刷：	保定市中画美凯印刷有限公司	经　　销：	各大网上书店、新华书店及相关专业书店
开　　本：	880mm×1230mm　1/32	印　　张：	13
版　　次：	2016 年12月第 1 版	印　　次：	2016 年12月第 1 次印刷
字　　数：	300 千字	定　　价：	36.00 元

ISBN 978 - 7 - 5130 - 4638 - 1

序

潘莉的专著《〈尚书〉文体类型与成因研究》，是在她的博士论文基础上进一步深化研究的成果。记得2013年5月潘莉进行博士论文答辩，评审专家、答辩委员会专家和其他学者就她的论文提出了许多宝贵的意见。数年来，潘莉根据这些意见对论文进行了认真修改和完善。现知识产权出版社决定出版该著作，我作为她的攻读博士学位时的导师，感到由衷的欣慰。

2010年，潘莉以优异的成绩考取了我的博士，进校不久，她就和我谈了想作《尚书》文体研究的想法，我觉得这个选题很有学术价值，赞同了她的意见。但是也感到这个题目面临很大的困难。一是《尚书》文本比较"佶屈聱牙"，文字古奥艰深，要疏通文句，读懂读通并理解其丰富文化内涵，这是要费一番大工夫的。二是《尚书》文体研究受到历代学者的关注，研究成果颇丰，要在短时间内梳理、熟悉这些成果并且有所创新和推进，实非易事。三是中国古代文体分类繁琐芜杂，原则不明，缺乏严格的科学归纳方法。各种文体之间的界限也不是那么明晰，《尚书》文体亦如是。要厘清《尚书》各体之间的复杂关系并为学界所认可，这也不是一件容易的事情。但潘莉决心迎难而上，我亦加以鼓励。潘莉硕士阶段的专业方向也是中国古代文学的先秦两汉文学方向，有一定的文献功底，本人也有坚韧的毅力和锲而不舍的研究精神，在确定选题后，始终能沉潜下去，认真钻研和写作，终于写就。

文体形态不是纯语言形式现象，文体语言形式的深层具有丰富的人文内涵。人类在与自然及社会长期交往的历史中，形成艺术地感受和体验世界的心理图式和精神结构，人类的生存环境与精神需求才是文体形成和发展的内在原因。文体的产生与演变也同样反映时代的审美选择与社会心态。《尚书》的多种文体为后世所取法，其本身也蕴含丰富的文化意义。潘莉对《尚书》文体进行系统分析，在传统"六体说""十体说"基础上提出由《尚书》篇目文体、包含文体、影响文体三个层次构成的二十二体说，对于文体的演变也有较为详细的梳理，这些对于我们研究《尚书》和古代文体乃至中国古代文学是颇有意义的。

潘莉在论析过程中，注重围绕《尚书》"记言"的特征，一方面比较其文体与《春秋》《诗经》的异同及成因；另一方面具体分析典、谟、训、诰等各种文体的特点功能、人文内涵及其对后世文体的影响，视角较为独特，方法对路。尤其是对《尚书》文体蕴藉的功能和文化内涵的深入思考，更见其探索精神。潘莉从上古三代"政教合一"的时代特点及《尚书》集文学、史学、哲学于一体的文本特性出发，努力开掘《尚书》文体蕴含的政治、文化、祭祀、法律等文化内涵，如"以史为鉴"的历史观念、"万物有灵"的宗教观念、"掌书以赞治"的教育观念、"等级森严"的政治观念、"雅俗之辨"的文学观念等，能够在丰富的文献材料基础上进行论证，其观点比较有说服力。在对《尚书》

文体的文学史定位方面，通过对《尚书》文体对后世的官方文书、史传文学以及文学文体影响轨迹的勾勒，以揭示《尚书》在中国文学史和文化史上的重要源头地位及其舒展形态，这对于文学史研究和教学颇有启发。

该书在结构安排上也是较合理。全书主要由四部分组成。第一部分也就是第一章：上古三代礼制与《尚书》"记言"性质之间的关系探索。第二部分，对《尚书》篇目文体、包含文体和影响文体共二十二种文体特点功能及其人文内涵进行较系统地梳理和论述，包括第二章、第三章和第四章。第三部分，从上古社会的祭祀仪式和宗周社会的政治制度两方面探讨《尚书》文体的成因。论文的第五章重点论述这个问题。第四部分，《尚书》的影响研究。论文的第六章较全面总结了《尚书》文体对官方文书和文学文体的重要影响。四个部分中，第一部分、第三部分和第四部分是对《尚书》文体性质、成因和影响的整体把握，第二部分是对《尚书》文体类别和功能内涵分门别类的具体研究。这种结构较好地做到了研究中的"面"和"点"的结合、"史"和"论"的结合、"广"和"深"的结合。

《尚书》文体研究是中国古代文体研究的重要部分，还有很大的探讨空间，希望潘莉能在这个课题上更加深入一步，在研究的广度和深度上做更多努力，取得更丰硕的成果。

是为序。

黄凤显

2016年12月于北京魏公村

摘　　要

　　《尚书》是中国文化的元典，也是中国文学的源头，唐代将《尚书》列为五经之首。《尚书》文体是《尚书》研究的最重要部分之一，但是目前对于《尚书》文体的研究一直困扰在"六体""十体"之争，未能取得突破性进展。

　　笔者通过对先秦政治制度设计的详细考察和思考后发现，《尚书》由虞、夏、商时代和西周时代两大块组成。前者为尧舜时代确定的三大礼系之一的纳言，后者为西周礼制的雅言，后代史家称"言为《尚书》"。为文皆具有礼制仪式规范，在直观的"六体"之外，还有包含性质的文体和影响拓展性质文体，构成《尚书》本身文体、包含文体和影响形成文体3个层次计22种文体。

　　《尚书》本身的文体类型有12种，包括书、典、谟、训、诰、誓、命、征、歌、贡、范和刑。这些文体名称直接来自于《尚书》的篇章标题，《尚书》的篇章充分显示这些文体的思想内涵和文本特点。与其他先秦典籍相比，这是《尚书》在文体方面最显著的特征。《尚书》包含的文体类型有诗、箴、盟、辞、谚语、册等6种，这些文体上古以来就已经存在，在《尚书》中被直接作为文体概念使用。《尚书》影响形成的文体类型有赞、言、规、戒4种，这些文体在《尚书》文本中还只是以一种行为方式的形式存在，尚未形成固定的文体类别。这些文体类型体现了上古三代社会的礼乐制度、政治制度、文化观念和人文精神。

本书还回答了《尚书》文体产生的原因和性质。笔者认为，《尚书》的文体体现了宗教性和政令性合二为一的特征。歌、辞、盟、誓等文体产生于上古社会祭祀天地山川的仪式，而典、册类文体的形成则与殷人祭祀祖先的仪式息息相关，诰、命等政令性文体名称的确立与周代完备的史官制度的关系密不可分，而"以言成事"的参政制度和宗周社会的"乐语之教"则直接催生了言、讽、诵等文体类型。"记言史书"是《尚书》的整体文本性质。《尚书》是上古三代时期的记言文集，以记载最重要历史人物在重要历史事件中的嘉言懿行，通过对帝王将相等人物的对话和言论的记载，展示虞、夏、商、周最高统治阶层的思想意识、政治决策及其社会文化内涵，具有典册性质，也就是儒家推崇的王道。

关于《尚书》的编订、流传情况，根据先秦时期的传世文献和出土文献引《书》、论《书》、用《书》情况进行统计、分析与归纳，可以看出，孔子确实对《尚书》作过整理。其目的是备王道典册，这与《尚书》的内容正好互相印证。

《尚书》文体对后世文体的影响主要是官方文书、文学文体以及史传文学。在官方文书方面，《尚书》文体提供了公文写作的基本范式，开创了后世公文文体的基本形态；在文学文体方面，《尚书》开创了中国散文关注历史、社会和人生的精神传统，并在语言的形式美、"用典"的思维方式等方面对骈文的产生起到一定的孕育作用；《尚书》对古代小说"神道设教"的叙事传统、入话的叙事模式、对话技巧、韵散结合的表达习惯等方面都有一定的启示。除此之外，《尚书》文本中还包含诗歌、辞赋、戏剧等文体的元素；最后，《尚书》"以史为鉴"的书写精神、多体杂糅的书写体例，"唯尊者讳"的不良书写倾向等无不对后世史书和史传文学产生深远影响。

目　　录

绪 论

第一节 《尚书》文体研究历史回顾

《尚书》是儒家经典十三经之一，也是中国最古老的文献典籍之一，在中国历史上占有重要的地位。两千年来，研究《尚书》的学者英才辈出，关于《尚书》文体的研究也一直是学者们关注的热点。

自汉代以来，《尚书》文体就受到许多学者的关注，取得较为显著的成绩。这些学术成果包括近50部论著和40多篇学术论文，其中有的综合探讨《尚书》文体的特点，有的深入探讨《尚书》文体的生成机制和文化内涵，有的立足于典、谟、训、诰、誓、命六体对《尚书》进行研究，有的则从叙事方式角度出发，对《尚书》的整体记言特点进行探讨，下面将对这些研究成果进行梳理、归纳和评述。

一、关于《尚书》文体的分类研究

《尚书》文体分类问题，一直是历代学者讨论的热点。根据学者的分类依据可以将之归纳为三类。

第一类是以篇名为依据划分。清代以前学者对《尚书》问题的探讨和划分皆未出此范围。在这些探讨中对后世影响较大的是"六体说"和"十体说"。"六体说"由汉代的孔安国提出,其云:"讨论坟、典,断自唐、虞以下,迄于周。芟夷烦乱,剪截浮辞,举其宏纲,撮其机要,足以垂世立教,典、谟、训、诰、誓、命之文,凡百篇。"❶孔氏"六体"的提出,体现了一定的文体分类意识。唐代的陆德明、元代的熊鹏来等学者都赞同这种分类方法,并在此基础上对《尚书》各体的篇章归属问题作了细致划分。❷唐代的孔颖达在孔安国"六体说"基础上提出"十体说":"说者以书体例有十,此六者之外,尚有征、贡、歌、范四者,并之则十矣。"❸他将《尚书》中除了《微子》和《立政》以外的所有篇目都归入十体之中。具体归类方法如下,将篇名中含有十体之字的篇章归入相应文体类别之下,其它篇章则分别归入与其内容相近或相似的文体类别之中。这种归类方法虽然比较繁琐,但是其以《尚书》篇名为依据对《尚书》文体进行分类,符合《尚书》文体形成的客观规律,因此后世也不乏积极响应者。

另外,还有"三体说"和"四体说"。"三体说"的提出者是南宋的真德秀,他认为《尚书》中篇名尾字出现频率较高的诰、誓、命三种文体是后世君王言论之体的典范,并以内容和功用为依据,将《尚书》中涉及君王言论的部分篇

---

❶ (汉)孔安国传,(唐)孔颖达正义:《尚书正义》,上海古籍出版社2007年版,第11页。

❷ (唐)陆德明撰,黄汇校:《经典释文》,中华书局2006年版,第70页;(元)熊鹏来:《经说》,见《四库全书》第184册,上海古籍出版社1987年版,第272页。

❸ (汉)孔安国传,(唐)孔颖达正义:《尚书正义》,上海古籍出版社2007年版,第27页。

章归入这三种文体类型之中。❶由于只涉及《尚书》中的部分篇章，因此"三体说"对《尚书》文体分类方法和篇章归属的概括并不全面。清末姚华则将今文《尚书》28篇的文体类型划分为典、谟、誓、诰四类，❷姚氏没有提到训体，可能是因为今文《尚书》中没有以训命名篇章的缘故。今人钱宗武也持"四分法"，但其将《尚书》文体类型总结为典、诰、誓、命四体，这和姚华所分的"四体"具体名称又有不同。❸

上述各家对《尚书》文体类型的划分，所涉及的文体类型都未超出"十体"之外，但是他们对《尚书》篇章名称的归纳和取舍则有很大差别，原因主要有两个：第一是《尚书》本身文体形态的复杂性。《尚书》作为虞、夏、商、周四代历史文献的汇编，其篇章内容涉及当时社会政治、经济、文化、历史等方方面面，各种文体之间也存在相互交叉、渗透情况，很难对其文体类型和篇章归属做绝对科学的归纳。宋林之奇《〈尚书〉全解》于《洪范》篇题下云："《书》之为体虽尽于典、谟、训、诰、誓、命之六者，然而以篇名求之，则不皆系以此六者之名也。虽不皆系于六者之名，然其体则无以出于六者之外也。"❹林之奇的观点比

---

❶（宋）真德秀：《文章正宗》，（清）纪昀，（清）永瑢等编纂：《景印文渊阁四库全书》第1355册，台北商务印书馆2008年版，第5页。

❷（清）姚华：《论文后编目录上》，见《弗堂类稿》，文海出版社1974年版，第10页。

❸ 钱宗武：《尚书入门》，贵州人民出版社1991年版，第24~61页。

❹（宋）林之奇著：《尚书全解》，见《四库全书荟要》第16册，世界书局1986年版，第465页。

较通达，也比较符合《尚书》文体形态的实际情况；第二是各家分类所依据的版本有差异。"六体说"和"十体说"依据的版本是古文《尚书》58篇，"三体说"和"四体说"则多以今文《尚书》28篇为讨论依据，后者是宋代疑古思潮泛滥的产物。

第二类是根据记叙方式来划分。从这一标准出发，学者们将《尚书》文体划分为记言和记事两大类。今人蒋伯潜将今文《尚书》分为记事之文和记言之文。蒋氏认为，记事之文包括《尧典》《禹贡》《金縢》和《顾命》四篇，其余均为记言之文。❶这种分类方法也比较绝对化，因为在《尚书》中记言和记事之间并没有严格的界限。章学诚说："《尚书》典、谟之篇，记事而言亦具焉；训、诰之篇，记言而事亦见焉。古人事见于言，言以为事，未尝分事言为二物也。"❷可见这种分类方法并不是很科学。

第三类是以篇章名称和记叙方式相结合的标准来划分。近代以来，许多学者意识到单纯从《尚书》篇名的角度对其文体进行分类的单调性和局限性，开始尝试从其它角度对《尚书》文体进行分类和研究。郑振铎《插图本中国文学史》将今文《尚书》28篇分为誓辞、文诰书札和记事的片段三类。❸陈梦家亦将今文《尚书》体例分为三类：诰命、誓

---

❶ 蒋伯潜：《十三经概论》，上海古籍出版社1983年版，第115~183页。

❷ （清）章学诚著，吕思勉评：《文史通义》，上海古籍出版社2008年版，第10~11页。

❸ 郑振铎：《插图本中国文学史》，北京工业大学出版社2009年版，第26~27页。

祷和叙事。❶他们的共同特点是受当时流行的古史辨派疑古思潮的影响，对《尚书》文体的分类和篇章归属研究仅限于今文《尚书》28篇。另外，他们都注意到《尚书》中的叙事性篇章，突破了传统单纯从篇名入手考察《尚书》文体的思路，开始思考从内容、言行方式和表达方式等方面综合考察《尚书》文体。这对于全面、深入研究《尚书》文体具有很大的启迪意义。

在所有的分类方法之中，以篇名命名的分类方法最为学者所认可，其中又以"六体说"得到的响应最强烈。因此"六体"分类法成为后来许多学者探讨《尚书》文体生成机制、文化内涵和人文精神的基本依据。

五四运动以后，社会发生了一系列重大的变化，文学研究从传统考据向现代综合运用各种科学方法研究转型，文体的组织形式、语言也由文言文变成语体文，所以文体研究也出现了一系列的新陈代谢活动，突出的一点就是学界开始采用各种新的文体分类标准和名称来给文体分类。如20世纪50年代编写、20世纪60年代修改的山东大学《文艺学新论》将文学作品分为诗歌、小说、散文、戏剧四种体裁。❷1976年复旦大学和上海师大编印的《常用文体写作知识》将文章的体裁分为"消息、通讯、调查报告、评论文、诗歌散文、小说、剧本等八类"。❸受这种文体研究学术氛围的影响，许

---

❶　陈梦家：《尚书通论》，中华书局2005年版，第312页。
❷　山东大学中文系：《文艺学新论》，山东人民出版社1962年版，第386页。
❸　复旦大学、上海师范大学编：《常用文体写作知识》，上海人民出版社1976年版，第1页。

多学者开始从散文或政治公文角度研究《尚书》文体。

从散文角度关注《尚书》始于20世纪30年代。1937年陈柱撰写的《中国散文史》认为《尚书》是中国散文的源头。该书在分析《禹贡》《汤誓》《盘庚》《康诰》等篇的艺术特色后，对《尚书》在中国散文史上的地位给予充分肯定，并指出《尚书》是"为治化而文学时代之散文"，❶此研究将《尚书》散文的文体特点置于其产生的历史环境中进行观照，因此得出的结论具有很强的说服力。自此以后，学界对于中国散文的源头追溯基本上都以《尚书》为始。

20世纪80年代以后，学者们对《尚书》的散文文体特征给予更为广泛的关注。很多学者从宏观上认为《尚书》是中国古代散文的源头和萌芽，并对其在中国散文史上的地位和影响给予肯定。胡念贻、❷郭预衡、❸褚斌杰、❹郝明朝❺等学者皆持此种观点。但也有的学者认为，《尚书》已是成熟的散文，不再是萌芽或雏形。❻我们认为，《尚书》中的思想内容已经达到一定高度，比较成熟，但是在艺术手法等方面还处于朴拙时期，不能算完全成熟。

---

❶ 陈柱：《中国散文史》，东方出版社1937年版，第4页。

❷ 胡念贻："《尚书》的散文艺术及其在文学史上的地位和影响"，载《中国古代近代文学研究》1981年第5期，第224~234页。

❸ 郭预衡主编：《中国古代文学史长编（先秦卷）》，北京师范学院出版社1992年版，第145页。

❹ 褚斌杰：《中国文体概论·绪论》，北京大学出版社1997年版，第4页。

❺ 郝明朝："论《尚书》的文学价值"，载《齐鲁学刊》1998年第4期，第15~21页。

❻ 赵敏俐、谭家健主编：《中国古代文学通论（先秦卷）》，见傅璇琮、蒋寅总主编：《中国古代文学通论》，辽宁人民出版社2005年版，第96页。

　　首先，学者们对《尚书》整体文体风格给予观照。谭家健、郑君华从散文角度，创造性提出了"《尚书》体"的概念："《尚书》这种文体，虽然从春秋末年以后，就不再在社会上流行了，但是，汉代起……大凡庄重严肃的军国大事，需要祷告天地晓谕万民时，往往都不用通常的古文或骈文，而要用堂而皇之的《尚书》体以表示郑重其事。"❶

　　此后，褚斌杰、谭家健二位学者在《先秦文学史》中，再次提到"《尚书》体"这一概念并对其在中国散文史上的地位予以肯定。❷

　　"堂而皇之"，当是指《尚书》整体风格上的高古典雅、庄严肃穆的特点，而《尚书》在语言文字方面又有其"艰涩"的特点。从"艰涩"到"通畅"，是《尚书》后中国古代散文发展的趋势。三位学者对《尚书》整体特征给予动态关照，对于研究《尚书》文体的独特风貌具有很大启发意义。吕思勉也持相同观点："《书》之文学，别为一体。后世庄严典重之文字者，多仿效之。"❸

　　其次，学者们对《尚书》散文具体特点的研究，成果颇丰。章明寿从史传、山水、叙事状物、抒情言志、论说文、杂文等六个方面，对《尚书》散文的体裁类型给予细化研究，肯定了《尚书》在中国散文史上的源头地位。❹关于《尚书》的写作章法，宋代就有学者给予关注，吴子良说：

❶　谭家健、郑君华：《先秦散文纲要》，山西人民出版社1987年版，第25页。
❷　褚斌杰、谭家健：《先秦文学史》，人民文学出版社1998年版，第172页。
❸　吕思勉：《经子解题》，华东师范大学出版社1995年版，第12页。
❹　章明寿："尚书——古代各类散文的开篇"，载《中国古代、近代文学研究》1980年第28期，第9~12页。

"今人但知'六经'载义理，不知其文章皆有法度。如书之《禹贡》，最当熟看。《舜典》载巡狩事云：岁二月东巡狩……所谓'如岱''如初''如西礼'之类，语活而意尽，皆作文之法也。"❶王世舜也强调应该对《尚书》散文章法进行深入研究。❷学者们强调了《尚书》写作章法的独特性，这充分说明他们对《尚书》散文章法研究的重视。胡念贻、❸张啸虎❹从政论散文的角度观照《尚书》，认为《尚书》对中国的政论散文影响深远。还有的学者从公牍散文角度研究《尚书》文体。褚斌杰先生认为《尚书》中的文章大都属于公牍文类中的下行公文，对后代中央王朝的公牍文体有深远影响。❺朱岩认为《尚书·君奭》是书牍文学的文献始祖。❻从艺术表现角度分析《尚书》的成果较多，分歧也最大。刘振东、❼王文清、❽刘绪义、❾徐柏青❿等学者从语

---

❶ （宋）吴子良撰：《荆溪林下偶谈》，见（清）纪昀，（清）永瑢等编纂：《景印文渊阁四库全书》第1481册，台北商务印书馆2008年版，第517页。

❷ 王世舜：《尚书译注》，四川人民出版社1982年版，第12页。

❸ 胡念贻："《尚书》的散文艺术及其在文学史上的地位和影响"，载《中国古代、近代文学研究》1981年第5期，第224～234页。

❹ 张啸虎：《中国政论文学史稿》，武汉出版社1992年版，第34页。

❺ 褚斌杰：《中国文体概论》，北京大学出版社1997年版，第482页。

❻ 朱岩："《尚书·君奭》与后代书牍散文"，载《名作欣赏》2008年第8期，第4～6页。

❼ 刘振东："由《尚书》看中国散文始生期的历史状貌"，载《齐鲁学刊》1990年第6期，第21～26页。

❽ 王文清："论《尚书》散文的艺术风格特点"，载《山东社会科学》1998年第6期，第77～79页。

❾ 刘绪义："《尚书》——中国最早的语录体散文"，载《湖南税务高等专科学校学报》2007年第4期，第46～49页。

❿ 徐柏青："论《尚书》在我国散文发展史上的贡献"，载《海南师范大学学报》2008年第1期，第94～97页。

言、修辞手法、篇章结构等方面高度评价了《尚书》的艺术成就。而与此相反，石鹏飞❶、苏保华❷等人却认为《尚书》篇章整体的艺术性不高，只是中国散文的萌芽状态。

这些成果从散文整体艺术风格、章法、语言等方面对《尚书》篇章作深入细致的分析，取得了巨大成就。然而，用现代文学体裁分类方法和概念解释古代典籍篇章，容易忽略《尚书》原来固有的体例，脱离当时社会政治历史环境，致使各类文体包含的文体功能和文化内涵长期无法得到重视和阐释。

20世纪以来，《尚书》文体研究的另一种倾向是，认为《尚书》是政治公文资料的汇编。葛志毅、❸周森甲、❹刘敏、❺张兴福、王伟翔❻等皆持此观点。实际上上古社会政教合一，文、史、哲不分，相应的文化典籍也应该具有文学、史学、哲学三位一体的综合性内涵和价值。单纯从政治公文资料汇编角度理解《尚书》文体，则容易忽略《尚书》的文学性和思想性，不利于对《尚书》文体内涵的全面把握。

---

❶ 石鹏飞："谈谈《尚书》——中国散文史札记"，载《思想战线（云南大学人文社会科学学报）》1999年第4期，第73~76页。

❷ 苏保华："论中国古代艺术散文审美形式的历史形态"，载《山西师大学报》1999年第1期，第48~51页。

❸ 葛志毅："试据《尚书》体例论其编纂成书问题"，载《学习与探索》1998年第2期，第130~135页。

❹ 周森甲："《尚书》——我国早期公文写作的总结"，载《湘潭大学学报》1998年第4期，第125~128页。

❺ 刘敏："我国应用写作的源流与发展"，载《东岳论丛》2000年第3期，第117~119页。

❻ 张兴福、王伟翔："古代中国应用文的初始实践——《尚书》的性质及其文体类型浅析"，载《社科纵横》2000年第4期，第60~62页。

二、关于《尚书》文体的成因研究

关于《尚书》文体产生的原因，许多学者做过探讨。主要观点有以下四种。

第一是出于垂世立教的目的。孔安国《尚书序》认为，《尚书》典、谟、训、诰、誓、命六体之文确立和编纂的目的是"垂世立教""恢弘至道"和"示人主以轨范"，《尚书》六体的确立是以政治教化为出发点的，不同的教化内容和方式产生种类各异的文体。❶这是目前所见对《尚书》文体产生原因较早的诠释。

第二是无固定体例，随便为文。唐代孔颖达认为："书篇之名，因事立言，既无体例，随便为文。"❷孔颖达看到了《尚书》篇章形成的原因是"因事立言"，但遗憾的是他没有接着探讨《尚书》文体形成的深层原因和规律。而是以"既无体例，随便为文"简单带过。

第三是产生于行为之名。近年来关于《尚书》文体成因的研究取得重大进展，成就比较突出的是郭英德、于雪棠二人。郭英德认为《尚书》六体的形成经历了由言说方式到文辞方式再到文本方式，最后形成文体类型的过程。❸郭英德还在《中国古代文体学论稿》一书中开辟专节，细致探讨

---

❶　（汉）孔安国传，（唐）孔颖达正义：《尚书正义》，上海古籍出版社2007年版，第11页。

❷　郭英德：《中国古代文体学论稿》，北京大学出版社2005年版，第34~38页。

❸　（汉）孔安国传，（唐）孔颖达正义：《尚书正义》，上海古籍出版社2007年版，第27~28页。

《尚书》六体的生成方式和过程。❶于雪棠认为《尚书》文体分类源于篇章命名方式，篇章命名则是以行为动作为轴心形成的，《尚书》六体之名的确立经历了由行为之名转为文体之名的过程。❷郭、于二人在研究方法和视角等方面突破了以往学者对《尚书》六体表层意思的归纳和篇章归类的单一研究，结合先秦时期社会特点，从文体发生学角度对《尚书》文体生成的深层机制进行探讨和归纳，这对于后来学者拓展思路、开阔视野进一步研究《尚书》文体内涵具有很大的启迪意义。

　　第四是产生于现实生活的需要。葛志毅通过对《尚书》中诰、誓等文体功能性质的分析，认为《尚书》的文本体例形式，原是出于现实政治关系的需要而产生。❸另外，于文哲认为早期宗教祭祀活动是《尚书》修辞的直接源头，决定了《尚书》修辞的基本特征，影响到《尚书》文体特征的形成，进而对后世散文的发展产生重要的影响。❹我们认为，这两种说法具有一定的相通性，揭示了《尚书》文体产生于现实生活这一事实。行为之名归根结底来源于现实宗教祭祀和政治生活，因此从行为之名到《尚书》各体的生成只是《尚书》文体确立的中间环节，《尚书》文体产生的根本原

---

　　❶　郭英德：《中国古代文体分类学刍议》，载《中山大学学报》2005年3期，第23~25页。

　　❷　于雪棠："《尚书》文体分类及行为与文本的关系"，载《北方论丛》2006年2期，第8~11页。

　　❸　葛志毅："试据《尚书》体例论其编纂成书问题"，载《学习与探索》1998年2期，第130~135页。

　　❹　于文哲："论原始宗教祭祀活动与《尚书》修辞的起源"，载《河南师范大学学报》2009年第6期，第195~198页。

因还在于现实生活的需要。

三、文体功能内涵研究

学者对《尚书》文体内涵的阐释经历了两个阶段：第一阶段是为《尚书》各体释名。宋张表臣云："帝王之言……道其常而作彝宪者谓之'典'；陈其谋而成其嘉猷者谓之'谟'；顺其理而迪之者谓之'训'；属其人而告之者谓之'诰'；即师众而誓之者谓之'誓'；因官使而命之者谓之'命'。"❶张氏从字面意思对《尚书》六体作出释名，但是流于平面。薛凤昌说："'典'是典册高拱，谓尧舜的德教，可为后世常法；'谟'是嘉谋嘉猷，谓禹与皋陶、益稷等赞襄献替，君明臣良，可为后世懿范；'训'是诲导启迪之义；'诰'为晓谕臣民之辞；'誓'为约束士民之言；'命'戒饬臣工之诏。"❷张、薛二氏研究典、谟、训的出发点基本相同，都倾向于从言说对象身份角度来探讨之。但二者对诰、誓、命三体的具体意义解释则有所不同，张氏注重从行为发生方式区别三体，薛二人则倾向于从言说对象身份区别之。朱自清则将行为发生方式和言说者身份结合起来探讨《尚书》文体的含义，这和张、薛二人的观点也大同小异。❸刘起釪《尚书学史》侧重从历史学角度出发，认为"典"的意义和功能是记载重要史事经过或某项专题史实，

---

❶ （明）吴讷著，于北山校点：《文章辨体序说》，见郭绍虞主编：《中国古典文学理论批评专著选辑》，人民文学出版社1962年，第12页。

❷ 薛凤昌：《文体论》，商务印书馆1947年版，第22页。

❸ 朱自清：《经典常谈》，北京：北京出版社2004年版，第20页。

这比较符合历史事实。❶关于《尚书》记录历史事实的功能和作用，明代就有学者注意到了，王世贞曾经从史的角度出发，将《尚书》中的训、诰、命等文体归并入"史之用"一门。❷清代章学诚在《文史通义·易教上》中说："六经皆史也。古人不著书，古人未尝离事而言理，六经皆先王之正典也。"❸刘起釪的观点是对王、章二家观点的继承和发展。这一观点渊源于《尚书》最初的史官文化性质。《汉书·艺文志》记载："古之王者，世有史官，君举必书，所以慎言行，昭法式也。左史记言，右史记事。事为《春秋》，言为《尚书》。"❹

谭家健则将训、诰二体放在一起探讨，认为二者是训诫诰令，既有上对下的训导，也有下对上的劝谏和君臣对谈，说明其看到了二体之间的交叉和互渗，其对训、诰内涵的解释也符合《尚书》中相关篇章的实际。❺江灏、钱宗武二人注意到《尚书》文体与当时社会祭祀活动之间的关系，认为训诰之体不仅包括君臣的谈话，也包括对神的祷告之辞，命包括君王对官员的任命和赏赐诸侯的册命两部分。❻

---

❶ 刘起釪：《〈尚书〉学史》，北京：中华书局1989年版，第9页。

❷ （明）王世贞著，罗仲鼎校注：《艺苑卮言校注》，见程千帆主编：《明清文学理论丛书》，齐鲁书社1992年版，第32页。

❸ （清）章学诚著，叶瑛校注：《文史通义校注》，中华书局1985年版，第1页。

❹ （汉）班固撰，（唐）颜师古注：《汉书》，中华书局1962年版，第1715页。

❺ 谭家健：《中国古代散文史稿》，重庆出版社2006年版，第51页。

❻ 江灏、钱宗武著：《今古文〈尚书〉全译·前言》，贵州人民出版社2009年版，第1页。

这一阐释扩大了对《尚书》文体内涵和外延的范围界定。李零对"誓"体提出异议,认为誓不是约束士民之言,而是誓神之辞。❶从《尚书》中《甘誓》《秦誓》等文字来看,誓当包含对生人的约束之言,而非仅仅是誓神之辞。于雪棠从政治等级尊卑观念和描写对象的等级差异入手,对典、谟二体加以釐定,认为"典称帝事,谟以臣名",这可谓对典、谟作了最为简洁明白的区分。关于训、诰、誓、命四体,以往学者往往将其笼统地归纳为谕告或奏启,于雪棠则从特殊语境与用途、发言人与受言人的上下级关系、命名强调发言人还是受言人等三个方面对这四体作了清晰的区辨。❷可以说,在《尚书》各体释名研究方面,于氏的研究成果具有总结性意义,对于后学者了解和研究《尚书》文体内涵有很大帮助。

第二阶段是深入阐述《尚书》各体文化内涵和人文精神。20世纪90年代以前,学者们对《尚书》文体内涵的解释基本上止于简单的释名。近二十年来,一些学者在《尚书》各体文化内涵方面的探讨,取得了巨大的成绩。其中贡献突出的是过常宝、叶修成二人,他们把《尚书》六体作为专门研究对象,撰写系列文章对其生成机制,蕴含的文化内涵和人文精神进行深入、细致探讨,将《尚书》文体研究提高到一个新水平。过常宝认为《尚书》在文体上主要分成两个部分,一是以八诰为中心,包括誓、命、训等周初政治

---

❶ 李零:《简帛古书与学术源流》,三联书店2004年版,第64~65页。
❷ 于雪棠:"《尚书》文体分类及行为与文本的关系",载《北方论丛》2006年2期,第8~11页。

文献；二是以典、谟为主的追溯性政治法规文献。一些与先代帝王有关的典谟文献，主要来自对流传的宗教祭仪的追溯和转录，并因先王事迹或教诲而形成具有普遍意义的社会法典。❶过常宝还认为，《尚书》六体皆与宗教仪式有关，"诰"是各类宗庙祭仪中主祭者假祖先之名义而发的训诫辞。诰就是周公在宗庙仪式中以祖先之名阐发礼乐政治思想而保存下来的文本。❷叶修成也发表了一系列文章，进一步阐述这种观点。他认为《尚书》文体是由相应的言说行为方式而生成的，这些言说行为方式又是在相应的礼制之下发生的，是礼仪的行为。《尚书》六体鲜明地体现了原始宗教性和政令性合而为一的文体特征。❸这种观点抓住了先秦时期礼乐文化的典型特征。同时，叶修成还综合运用文体发生学、文体形态学、文体功能学等新的理论与方法，将出土文献与传世文献相互释证，结合古文字资料，从当时的礼制文化语境中，分别探讨《尚书》典、谟、诰、命四体的生成机制、存在形态及其功能效用。❹以上这两位学者注重从先秦

❶　过常宝："论《尚书》典谟"，载《中国文化研究》2009年秋之卷，第29~36页。

❷　过常宝："论《尚书》语体的文化背景"，载《北京师范大学学报》2008年4期，第38~44页。

❸　叶修成："论上古礼制与文体的生成及《尚书》的性质"，载《中国文化研究》2008年春之卷，第6~14页。

❹　叶修成："论《尚书·尧典》之生成及其文体功能"，载《华南农业大学学报》2009年第2期，第98~105页；"论谟体之生成及《尚书·皋陶谟》的文化意义"，载《华中科技大学学报》2009年第5期，第6~13页；"论《尚书》语体的生成机制及其文化意蕴"，载《河海大学学报》2009年第5期，第566~574页；"论《尚书》命体及其文化功能"，载《上海交通大学学报》2009年第3期，第69~79页。

政教合一，礼乐治国的历史环境角度研究《尚书》文体，发掘其蕴含的人文精神和文化内涵，这对于我们研究包括《尚书》文体在内的中国古代其它文体具有很大的启发和借鉴意义。另外，陈赟《〈尚书〉十体的文体学价值》，也是一篇见解深刻的论文。该文从文体学角度切入《尚书》研究，考察了《尚书》"十体"的形成及其基本内涵，探索这些体例对传统古代文体学的影响，揭示了《尚书》的文体学价值，由此提高了《尚书》在文学史上的地位。❶

综上可知，《尚书》文体研究从20世纪90年代以来，取得了巨大的突破和进展。究其原因，大概有以下三点：第一，一直以来，学者们都热衷于对《尚书》版本真伪的考辨，无暇顾及《尚书》文体及其文化内涵的深入研究，随着清代阎若璩对古文《尚书》的辨伪研究，以及20世纪前半期顾颉刚等古史辨派全面疑古观点的流行，"古文《尚书》为伪书"的观点逐渐为学界所接受，今、古文的门户之争也出现了暂时性的消歇，学者们得以把研究目光投向包括《尚书》文体在内的《尚书》文本内涵的深入研究之中。第二，得益于大的社会学术研究氛围。近年来，文体学研究逐渐受到中国学术界的重视，成为一个极具研究价值的前沿学术领域。一些大学的文体学会纷纷成立，世界性的文体学会议也多次举办，就古代文体学与文体形态、古代文体学名著、古代文学研究的理论与方法、古代文学研究的前沿与热点等问题展开了广泛、热烈、深入的探讨。这些探讨，不仅展示了

---

❶ 陈赟："《尚书》"十体"的文体学价值"，载《湖南社会科学》2007年3期，第145~148页。

文体学与古代文学研究的最新成果，也透露了新世纪古代文学研究在观念、视野、方法及内容上的新趋向。古代文体学研究兴盛，标志着学术界开始了对中国文学研究的本土性与本体性的回归。在这股潮流的带动下，《尚书》文体研究也取得了很大进展。

第三，学术研究新理论的提出和新思路的发明对《尚书》文体研究起到一定的指导作用。20世纪90年代以来，文体研究新理论的提出，促进文体学研究实践的进展。例如，1994年云南人民出版社出版了一套文体学丛书，❶从理论上对中国文体和文体形态作了深入而广泛的探讨，这对文体研究起到了很大的指导和借鉴作用。姚爱斌还提出"一体多用的文章整体论"的文体研究范式，实现了古代文体论本体论与方法论的统一，总结了文体发展和创造过程中遵循的体用规律，揭示了中国古代文章史上特征各异的具体文体生成的内在机制。❷吴承学的《中国古代文体形态研究》一书，体现了文体学研究的创新精神，即"对过去长时期不受重视而实有文化涵义的包括文学文体和实用性文体，从文体体制、渊源、流变及各种文体之间的相互影响等，'作历史的描述和思考'"。❸该书被认为是近年来中国古代文体学研究领

---

❶　童庆炳：《文体与文体的创造》，云南人民出版社1994年版；陶东风：《文体演变及其文化意味》，云南人民出版社1999年版；蒋原伦，潘凯雄：《文学批评文体论》，云南人民出版社1994年版；。

❷　姚爱斌："论中国古代文体论研究范式的转换"，载《文学评论》2006年第6期，第42~48页。

❸　吴承学：《中国古代文体形态研究》，中山大学出版社2002年版，第3页。

域的标志性成果。这些都促进研究者对具有重要文体学意义的《尚书》给予更多的审视和关注。

四、关于《尚书》文体的影响研究

《尚书》是后世许多文体的渊薮，这已经成为历代学者的共识，对此他们做出了很多思考和深入研究，约而论之，主要有以下三个方面。

首先是对后世政治文书的影响。刘勰认为《尚书》各体是后来策问、奏章类文体的渊薮："诏、策、章、奏，则《书》发其源。"❶宋真德秀对《尚书》各体在官制文体上的意义给予高度评价，认为《尚书》中的诰、誓、命三体对后世朝廷文书影响深远："惟此三者（诰、誓、命），故圣人录之以示训乎。汉世有制有诏有册有玺书，其名虽殊，要皆王言也。文章之施于朝廷布之天下者，莫此为重，故今以为编制首书……学者欲知王言之体当以书之诰、誓、命为祖而参之以此编则谓正宗者，庶乎其可识矣。"❷明吴讷《文章辨体序说》，❸元郝经的《续后汉书》❹等皆认为《尚书》中的"诰、誓、命、戒、谟、训、规、谏"等文体是后世朝廷一切官方文书体制的源头。明黄佐《六艺流别》，采

---

❶ （南朝梁）刘勰著，范文澜注：《文心雕龙注》，人民文学出版社1958年版，第22页。

❷ （宋）真德秀著：《文章正宗》，见（清）纪昀、（清）永瑢等编纂：《景印文渊阁四库全书》第1355册，台北商务印书馆2008年版，第5页。

❸ （明）吴讷著，于北山点校：《文章辨体序说》，见郭绍虞主编：《中国古典文学理论批评专著选辑》，人民文学出版社1962年版，第33~41页。

❹ （元）郝经：《续后汉书》，见（清）永瑢、（清）纪昀等撰：《景印文渊阁四库全书》第385册，台北商务印书馆2008年版，第611页。

摭汉魏以下诗文，分类编叙，都分配在六经之下，其中分书之流有八，其别四十有九。黄氏认为，六经之中，"书艺"主要包括公文文体。❶黄佐关于"六艺流别"的探讨，把中国古代文体形态一一归于六经，从文体功能出发进行文体分类具有一定的创新性，其对《尚书》文体在后世的流变和影响的研究也有一定的合理性。

其次是对史传文学体例的影响。唐代刘知几从一个史学家的眼光出发，认为《汉书》《隋书》等后代史书的体例皆以《尚书》为标准而形成。❷这种观点看到了《尚书》对史传文学的影响，符合历史事实，因此后代不乏积极响应者。元董鼎认为《尚书》和《春秋》是先秦时期的史书，二者体例不同，互为补充，对后世史传文学产生深远影响："《春秋》编年通纪以见事之先后，《书》则每事别纪以具事之首尾。意者当时史官即以编年纪事，至于事之大者，则又採合而别纪之。"❸明代黄佐、王世贞、清代章学诚等学者的观点也与此一脉相承。今人张鸿范云："按《尚书》者右史所记，即虞、夏、商、周之史也。其曰《虞书》《夏书》云者，犹《汉书》《晋书》之类，以其为帝王之大法。"❹可见，古今学者有一个共识，那就是《尚书》的史书性质及其

---

❶（明）黄佐撰：《六艺流别》卷一，见四库全书存目丛书编纂委员会编：《四库全书存目丛书》集部第300册，齐鲁书社1997年版，第71~72页。

❷（唐）刘知几著，（清）蒲起龙通释，王煦华整理：《史通通释》，上海古籍出版社2009年版，第3页。

❸（元）董鼎：《书传辑录纂注序》，见（清）纪昀，（清）永瑢等编纂：《文渊阁四库全书》，上海古籍出版社1987年版，第535页。

❹遗史氏辑，陈荣昌鉴定，张鸿范讲述：《书经讲义》，文听阁图书有限公司2009年版，第5~9页。

对中国古代史传文学产生了深远的影响。但是具体在哪些方面，有怎样的影响，学者们则没有深入探讨下去，这些都需要后人去继续深入研究。

再次是对其它文体的影响。陈衍认为《尚书》文体不仅对官方文书产生重要影响，而且对后世的传状、墓志、赠序、书信、祭文等私人应用性文体的形成也有重要的源头作用。❶王恒展认为，《尚书》作为我国现存最早的历史散文集，许多方面都蕴含着小说因素，对后世的小说文体产生巨大影响。❷钱宗武、杜纯梓二位学者认为，记言体的《尚书》是纯语录体向对话体和专题论说体发展过程中的基础和重要环节。这是从先秦散文发展与流变的历史出发，对《尚书》在先秦散文发展史上的重要地位给予关注。❸作为中国最古老的典籍之一，《尚书》确实对后代很多文体产生巨大影响，但主要的还是对中国的史传文学和古代散文的影响，学者们在这方面的探讨也最多。

五、关于《尚书》文体研究的成就与困境

通过对《尚书》文体研究成果的梳理，我们看到《尚书》文体研究成绩斐然，既有对《尚书》文体分类、释名和影响的研究，也有对其生成机制和文化内涵的深刻探讨；既有从传统"六体"角度出发研究《尚书》，也有从叙述方式

---

❶ 陈衍：《石遗室论文》，见《陈石遗集（下）》，福建人民出版社2001年版，第22页。

❷ 王恒展："《尚书》与中国小说"，载《山东师大学报》2000年3期，第21~27页。

❸ 钱宗武、杜纯梓：《〈尚书〉新笺与上古文明》，北京大学出版社2004年版，第21页。

和表达方式角度对《尚书》文体给予关注，这些研究体现了人们对《尚书》文体的重视程度在增强，也反映了近年来学界对中国古代文体形态的重视和关注。

总体上来讲，《尚书》文体研究成绩显著，表现在以下三点。

第一，《尚书》文体释名和篇章归属讨论更加细致、严密。对于《尚书》文体释名和篇章归属情况，从唐代开始就不乏其人，经历了由平面的简单定义到深入论证的过程。20世纪90年代以后，一些学者开始从《尚书》文本形成方式考察六体之名的成因，对《尚书》所有篇命的词类结构进行深入的研究，通过分类、归纳和推理，对《尚书》文体定义和篇章归属作出更加符合实际的论断。同时，《尚书》各体的产生原因、人文内涵和文体学价值也得到充分认识和阐释。特别是近二十年来，《尚书》文体研究取得重大突破和创造性成果。学者们开始从文体生成的角度，思考《尚书》文体产生的根源，并最终揭示了《尚书》"六体"丰富的礼制内涵和人文精神，作出了令人信服的阐释。

第二，新方法、新理论的不断运用。传统文体学研究方法主要是追根溯源法，即刘勰所说的"原始以表末，释名以章义，选文以定篇，敷理以举统"。[1]现代学者能够在继承传统追根溯源法的基础上，综合运用文体发生学、文体形态学、文体功能学等新的理论与方法，将出土文献与传世文献相释证，结合古文字资料，从当时的礼制文化语境中，探

---

❶ （南朝梁）刘勰著，范文澜注：《文心雕龙注》，人民文学出版社1958年版，第727页。

讨《尚书》各体的生成机制、存在形态及功能效用，效果良好，成绩突出。叶修成对《尚书》典、谟、诰、命四体的全面阐释就是一个很好的范例。

第三，研究的人才队伍呈现团队化，研究成果更加系统化。五四运动以前，学者们对《尚书》文体的探讨，或是习旧谙常，或是各自为说，且没有把《尚书》文体作为专门的研究对象作专文探讨，只是在研究《尚书》其它问题时附带探讨一下，研究成果也呈零星分散状态。学者之间除了对待今、古文立场有同异之分以外，基本没有什么关联性和照应性。与此相反，五四运动之后，特别是二十世纪后半期以来，包括《尚书》文体研究在内的《尚书》研究呈现团队化趋势，研究成果也更加系统化。许多学者开始以《尚书》文体作为专门的研究对象，尝试从文字学、宗教学、文化学、文体发生学等方面全方位多角度阐释《尚书》文体内涵，取得巨大进步。突出的一点是这些学者之间具有很强的关联性，或为同门，或为师徒，他们的观点也往往具有一定的联系，或是互为补充或是对前辈观点的继承和发展，其中以北京师范大学的郭英德、过常宝、于雪棠，扬州大学的钱宗武四位学者及其门生为代表。钱宗武还召集《尚书》研究方面的专家，成立了"国际尚书学会"，为《尚书》研究的深入开展提供了组织的保证和团队的支持。这些都是近年来《尚书》文体研究取得重大突破的重要原因。

但是，我们也能够看到《尚书》文体研究在成绩显著，进展快速的同时，也存在一定的不足。

首先是对《尚书》文体认识不够全面。目前为止，学界对《尚书》文体的考察角度主要集中在典、谟、训、诰、誓、命六体。而实际上《尚书》的文体形态除了"六体"之外，还应该包含更多。比如《虞书·尧典》："诗言志，歌咏言"中提到的"诗"体，《尚书·益稷》记录的"元首歌"的歌谣体等。对于这些文体形态，研究者则很少谈及。

其次，对《尚书》"六体"的研究视角单一。目前学者对"六体"的考察还只是分别孤立考察各自的形成和文化内涵，实际上这些文体之间也有交叉性和互融性，应该注意到各体之间的联系。另外，还有一些需要关注的问题，包括《尚书》文体与早期的甲骨、金石文字以及同时代的《诗经》之间的关系，《尚书》文体在中国史传文学和史官文体发展中的作用等。

再次，目前学界研究《尚书》文体存在两种极端化的不良倾向。一种倾向是认为《尚书》是中国文学散文的开端，其在语言表达、修辞技巧等方面皆达到很高水准，完全忽略《尚书》典、谟、训、诰、誓、命的原有体例；另一种倾向是单纯从政治公文汇编的角度研究《尚书》文体，将《尚书》文体研究完全排除在文学研究之外。这两种倾向都脱离了《尚书》文本产生的时代，忽略了《尚书》集文学、史学、哲学为一体的文本特性，不利于我们对《尚书》文体内涵的深入开掘。我们认为，《尚书》是否为成熟的散文，这具有相对性，应当将其放回产生的历史条件下评价。相对于甲骨文片段、单一的文章状态，《尚书》是比较成熟的散文；相对于后世种类繁多、内容丰富、表现手法多样的散文来说，《尚书》还处于散文发展的初级阶段。从源头上讲，《尚书》确实对后世散文特别是政论散文产生了深远的影响。这样对《尚书》在中国散文史上的定位应该比较科学一些。

还有在《尚书》文体研究中，存在信古与疑古的门户之见。由于对待今、古文《尚书》态度的不同，信古派和疑古派对《尚书》文体研究范围的界定也有很大差别。如疑古派学者仅仅将《尚书》文体问题的探讨限制在今文《尚书》28篇之内，认为古文《尚书》中的一些篇章纯属后人伪造而不予理会，这样难免限制其研究的视野。事实上，古文《尚书》虽然从宋代开始一直受到一些学者的怀疑，但直到今天，这个问题仍处在论争之中，并没有定谳。就目前学界的研究来看，"古文《尚书》不伪"的观点正在得到越来越多的学者认可。我们相信，随着越来越多新材料的发现，这个问题一定会越来越明晰的。

第二节　本文研究的意义、方法和不足

文源五经，据明代学者黄佐的统计，与其他四经相比，后代文体类型出自《尚书》的最多，有40多种。可见，《尚书》对后代文体产生了深远的影响。对《尚书》包含的文体内涵进行细致研究，有利于我们了解上古三代的人文精神和历史文化制度；对《尚书》文体的特征和流变进行深入考察，有利于揭示后代许多文体的本质特征并对其在中国文学史上的地位给予更为准确的评价。

基于本章第一节对《尚书》文体研究成果的回顾和梳理，本文主要研究内容和创新如下。

第一，对《尚书》文本在先秦时期的产生、编订及流传情况作出思考和探讨。本文拟对包括甲骨、金石在内的先秦

出土文献和传世文献引《书》、用《书》情况作系统整理、统计与分析，梳理出《尚书》文本在先秦时期的存在状态与流变过程。笔者作出以下两点推测：其一，《书》之名称在春秋以前已经出现。在孔子整编《尚书》之前，周公制礼作乐时主持编纂的本子已经以《书》的名称在流传。周公所作的工作是，把前代的档案资料按照朝代加以整理汇编，从中挑出贤君明相事迹，加上根据当时流传的尧、舜、禹的传说创作的《虞书》，统一称为《书》，作为王室弟子的教材，以达到垂世立教、以史为鉴的目的。此时的《书》之篇章并不包括周公逝世以后的作品。其二，在先秦时期有不止一个《尚书》的版本在流传。周公最初编纂的《尚书》版本可能仅仅在周王室和诸侯国上层流传。据《左传》称引《书》的情况看，晋国、鲁国、郑国皆有以"书曰"的方式称引《尚书》的情况，说明在这几个诸侯国流传的《尚书》是周公制礼作乐时的本子。孔子整理的《尚书》，就是依据周公制礼作乐的本子整理而成，后来被作为聚众讲学的教科书。《墨子》的引《书》情况与《左传》《论语》《孟子》《荀子》等儒家学派著作的引《书》情况有很大差别。墨子将《书》称为"先王之书"，称引的内容有一半以上不见于今本《尚书》，另外一些内容与今本《尚书》相近的部分，篇章标题与今本《尚书》也多有出入。这种现象说明墨子所见到的"先王之书"与周公最初编纂的《书》及孔子编订的《书》不是同一个本子。可能的情况是，在周王室衰微以后，王室文献流失民间，有人将这部分书类文献缀合编纂，称为《先王之书》。笔者推测，这个人很可能就是墨子本人，因为在先秦其它文献资料中，以这种方式称引《尚书》的，只有

《墨子》一书。儒、墨两家引《书》情况差别很大的另一个原因是其理论主张的不同。

第二，对《尚书》"记言"的整体风格给予关照，并对其韵、散结合的语体风格做出探讨。认为《诗经》与《尚书》在当时社会中的职能与分工不同，是导致二者韵、散不同的语体风格的关键所在。

第三，对《尚书》文体由来、成因和影响进行探讨。《尚书》文体名称有的来源于祭祀仪式、有的来源于现实政治生活，概括起来大概有颂德立体、记功立体、立言立体、因情立体、教化立体等5个方面。本文认为《尚书》包含的文体类别丰富多样，不仅对后世的官方文书和史传文学产生深远影响，也为诗歌、小说、戏曲等文学类文体提供了充分的养料。《尚书》文体在后世的演变，大致沿着这样三种路径发展：第一是对后世史书影响巨大。后世官方或私人修订的史书，仍然遵循《尚书》的体例而作，后代的叫法除了书，还有记、志、史等，如《史记》《汉书》《后汉书》《三国志》《清史稿》等；第二是演化为普通人之间交流信息的文体类型。"书"本义是对记录君主言论和国家大事的政治性文献资料的通称，春秋以后，普通人之间交流往来的文字也可叫作书，这是对三代"书"之规诫、沟通、实用之义的继承。如《诫子书》《与朱元思书》等。"书"的使用权利由帝王的专利转向普通人，这体现了中国古代文化从社会精英阶层向普通人下移的趋势。汉代以后，《尚书》的书体改用上书、章、表、启、奏等专门性文体名称，以区别于普通人之间的书信。第三是部分文体向纯文学方向发展，这将《尚书》文体在文学审美方面的功能发挥到极致。例如歌，后来

《楚辞》中的《九歌》，以组歌的形式表达深沉哀婉的情感，文体形式上押韵，这和《尚书·大禹谟》中提到的"九歌"以及《五子之歌》，应该是一个系统延续下来的。汉代以后，歌与行为、音乐等元素相结合，演变成为歌行体。歌行体继承了歌体的韵文形式，保留着以史为鉴、警戒世人的基本精神，在历史的兴亡中寄托作者的深沉哀婉之慨叹。如杜甫的《丽人行》、白居易的《长恨歌》、吴梅村的《圆圆曲》等，皆是情韵兼具的歌行名篇。

第四，扩大和丰富了对《尚书》文体外延和内涵的探讨范围。前贤对《尚书》文体类型的探讨，均未超出"典、谟、训、诰、誓、命、征、贡、歌、范"十体的范围，本文除了对《尚书》"十体"作出探讨外，还对《尚书》涉及的书、刑、诗、箴、盟、谚、辞、赞、册、言、戒、规等12种文体作细致讨论。本文对《尚书》涉及的22种文体的存在形态、功能内涵进行深入探讨。这22类文体，根据其与《尚书》文本的关系，可划分为三大部分：《尚书》本身的文体类型、《尚书》中提到的文体类型和受《尚书》中行为影响而发展形成的文体类型。《尚书》本身的文体类型有12种，包括书、典、谟、训、诰、誓、命、征、歌、贡、范和刑。这些文体名称直接来自于《尚书》的篇章标题。与其它先秦典籍相比，这是《尚书》在文体方面最为显著的特征。《尚书》中提到的文体类型有诗、箴、盟、辞、谚语、册等6种，这些文体上古以来就已经存在，在《尚书》中直接作为文体概念被使用。受《尚书》影响而发展形成的文体类型有赞、规、戒、言等4种，这些文体类型在《尚书》中还只是表现为一种行为方式，后代文人创作的篇章，因与这些行为方式的精神有契合之处，故以此种行为方式命名自己的作品，久而久之便发展成为一种固定的文体形式。

第五，对《尚书》文体类别在中国古代文体分类史上的地位进行思考。本文认为从《尚书》"选文以编书"到《文心雕龙·总序》的"选文以定篇"，再到后来各类文选类著作的"选文以立体"，这是一个文体意识逐渐明晰的过程。在此过程中，《尚书》的启发意义不容忽视。

鉴于以上认识，本文综合运用文献研究法、实证研究法、定量与定性分析法、人文地理学、历史学等理论和方法，充分利用传世文献、出土文献资料，对《尚书》文体相关内容进行统计、对比与分析，在此基础上对《尚书》及其文体给予科学定位和定性。同时，本书还从当时礼乐文化的社会环境和时代背景出发，对《尚书》文体的成因、功能内涵以及影响进行深入研究，进一步揭示《尚书》在中国文化史和文学史上的地位，并对后世文体的正本清源研究提供一定的参考和借鉴。

以上是笔者对本书的最初构想，但是在写作的过程中有些想法不能够按照理想的思路很好地贯彻落实，这导致本书存在很多不足之处。一是资料搜集时间过长，动笔时间较晚，致使部分章节的写作略显仓促，论证不够丰满。笔者原计划将《尚书》文体与其之前的甲骨文、金文及同时期的《诗经》相比较，来深入论述《尚书》文体的特点，但是由于时间关系，对这一问题的论述与之前计划的目标还有很大差距；二是撰写的视野不够宽广。由于时间和现实条件的限制，对于港、澳、台地区和海外《尚书》文本及其文体的研究现状把握不够全面；三是个别观点的思考尚不够成熟，不

能找到更加充实的材料来支撑，因此论述起来略显单薄。当
然，本书还有很多缺点，敬请各位专家批评、指正。笔者将
谨记各位先生教诲，在以后的研究工作中，努力对这些问题
予以纠正、补充、拓展和完善。

第一章 上古三代"纳言"礼制和 《尚书》"记言"性质

　　"记言"一词，最早明确见载于《礼记·玉藻》："动则左史书之，言则右史书之。"**❶**又班固在《汉书·艺文志》中也提到："古之王者世有史官。君举必书，所以慎言行，昭法式也。左史记言，右史记事，事为《春秋》，言为《尚书》，帝王靡不同之。"**❷**二者关于左史和右史记言、记事功能的记载虽然有所出入，但是由此亦可知，古代记言和记事一定是分属于不同史官的职能。《尚书》是我国最早的记言散文集，以记载人物的嘉言懿行为主，通过对帝王将相等人物的对话和言论，展示夏、商、周最高统治阶层的思想意识和政治决策及其社会文化内涵。《尚书》记言在形成、类型、体式和功能等方面体现出不同于其他先秦典籍的特点。《尚书》记言性质与文体有着密切的联系。《尚书》的各种文体实际上脱胎于各色各样的"言"。因此，本文对《尚书》"记言"史书的整体风格进行探讨。

　　同为史书，《尚书》体现出与《春秋》不同的文体、语

---

　　❶ （汉）郑玄注，（唐）孔颖达等正义：《礼记正义》，上海古籍出版社1997年版，第1473~1474页。

　　❷ （汉）班固撰，（唐）颜师古注：《汉书》，中华书局1962年版，第1715页。

体特色；同为西周国家政治生活中重要的礼乐制度，《尚书》和《诗经》有着不同的职能分工。"掌书以赞治"是《尚书》的政治职能，"观诗以知政"则是《诗经》的基本职能。

礼是中国古代社会国家政治生活的核心，它影响到社会发展的各个领域，调整着人与人、人与天地宇宙的关系。《左传》隐公十一年曰："礼，经国家，定社稷，序民人，利后嗣者也。" ❶《周礼》篇首开宗明义："惟王建国，辨正方位，体国经野，设官分职，以为民极。乃立天官冢宰，使帅其属而掌邦治，以佐王均邦国。" ❷《书》是对礼乐制度或仪式的直接记录，是礼制文化背景下编集的礼乐范本。《书》、礼相依，二者关系密切。一方面，上古三代礼制规范了《尚书》记言的功能、内容、风格等；另一方面，《尚书》记言就是礼具体内容的文本化形式，是礼的规范和精神直接而鲜明的表达。

第一节　尧舜三大礼系与"纳言"传统及《尚书》记言的功能

礼是中国古代一种独特的社会现象，起源很早，上古时期已经有相对成熟的礼制及仪式了。尧舜时期中国已经建立

---

❶ （晋）杜预注，（唐）孔颖达等正义：《春秋左传正义》，上海古籍出版社1997年版，第1736页。

❷ （汉）郑玄注，（唐）贾公彦疏：《周礼注疏》，上海古籍出版社1997年版，第639页。

起礼制的雏形：秩宗、典乐和纳言。《舜典》详细记载了这
三大礼系的具体内容：

帝曰："咨！四岳，有能典朕三礼？"金曰："伯夷！"
帝曰："俞，咨！伯，汝作秩宗。夙夜惟寅，直哉惟清。"伯
拜稽首，让于夔、龙。帝曰："俞，往，钦哉！"

帝曰："夔！命汝典乐，教胄子，直而温，宽而栗，刚而
无虐，简而无傲。诗言志，歌永言，声依永，律和声。八音克
谐，无相夺伦，神人以和。"夔曰："於！予击石拊石，百兽
率舞。"

帝曰："龙，朕疾谗说殄行，震惊朕师。命汝作纳言，夙
夜出纳朕命，惟允！"

关于秩宗，郑玄注认为其掌管"天、地、人之礼"，孔
颖达疏曰："此时秩宗，即《周礼》之宗伯也。其职云：掌
天神、人鬼、地祇之礼。"❶关于"典乐"，郑玄注："以
歌诗蹈之舞之，教长国子中、和、庸、祗、孝、友"，孔
颖达疏曰："帝呼夔曰：我今命汝典掌乐事，当以诗、乐教
训世适长子。"❷关于"纳言"，郑玄注："纳言，喉舌之
官，听下言纳于上、受上言宣于下，必以信"，孔颖达疏
曰："喉舌者，宣出王命，如王咽喉口舌，故纳言为'喉舌
之官'也。此官主'听下言纳于上'，故以纳言为名。亦主

---

❶（汉）孔安国传，（唐）孔颖达等正义：《尚书正义》，上海古籍出版社
2007年版，第105页。
❷　同上书，第106~107页。

'受上言宣于下'，故言'出朕命'。"❶

由上可知，秩宗是掌管天、地、人祭祀之官，典乐是掌管乐教之官，纳言是掌管政令的发布及其反馈情况之官。这说明，上古时期的统治者就已经意识到"言"在国家政治生活中的重要作用。这里的"言"大概包含两个方面内容：一个是王言，要求王出政令要谨慎；另一个是贤能之人和老百姓的言论，要求统治者要广开言路，听取各方意见，才能保证国运长久。《尚书》中的记言篇章正是上古社会纳言礼制的产物，同时又是包括纳言在内的上古礼制得以保存并垂范后世的重要载体。

《尚书》记言具有的重要功能就是对上古社会礼制和礼乐精神的记载和反映，具体来说主要包含以下三个方面：记言以存礼、记言以表功和记言以明道。下面从这三个方面具体论述之。

一、记言以存礼

"记言以存礼"就是指史书记言起到保存历史文献、原始礼制及其仪式的作用，这是自先秦以来史书的一贯传统，也是记言史书的基本职能。其目的就是保存原始的历史文献和各个朝代相关礼制和仪式，作法后世。所以历代史书的重要内容之一就是对礼乐制度及其仪式的记录。章学诚说，"六经皆史"，"六经"就是对当时社会礼制内容和形式的记录。《尚书》作为"六经"之一的"记言史书"，其与上古三代的礼制之间的关系非常密切。上古时期文字尚未产

---

❶ （汉）孔安国传，（唐）孔颖达等正义：《尚书正义》，上海古籍出版社2007年版，第109页。

生，很多礼制和仪式都是依靠原始的礼制纳言礼得以保存，并通过该礼制的执行官"纳言"的口耳相传而流传下来的。

《尚书》是最早的记言史书，保存了虞、夏、商、周上古三代大量的文献资料，记录这些朝代圣主贤臣的言论，为我们真实地再现了当时社会的礼仪制度。这些制度包括《尧典》中的观象授时礼和禅让礼，《舜典》中的巡守礼、设官分职礼、秩宗礼、典乐礼和纳言礼，《大禹谟》中的朝聘礼和咨政礼，《顾命》中的册命礼，等等。《尚书》的最初编纂者通过对上古三代时期这些礼仪制度的追记，表达了对其敬仰和怀想，客观上为我们留下了一笔宝贵的礼仪制度资料。如果没有《尚书》中《虞书》《夏书》关于尧、舜、禹言论的记载，我们很难想象在夏、商之前还有这样一个"任贤唯能，天下为家"的大同社会的存在。刘起釪在《尚书学史·小引》中说："总之（《尚书》）是唯一保存下来的夏商周政治活动中最早的历史见证，是研究这三代的第一手文献资料。"❶

二、记言以表功

"记言以表功"是指通过对历史人物本身的言论或帝王对其嘉奖言论的记录，使得该人物在历史上对人类的贡献得以完整的记录和呈现。这些人物大部分成为民族史上的英雄、贤臣的典型代表，为历代人们所怀念和瞻仰。言为心声，通过对历史人物言论的记录和渲染，更加生动地展示出人物的性格。董芬芬说："《尚书》中所载三代圣贤之辞，

---

❶ 刘起釪：《尚书学史》，中华书局1989年版，第1页。

已经具有立言以传后世的意义。"❶ 如《尚书》对周公言论的记录，可以帮助我们理清周公性格、政绩及其一生的活动线索。《尚书》篇章的记录者和编纂者尤其善于记言写人，往往以生动传神的语言，充分显示所记人物的思想性格，将之栩栩如生地展现在人们面前。如《尧典》中尧和舜的形象、《皋陶谟》中禹和皋陶的形象、《西伯戡黎》中祖伊和纣王的形象、《微子》中微子和父师的形象、《洛诰》中周公和成王的形象，都具有鲜明的个性特征，而这些个性特征正是通过人物的语言和对话塑造出来的。《尚书》中的许多作品，不仅能出色地运用多种修辞手法增强语言的生动性和形象性，而且还能通过描摹，把人物谈话时的语气、情感、神态表现出来。如《盘庚》篇中写盘庚对臣民的训话，《周书》中写周公的训话，都给人如闻其声，如见其人的感觉。杨公骥曾称赞《盘庚》篇："有着文学的形象性，有着盘庚的自我表现：通过盘庚的思想、情感、语言，表现了一个具有远大眼光和开辟精神的有毅力有智谋的古代国王。"❷ 对这些历史人物言论的记录，目的是要将这些人物的历史功勋永远记录下来，让其成为家族、国家的荣耀并永远为人们记住。

　　另一种表功的方式就是通过君王对贤能之臣的表扬和嘉奖，来突出赞扬对象建立的卓越功勋。如《文侯之命》，通过周平王对文侯嘉奖的话语，记录和赞扬了文侯驱逐犬戎，保护周王室的功劳。

---

❶ 董芬芬：《春秋辞令文体研究》，上海古籍出版社2012年版，第294页。
❷ 杨公骥：《中国文学》，吉林人民出版社1957年版，第136页。

三、记言以明道

"记言以明道"指的是《尚书》通过对上古时期人物言论的记载和发挥，记录五帝时期的"大道"理念和三代时期的"王道"思想。"大道"思想的内涵在《礼记》有详细的描述，五帝时天下为公，这时还未有"王"，只有"道"。《礼记·礼运》记载了五帝的"大道"：

> 大道之行也，天下为公，选贤与能，讲信修睦。故人不独亲其亲，不独子其子。使老有所终，壮有所用，幼有所长，矜寡孤独废疾者，皆有所养。男有分，女友归。货恶其弃于地也，不必藏于己；力恶其不出于身也，不必为己。是故谋闭而不兴，盗窃乱贼而不作。故外户而不闭，是谓大同。❶

孔颖达疏曰：

> 为公，谓揖让而授圣德，不私传子孙，即废朱均而用舜禹是也。……国不传世，唯选贤与能也，黜四凶、举十六相之类是也。❷

综合上面文字可以推测，五帝"大道"的内涵主要包括天下为公、选贤与能、讲信修睦、敬老爱幼等四个方面。《尚书》"虞书"五篇文章的记言，基本上是围绕这四个方面来展开的。《尧典》中尧并没有把帝位传给其子，而是传

---

❶❷（汉）郑玄注，（唐）孔颖达等正义：《礼记正义》，上海古籍出版社1997年版，第1414页。

给贤能孝顺的舜，作者通过尧和百官关于选择继承人的对话，突出表现了尧"天下为公"的思想。《大禹谟》记载皋陶称赞帝舜的一段话，也体现了"大道"：

> 帝德罔愆，临下以简，御众以宽；罚弗及嗣，赏延于世。宥过无大，刑故无小；罪疑惟轻，功疑惟重；与其杀不辜，宁失不经；好生之德，洽于民心，兹用不犯于有司。

这里《尚书》的整编者通过对皋陶话语的记录，赞扬了帝舜讲信修睦、敬老爱幼的高尚精神。

上古时期五帝运用的"大道"的管理方法和三代以后统治者所用的"以德治国""辅以刑罚"的治国理念有很大区别。《礼记·礼运》对后者也有论述：

> 今大道既隐，天下为家。传位于子。各亲其亲，各子其子，货力为己。礼义以为纪，以正君臣，以笃父子，以睦兄弟，以和夫妇，以设制度，以立田里，以贤勇知，以功为己。故谋用是作，而兵由此起。以其违大道敦朴之本也。

孔颖达疏："然五帝犹行德不以为礼，三王行为礼之礼，故五帝不言礼，而三王云'以为礼'也。"

《礼记》通过"大道之行"时期和"大道之隐"时期，也即三代时期当权者管理国家不同理念的对比，更突出人们对五帝时期"以道治政"理念的怀念和向往。三代时期统治者的执政理念由"大道"发展为"王道"。王道，指的是古时以仁义统治天下的政策，是三代时期明君实践和履行的治国理念。《尚书·洪范》首先提到王道："无偏无党，王道荡荡；无党无偏，王道平平；无反无侧，王道正直。"此后，"王道"成为孔子、孟子等儒家先驱一贯坚持和呼吁的政治主张，它的基本要求是以仁义治天下，主张保合诸夏，谐和万邦，并通过修文德使远人来服。

　　《尚书》记言篇章通过对人物相关言论的记录和渲染，传达编纂者的思想倾向，也为我们展示了先秦时期的核心礼制精神"大道"和"王道"。《尚书》从原始档案资料的形态到今天我们看到的文本形态，中间经历了不止一次的整编和增删。在此过程中，虽然史家和整编者没有直接对历史人物和事件作出评价，但是却将自己的政治理念和思想倾向融入书中人物的言论之中。《尚书》的最初编纂，是在西周初期周公制礼作乐之时，当时的王室档案资料很多，但是周公在主持编纂《尚书》的时候却有意识地选择记录圣主贤臣言论的资料，这本身就已经流露出鲜明的推崇大道、王道和以史为鉴的思想。叶修成认为，"周公制礼"之礼在广义上的内涵包括编纂《尚书》在内的一系列文化建设："文化建设亦应当是周公'制礼作乐'极为重要的有机组成部分。而收集和整理前代文献，为新的文化制度的创建和发展提供参考和借鉴的历史作用，当是文化建设中很重要的一项工程。"❶另外，《尚书》对一系列政治理念、伦理道德、法律、诗歌等方面的思想以及人们生存应该拥有的品行进行了形象、深刻的揭示。如举贤授能的用人观，民神并重、以

---

❶　叶修成："周公'制礼作乐'与《尚书》的最初编纂"，载《求索》2007年第11期，第171~173页。

德配天的宗教观，资治通鉴的历史观，明德慎罚的执政观，等等。

总之，《尚书》充分而出色地运用汉语语言的表达技巧，在保存历史文献、阐述圣王之道和反映上古礼制等方面取得突出的成就，为后学者了解和研究当时的人文、自然情况保存了第一手文献资料。因此，鲁迅曾评论说："虞夏禅让，独饶治绩，敷扬休烈，故深大矣；周多征伐，上下相戒，事危而言切，则峻肃而不阿借，惟《商书》时有哀激之音，若缘厓而失其援，以为夷旷，所未详也。"❶

第二节　西周礼制和《尚书》的记言性质

三代各有礼，而将零散的、用于祭祀的礼加以整理、补充、修订并给予充分论证，使之系统化、规范化、制度化，则是周公制礼的伟大成果。西周时期已经形成一套体系完备的礼制，最重要的就是吉礼、凶礼、军礼、宾礼和嘉礼五大礼系。《周礼》对五礼分别阐释为如下：吉礼，以吉礼祀邦国之鬼神示；凶礼，以凶礼哀邦国之忧；军礼，以军礼同邦国；宾礼，以宾礼亲邦国；嘉礼，以嘉礼亲万民。这些种类繁多的礼制仪式，是《尚书》记言篇章的直接来源。与这些礼仪相对应，《尚书》记言也具备了宗教性、政令性和教化性三重性质。

---

❶　鲁迅：《汉文学史纲要》，上海古籍出版社2011年版，第6页。

一、吉礼与《尚书》记言的宗教性特征

吉礼主要包括天神、人鬼和地祇的祭祀礼仪,具体可分为12类。在这些礼制仪式中产生的记言篇章就体现出宗教性的特征。如《高宗肜日》就是在祭祀其太祖成汤时,发现有雊鸣之雉飞于祭祀之鼎,便认为这是国家有灾异的不祥之兆。高宗于是假借上天的名义发表言论训导于王。其指涉对象虽然是时王,但是其是代表上天在发言,因此这种言论具有强烈的宗教神学的色彩。《尚书》中具有较强宗教色彩的篇章还有《金縢》。武王有疾,久治不愈,周公"植璧秉珪,乃告太王、王季、文王",请求祖先保佑武王,让其痊愈。在祭祀时,周公说了这样一段话:

> 惟尔元孙某,遘厉虐疾。若尔三王是有丕子之责于天,以旦代某之身。予仁若考能,多材多艺,能事鬼神。乃元孙不若旦多材多艺,不能事鬼神。乃命于帝庭,敷佑四方,用能定尔子孙于下地。四方之民罔不祗畏。呜呼!无坠天之降宝命,我先王亦永有依归。今我即命于元龟,尔之许我,我其以璧与珪归俟尔命;尔不许我,我乃屏璧与珪。

周公此番言语的指涉对象不是生人而是人鬼,是已经去世的祖先。言说之间充满虔诚的宗教情怀和肃穆的敬意。《尚书》中类似这样的篇章还很多,这就使得《尚书》记言具备宗教神学的性质。

二、凶礼、军礼、宾礼与《尚书》记言的政治性特征

西周五礼中的凶礼、军礼和宾礼是重要的三大礼，它们种类繁多，共包含18小类礼节。凶礼指救患分难的礼仪，包括荒礼和丧礼两大类，细目则有丧礼、荒礼、吊礼、檜礼、恤礼等五种。宾礼之别有八，具体有：春见曰朝，夏见曰宗，秋见曰觐，冬见曰遇；時见曰会，殷见曰同，时聘曰问，殷頫曰视。《周礼·秋官·大行人》说："春朝诸侯而图天下之事，秋觐以比邦国之功，夏宗以陈天下之谟，冬遇以协诸侯之虑。"❶军礼之别有五，具体如下：大师之礼，用众也，天子亲自出征的礼仪；大均之礼，恤众也；大田之礼，简众也。古代诸侯都亲自参加四时田猎，分别称为春蒐、夏苗、秋狝、冬狩。大役之礼，任众也；大封之礼，合众也。诸侯征战，当侵略一方受到征讨之后，要确认原有的疆界，聚集失散的居民。

凶礼、军礼、宾礼三大礼系计18类礼节，主要体现了西周国家在行政方面的特色，是国家政治清明、国运长久的保证。在这些礼仪中产生的《尚书》篇章具有强烈的政令性。这些篇章的指涉对象或者是祖先神祇和生人，或者完全是生人。如《舜典》《大禹谟》《皋陶谟》中的君臣对话便产生于宾礼中的朝觐和会同仪式，这些言论的指涉对象是现场的君主或臣下，言论的内容涉及国家大政方针，与国计民生紧密相关，具备鲜明的政治色彩。《大禹谟》中提到治理国家的"六府三事"：

---

❶ （汉）郑玄注，（唐）贾公彦疏：《周礼注疏》，上海古籍出版社1997年版，第890页。

呜！帝念哉！德惟善政，政在养民。水、火、金、木、土、谷，惟修；正德、利用、厚生，惟和。九功惟叙，九叙惟歌。戒之用休，董之用威，劝之以九歌俾勿坏。

又如《洪范》提到的"九畴"："五行""五事""八政""五纪""皇极""三德""稽疑""庶征""五福"和"六极"。这些言论都与国计民生、社会发展密切相关。《尚书》中的七篇誓言体篇章则直接根源于军礼。邹文贵认为这些誓言体篇章的产生有两个具体的来源，一个是准军礼，一个是军礼；前者是和平时期对武事的讲习与演练之言辞，后者是实战攻伐之中的战争誓词。❶《尚书》中的誓言体篇章都是来自于军礼上的讲话，这些军礼则是在涉及国家生死存亡的战役中举行的仪式，带有强制性，要求言说对象绝对服从。在这种强制性话语中，交汇着神权、王权与军权，但是最终以王权和军权为主。因此《尚书》中的誓言体篇章是国家最高级别的政令，体现出强烈的政治色彩。

《尚书》的大部分篇章都导源于凶礼、军礼、宾礼三个礼系，由于这些礼系中言说行为指涉的对象多为生人，言说内容也多涉及国家政治生活中的大事，因此这些记言篇章或者本身就是国家的政令，或者是对政令的议论和阐发。这是《尚书》特别是《周书》中记言篇章的最显著特色。

三、嘉礼与《尚书》记言的教化性特征

西周五礼中的另一个重要的礼系就是嘉礼，嘉是善、好

---

❶ 邹文贵："先秦誓言体战争散文论析"，载《哈尔滨师范大学社会科学学报》2011年第2期，第72~76页。

的意思。嘉礼是按照人心之所善者制定的礼仪，故称嘉礼。其别有六：饮食之礼、婚冠之礼、宾射之礼、燕享之礼、脤膰之礼和贺庆之礼。六者有不同的功能，"以饮食之礼亲宗族兄弟""以婚冠之礼亲成男女""以宾射之礼，亲故旧朋友""以燕享之礼，亲四方之宾客""以脤膰之礼，亲兄弟之国"和"以贺庆之礼，亲异姓之国"。由此可见，这六种礼仪所起的作用就是通过特定的礼节和仪式的设计规定，来加强对宗族兄弟、成年男女、亲故朋友、四方宾客、同性诸侯国和异姓方国的教化，使之更加团结或归顺宗周。与这些礼节相对应，《尚书》中也产生了一些记言篇章。如《尚书·大禹谟》记载了大禹教化和收服有苗的过程就是如此，大禹先是武力征伐有苗，经过30天也没有成功，后来接受益的建议，撤回军队，广修文德，最后结果是："帝乃诞敷文德，舞干、羽于两阶。七旬，有苗格。"孔颖达正义曰："干，楯。羽，翳也。皆舞者所执。修阐文教，舞文舞于宾主阶间，抑武事。"❶可见，执羽而舞以修阐文教，诞敷文德，这是一个古老的乐舞传统。又《仪礼·乡射礼》："君国中射，则皮树中，以翿旌获，白羽与朱羽糅"，贾公彦疏云："以其燕主欢心，故旌从不命之士，亦取尚文德之义。必知取尚文德者，以其以文德者舞文舞，羽舞也，以武德者舞武舞，干舞也。此既用羽，知取尚文德也。"❷乡射礼宾

---

❶ （汉）孔安国传，（唐）孔颖达等正义：《尚书正义》，上海古籍出版社1997年版，第137页。

❷ （汉）郑玄注，（唐）贾公彦疏：《仪礼注疏》，上海古籍出版社1997年版，第1012页。

射之礼的一种，主要倡导礼乐教化精神。《尚书·大禹谟》中益的言论和大禹、帝舜的做法，也正体现了相同的教化精神。另外，《禹贡》中也描述了大禹教化异姓之国的盛况："东渐于海，西被于流沙，朔、南暨声教。讫于四海。"孔颖达疏曰："言五服之外又东渐入于海，西被于流沙。其北与南虽在服外，皆与闻天子威声文教，时来朝见。"❶我们可以感受到《尚书》中蕴含的丰富温和的礼乐教化精神。

作为西周礼制载体之一的《尚书》，正因为蕴含丰富的礼制内涵才能够在历经劫难后，不但没有湮灭反而因不断被编纂整合而保存下来，并成为历代统治者学习和效法的榜样。这些编订行为有很大程度是出于保存礼制、垂世立教的目的，因此可以说文依于礼是先秦时期文化的突出特征。"六经皆史"的原因也就在于六经皆是礼乐文化的载体，是为记录和保存礼制而诞生。随着社会生活节奏的加快，礼制逐渐由繁变简，典籍的礼制功能逐渐减弱，其文化和文学内涵却得到越来越多的研究者的重视。正如钱钟书所说："人事代谢，制作递更，厥初因用而施艺，后遂用失而艺存。"❷

第三节　孔子与《尚书》的编定

《尚书》是上古三代历史文献资料的汇编，经过多次编

---

❶（汉）孔安国传，（唐）孔颖达等正义：《尚书正义》，上海古籍出版社2007年版，第246~247页。

❷ 钱钟书：《管锥编》，中华书局1986年版，第539页。

纂和整理，形成我们今天看到的篇目结构。研究《尚书》文体，离不开《尚书》这部书的编纂。《尚书》的编纂内容决定着《尚书》文体的范围及其思想。因而对《尚书》编纂的探析显得十分必要。

但关于《尚书》的整编者及其成书过程，学界并未形成一致意见。本节拟在追溯前人观点的基础上，结合传世文献和出土文献征引《尚书》的情况，对《尚书》的成书问题作进一步探讨。

一、关于《尚书》编纂成书之歧见

《尚书》各篇的写作时代，据学者研究，自殷商至战国，纵跨上千年，其成书和流传过程极其复杂，因而，关于《尚书》的成书过程及其整编者，学界存在不同的观点。第一种观点认为孔子是《尚书》的编纂者。孔安国《〈尚书〉序》云：

先君孔子，生于周末，睹史籍之烦文，惧览者之不一，遂乃定礼乐、明旧章，删《诗》为三百篇，约史记而修《春秋》，赞《易》道以黜八索，述《职方》以除《九丘》。讨论《坟》《典》，断自唐虞以下迄于周。芟夷烦乱，翦截浮辞，举其宏纲，撮其机要，足以垂世立教，典、谟、训、诰、誓、命之文，凡百篇，所以恢弘至道，示人主以轨范也。❶

孔安国为孔子十一世孙，他的话当有所依据，可能传自

---

❶ （汉）孔安国传，（唐）孔颖达等正义：《尚书正义》，上海古籍出版社2007年版，第10~11页。

孔氏先辈。司马迁在《史记》中也多处论及孔子与《尚书》的关系。例如《三代世表》：

太史公曰："五帝、三代之记，尚矣。自殷以前诸侯不可得而谱，周以来乃颇可著。孔子因史文次《春秋》，纪元年，正时日月，盖其详哉。至于序《尚书》则略，无年月；或颇有，然多缺，不可录。故疑则传疑，盖其慎也。"❶

又《孔子世家》云：

孔子之时，周室微而礼、乐废，《诗》《书》缺，追迹三代之礼，序《书传》，上纪唐、虞之际，下至秦缪，编次其事，曰："夏礼吾能言之，杞不足征也。殷礼吾能言之，宋不足征也。足，则吾能征之矣。"观殷夏所损益，曰："后虽百世可知也，以一文一质。周监于二代，郁郁乎文哉。吾从周。"故《书传》、《礼记》自孔氏。❷

"序《尚书》""序《书传》"之"序"，《说文解字》段注云："又攴部曰：次弟谓之叙，经传多假序为叙。《周礼》《仪礼》序字，注多释为次弟是也。"❸则"序"即"次弟"，也即"编次"之义。又《史记·儒林列传》

---

❶　（汉）司马迁撰，（唐）张守节正义：《史记》，中华书局1982年第2版，第487页。

❷　同上书，第1935~1936页。

❸　（汉）许慎撰，（清）段玉裁注：《说文解字注》，上海古籍出版社，1988年第2版，第444页。

云："孔子闵王路废而邪道兴，于是论次《诗》、《书》，修起礼乐。"❶司马迁虽然对孔子怀有"心向往之"的敬仰之情，但观《史记·孔子世家》，整体上对孔子的描述比较客观，体现了司马迁"不虚美""不隐恶"的"实录"精神。❷故其论及孔子与《尚书》关系的文句也绝非凭空想象。《汉书·艺文志》云：

> 《书》之所起远矣，至孔子纂焉，上断于尧，下讫于秦，凡百篇，而为之序，言其作意。❸

班固的观点与司马迁大概一致，认为《尚书》的整编者当为孔子。

第二种观点认为《尚书》编纂于周代，主持编纂者为周公、周昭王或周穆王。叶修成认为，《尚书》的编纂是周代史官"在殷周易代之际反思前代败亡的历史教训的大背景之下进行的"，是周公制礼作乐的一项重要内容。❹从先秦文献引《书》、用《书》的情况看，周公确实对《尚书》作过初步编纂，但这个本子肯定与今本《尚书》不同。因为，周公在成王之时已经去世，《尚书正义》云："周公在丰，将没，欲葬成周。公薨，成王葬于毕，告周公，作《亳

---

❶ （汉）司马迁撰，（唐）张守节正义：《史记》，中华书局1982年第2版，第3115页。

❷ （汉）班固撰，（唐）颜师古注：《汉书》，中华书局1962年版，第3738页。

❸ 同上书，第1706页。

❹ 叶修成："周公'制礼作乐'与《尚书》的最初编纂"，载《求索》2007年第11期，第171～173页。

姑》。"❶

　　证之今本《竹书纪年》，知《正义》所记不误："（成王）二十一年，除治象。周文公薨于丰。"❷而在今本《尚书》的58篇经文中，至少有9篇所记之事发生在周公去世之后，故周公生前主持编纂的《尚书》和今本《尚书》不可能是同一个本子。中国古代修史的一般规律，是在新朝代伊始，为达到资治通鉴的目的，而整理前代历史文献资料。所以，周公制礼作乐之时，至多是对夏、商两代以及周代早期的档案资料进行整理，不大可能对与自己同时代的档案资料进行历史性总结。因此我们认为，周公主持编纂的仅仅是《尚书》中的部分篇章。另外，今人饶龙隼的《〈书〉考原》则认为《书》最早在周昭王、周穆王时编纂写定本。❸按穆王时代的确有过一次文献整理和编纂的行为。今本《竹书纪年》记载："（穆王）二十四年，王命左史戎夫作《记》。"❹此《记》，即《逸周书·史记》。其文载周穆王命左史戎夫辑录前代败亡诸国史事，定期陈述宣讲，以为鉴戒。❺但今本《竹书纪年》又载，《文侯之命》作于周平

---

❶ （汉）孔安国传，（唐）孔颖达正义：《尚书正义》，上海古籍出版社2007年版，第711页。

❷ 方诗铭、王修龄：《古本竹书纪年辑证》，上海古籍出版社2005年版，第247页。

❸ 饶龙隼："《书》考原"，见王小盾编：《扬州大学中国文化研究所集刊（第一辑）》，江苏古籍出版社1998年版，第57~95页。

❹ 方诗铭、王修龄：《古本竹书纪年辑证》，上海古籍出版社2005年版，第251页。

❺ 黄怀信、张懋镕、田旭东：《逸周书汇校集注》，上海古籍出版社2007年版，第942页。

王元年，晚于周穆王时期一百二十多年；《秦誓》记录之事发生在鲁僖公三十三年，在周襄王时期，距穆王时期更加久远。❶所以，《文侯之命》和《秦誓》不可能是在周昭王和周穆王时期被编进《尚书》的。而这3篇经文都属于今文经，是目前学界公认的先秦文献。因此我们认为，今本《尚书》一定不是在周昭王和周穆王时期形成的定本。葛志毅在《试据〈尚书〉体例论其编纂成书问题》中，根据《尚书》六体与约剂、命书之间存在的密切联系，又据青铜器铭文所载约剂、命书大盛于西周中晚时期，推测《尚书》的编纂很可能始于厉、宣之世的前后。❷但这种观点同样无法解释《文侯之命》和《秦誓》如何被编纂进《尚书》的问题。

第三种观点认为《尚书》是先秦时期的儒家或博士编订的。蒋善国说："整编《尚书》的，是秦季的儒家或博士。"❸蒋氏认为孔子之后的儒家学派与《尚书》之间有密切关系，是符合事实的。但其欲推翻司马迁、班固观点，对"孔子删书说"持完全否定态度，则证据不足。

第四种观点认为《尚书》的编纂成书不是哪一个朝代、哪一个具体的人所为，而是一个持续的动态过程。罗家湘说："《尚书》的编辑也不是一次定型的，在孔子之前有《书》的写定本，孔子有《书》的整理本，孔子的弟子以及再传弟子也会有《书》的修订本。"❹这种观点实际上是对

---

❶ 方诗铭、王修龄：《古本竹书纪年辑证》，上海古籍出版社2005年版，第263页、第271页。

❷ 葛志毅：《谭史斋论稿续编》，黑龙江人民出版社2004年版，第31~118页。

❸ 蒋善国：《〈尚书〉综述》，上海古籍出版社1988年版，第16页。

❹ 罗家湘：《〈逸周书〉研究》，上海古籍出版社2006年版，第70页。

第一种观点的深化和生发，也更加符合《尚书》编纂成书的实际。《尚书》的资料来源主要是各国的历史档案，与其他文献的素材相比，这些资料的最大特点就是它的动态性、递增性。《尚书》记录的史事资料时间跨度很长，包含了从上古时期到春秋中叶至少1300年的历史。❶显然，《尚书》的编订成书不是一朝一代所能完成的。而且，在《尚书》整理与编纂的过程中，一定有一些人起到了关键性作用。目前，从出土文献和传世文献引《书》、用《书》的情况来看，孔子在《尚书》的形成过程中确实起到了关键性作用。在没有找到新的文献证据之前，《尚书正义》《史记》和《汉书》等文献的相关记载，是不容轻易否定的。孔子的整编规定了《尚书》文本的内容范围，孔子以"礼"为指导思想的编选也影响了《尚书》文体的思想内容，所以探析孔子的整编思想是研究《尚书》各体蕴含的文化内涵和思想观念的基础和前提。

二、孔子"克己复礼"的人生理想与《尚书》的编定

关于《尚书》记言的形成、功能及其在中国话语体系中的地位，已经有过详细论述。这里将重点论述孔子对《尚书》整编的过程及其理念。本书认为，孔子在对《尚书》整编的过程中始终贯穿着这个理念："克己复礼"是孔子一生孜孜以求的最高理想，他在《论语》《中庸》等文献

---

❶　唐虞之际时间已经不可考。据古本《竹书纪年》记载，夏、商、西周享年分别为471年、476年、257年。《尚书》最后一篇《秦誓》所记之事发生在鲁僖公三十三年，据平王东迁97年。见方诗铭、王修龄：《古本竹书纪年辑证》，上海古籍出版社2005年，第20页、第40页、第64页。

中多次提到这一理想。《论语·颜渊》："颜渊问仁。子曰：'克己复礼为仁。一日克己复礼，天下归仁也。'"❶《中庸》云："子曰'吾学周礼，今用之，吾从周。'"❷朱熹集注："惟周礼乃时王之制，今日所用。孔子既不得位，则从周而已。"❸朱熹之意谓周礼文质彬彬，最能体现文王、武王的圣王之道，故孔子坚持学习和实践之。又《论语·述而》云："子曰：'甚矣吾衰也！久矣吾不复梦见周公。'"❹何晏注："孔曰：孔子衰老，不复梦见周公，明盛时梦见周公，欲行其道也。"❺刘宝楠《正义》曰："周公成文、武之德，致治太平，制礼作乐。鲁是周公之后，故周礼尽在鲁，夫子言'舍鲁何适'？又屡言'从周'，故缀周之礼。其修《春秋》，绳之以文、武之道，成一王法，与周公制作之意同也。"❻

综合以上材料，我们可以推知，孔子所谓的礼，指的当是周礼。孔子认为，如果人们都能够依照周礼行事，不做出违背周礼的行为，那么他们就会在不知不觉之间提升自己的人格，成为一个"仁者"。

孔子一生对周公和周代礼乐推崇备至，为恢复周礼而不遗余力，积极奔走于各诸侯国之间。在政治主张遭到挫折之后，孔子于晚年回到鲁国，全身心投入另一种恢复周礼的实践活动之中，即整编包括《尚书》《春秋》在内的六经。从

---

❶（清）刘宝楠撰，高流水点校：《论语正义》，中华书局1990年版，第483页。

❷❸ 朱熹注：《四书集注》，中华书局1957年版，第46页。

❹❺❻（清）刘宝楠撰，高流水点校：《论语正义》，中华书局1990年版，第256页。

广义上讲，"六经"当是周礼的一部分。叶修成认为，"周公制礼"之礼，广义上的内涵包括编纂《尚书》在内的一系列文化建设："文化建设亦应当是周公'制礼作乐'极为重要的有机组成部分。而收集和整理前代文献，为新的文化制度的创建和发展提供参考和借鉴的历史作用，当是文化建设中很重要的一项工程。"❶因此，孔子"克己复礼"的主张不仅体现在对周礼精神的宣传和学习，还体现在对周公收集和整理前代文献、积极进行文化建设这一实践活动的模仿，整编《尚书》便是其中的一个代表性活动。

从先秦文献的相关论述来看，孔子也具备整编《尚书》的充分条件。下面就从三个方面来具体论述之。

首先，保护传统文化的强烈使命感，是孔子整理《尚书》的主观原因。孔子一向以克己复礼、继承和发扬上古三代文化为己任。孔安国《〈尚书〉序》明确阐发这一观点，云："先君孔子，生于周末，睹史籍之烦文，惧览者之不一，遂乃定礼乐、明旧章。"❷孔子担心后学者看不到前代重要的文献，故自发将其中具有"垂世立教"意义的篇章整合在一起，为后人留下了一个传世的本子。

另外，《论语》里也多次透露出孔子以保护周代礼乐文化为己任的精神。《论语·子罕》："子畏于匡，曰：'文王既没，文不在兹乎？天之将丧斯文也，后死者不得与于斯

---

❶ 叶修成："周公'制礼作乐'与《尚书》的最初编纂"，载《求索》2007年第11期，第171~173页。

❷ （汉）孔安国传，（唐）孔颖达正义：《尚书正义》，上海古籍出版社2007年版，第10~11页。

文也。'"●刘宝楠正义："文、武之道，皆存方策，夫子周游，以所得典籍自随，故此指而言之。"●从这句话中我们可以看出，孔子把收集和保存前代文化看得非常重要，甚至当生命危在旦夕之时，他还在为前代的礼乐文化不能传承下去而深感忧虑。又《史记·孔子世家》记载，孔子临终时，叹息而歌，曰："泰山坏乎！梁柱摧乎！哲人萎绝乎！"●天下无道，礼崩乐坏，而恢复周礼，却后继无人。对此，孔子表现出异常的悲怆和绝望。这一声叹息的背后深藏着他对发扬三代文明强烈的责任感与使命感。

正是在这种责任感和使命感的号召下，孔子在其入世理想遭受挫折之后，仍然没有灰心，晚年回到鲁国，编书讲学，为传统文化的传承和发扬光大作出了巨大的贡献。这种发扬传统文化的使命感，后来又被孔门弟子及其后学者进一步发展成为"修身齐家治国平天下"●的仁爱、担当精神，对历代知识分子的思想产生了深远的影响。

其次，鲁国丰富完备的藏书，为孔子整编《尚书》提供了客观条件。《左传》昭公二年："晋侯使韩宣子来聘，且告为政，而来见，礼也。观书于大史氏，见《易·象》与鲁《春秋》，曰：'周礼尽在鲁矣，吾乃今知周公之德与周之所以王也'。"孔颖达疏："此二书，晋国亦应有之，韩子

● （清）刘宝楠撰，高流水点校：《论语正义》，中华书局1990年版，第327页。

● 同上书，第328页。

● （汉）司马迁撰，（唐）张守节正义：《史记》，中华书局1982年版，第1944页。

● （宋）朱熹：《四书集注》，中华书局1957年版，第7~9页。

旧应经见，而至鲁始叹之。"❶意思是晋国原有之书，至此时已多散佚。杜预注："当此之时，儒道废，诸国多阙，唯鲁备，故宣子适鲁而说之。"❷

以上材料说明，春秋晚期，鲁国的礼乐比其他诸侯国保存得更加完好。孔子出生于鲁国，曾经做过季氏家史和鲁国大司寇，故有机会接触鲁国保存的历史文献材料，这为其整编《尚书》提供了客观条件。《史记·孔子世家》记载："孔子贫且贱，及长，尝为季氏史。"❸季氏指的是鲁国大夫季孙氏家族。季孙氏家族在鲁国势力很大，其先人季友，因辅佐鲁僖公当上国君，而得到僖公优待，被封为大夫，其后代亦享有爵禄。鲁宣公八年以后，季孙氏家族开始活跃于鲁国的政治舞台，和叔孙氏、孟孙氏一起成为鲁国政治的实际操纵者。《左传》昭公二十五年乐祁曰："政在季氏三世矣，鲁君丧政四公矣。"杜预注："宣、成、襄、昭。"❹说明在宣、成、襄、昭四公时期，实际上是以季孙氏为首的三桓在掌握鲁国大政。孔子给季孙氏作家史，所享受的待遇应该和鲁国国史相差不大，一定有机会接触鲁国的国家藏书。在这些藏书里就包含前世流传下来的关于《尚书》的典籍和史料。因此，孔子对这些资料非常熟悉。《史记·孔子世家》记载：

---

❶❷ （晋）杜预注，孔颖达等正义：《春秋左传正义》，上海古籍出版社1997年版，第2029页。

❸ （汉）司马迁撰，（唐）张守节正义：《史记》，中华书局1982年第2版，第1909页。

❹ （晋）杜预注，（唐）孔颖达等正义：《春秋左传正义》，上海古籍出版社1997年版，第2107页。

有隼集于陈廷而死，楛矢贯之，石砮，矢长尺有咫。陈愍公使使问仲尼。仲尼曰："隼来远矣，此肃慎之矢也。昔武王克商，通道九夷百蛮，使各以其方贿来贡，使无忘职业。于是肃慎贡楛矢石砮，长尺有咫。先王欲昭其令德，以肃慎矢分大姬，配虞胡公而封诸陈。分同姓以珍玉，展亲；分异姓以远职，使无忘服。故分陈以肃慎矢。"试求之故府，果得之。❶

又《尚书正义·分器》序下孔颖达疏云：

武王既已胜殷，制邦国，以封有功者为诸侯。既封为国君，乃班赋宗庙彝器以赐之。于时有言诰诫敕，史序其事，作《分器》之篇。❷

《分器》经文今已亡失，然据小序推测，其主要内容当与记功封侯有关。孔子之时，《分器》大约未亡，故孔子对其内容了如指掌，所以才能根据此篇所述内容，对陈国之矢作出准确判断。

同样，当子张问孔子"十世可知也"的问题时，孔子回答道："殷因于夏礼，所损益，可知也；周殷于殷礼，所损益，可知也。其或继周者，虽百世可知也。"❸夏、殷、周

---

❶（汉）司马迁撰，（唐）张守节正义：《史记》，中华书局1982年版，第1922页。

❷（汉）孔安国传，（唐）孔颖达等正义：《尚书正义》，上海古籍出版社2007年版，第480页。

❸（清）刘宝楠撰，高流水点校：《论语正义》，中华书局1990年版，第71页。

三代之礼当包含三代的文献典籍，面对弟子的问话，孔子的语气中充满自信，其前提即是对夏、殷、周三代文献的熟练掌握。

最后，因讲学需要而编订教科书，当是孔子整编《尚书》的直接动力。《史记·孔子世家》记载：

季氏亦僭于公室，陪臣执国政，是以鲁自大夫以下皆僭离于正道。故孔子不仕，退而修《诗》《书》《礼》《乐》，弟子弥众，至自远方，莫不受业焉。……孔子以《诗》《书》《礼》《乐》教，弟子盖三千焉，身通六艺者七十二人。❶

证之先秦文献，司马迁所言不误。笔者将部分先秦文献引《书》、用《书》情况作了统计，具体情况如表1-1所示。

表1-1　先秦文献引《书》、用《书》情况统计表

	文献类别	引《书》总次数	称引方式	与今本《尚书》内容比较	备　注
传世文献	《左传》	56条	7条以"书云"或"书曰"方式称引，其他49条皆以："虞书曰""夏书曰""商书曰""周书曰"或具体篇名方式称引	6条不见于今本《尚书》，其他50条皆与今本《尚书》内容基本相符	7条以"书云"或"书曰"方式称引《尚书》，时间均在孔子20岁之前

❶（汉）司马迁撰，（唐）张守节正义：《史记》，中华书局1982年版，第1914页、第1938页。

	文献类别	引《书》总次数	称引方式	与今本《尚书》内容比较	备　注
传世文献	《论语》	8条	3条称引《书》名称，其他的5条皆是内容上称引	称引内容与今本《尚书》基本相符，讲到尧、舜、禹三代事迹的有4条，也与今本《尚书》内容一致	
	《孟子》	29条	8条以"书曰"的方式称引《尚书》	18条称引内容与今本《尚书》基本相合	很多内容和篇名与今本《尚书》完全相合
	《荀子》	27条	18条以"书曰"的方式称引《尚书》，其他9条分别以篇名或人物说话方式称引	20条称引的内容与今本《尚书》基本相合	6条将《诗》《书》《礼》《乐》《易》《春秋》一起论述
	《墨子》	46条	1条称引《书》之名称，其中16条称引方式是"先王之书曰"	基本不称"书曰"，称引内容和标题与今本《尚书》出入较大	称引《书》名称的只有1条，将孔子和《诗》《书》《礼》《乐》并提
出土文献	上博楚简	9条	皆称引具体篇章名称	篇名皆见于今本《尚书》	《缁衣》称引9条；其他各家文献未见称引
	郭店楚简	17条	1条将《诗》《书》《礼》《乐》并言；2条将《诗》《书》《礼》《乐》《易》《春秋》一起论述	15条提到具体名，皆与今本《尚书》篇名同	《缁衣》称引9条，《成之闻之》称引4条，《六德》《性自命出》《唐虞之道》《语丛》各称引1条；《老子》等道家文献未见称引

文献类别		引《书》总次数	称引方式	与今本《尚书》内容比较	备　注
出土文献	马王堆帛书	2条	1条将《诗》《书》《礼》《乐》并言；1条暗引内容	与《伊训》文本相似	儒家类文献《要》和《二三子问》各称引1条；《老子》等其他各家文献未见称引

注：本表统计版本依据：《春秋左传正义》《论语注疏》《孟子注疏》，上海古籍出版社1997年版；（清）孙诒让撰，孙启治点校：《墨子闲诂》，中华书局2001年第1版；（清）王先谦撰，沈啸寰点校：《荀子集解》，中华书局1988年版；荆门市博物馆编：《郭店楚墓竹简》，文物出版社1998年版；马承源主编：《上海博物馆藏战国楚竹书》，上海古籍出版社2001年版；国家文物局古文献研究室编：《马王堆汉墓帛书》，文物出版社1980年版。

从表1-1可知，《左传》共引《书》56条，有49条都用"夏书曰""商书曰"或"周书曰"和具体篇目名称的称引方式，而且以"《书》云"或"《书》曰"的方式称引《尚书》的时间均在孔子20岁之前。同时也有7条"《书》云"或"《书》曰"的称引方式。据此，我们推测，在孔子之前，《书》之名称已经存在，但并未在社会上广泛流传。孔子整理《尚书》，作为教导弟子的教材后，孔门弟子和儒家学派的作品里才开始大量以"《书》曰"的方式称引《尚书》，其称引内容与今本《尚书》的吻合程度相当高。这说明孔子当时讲学用的是自己整编的《尚书》文本。上博楚简、郭店楚简和马王堆帛书引《书》、用《书》的情况也可以证明此点。据学者考证，上博楚简和郭店楚简皆为春秋末到战国初期竹简，其中大部分篇章内容体现了孔子的后学

儒家思孟学派的思想，❶马王堆帛书则大约抄写于汉高祖时
期。这些竹简和帛书十分丰富，保存了儒家、道家、法家、
兵家等诸子百家宝贵的文字资料。在这些资料中，只有儒家
类文献存在大量引《书》、用《书》的现象，其他各家则很
少甚至没有引《书》、用《书》的现象。这说明只有儒家这
一传承体系把《尚书》作为教材，广泛研习，其他各家则不
用《尚书》作教材，故对其内容比较陌生，因而没有出现引
用的情况。在这些儒家文献资料中，论及《书》内容的有26
条，其中23条所引篇名见于今本《尚书》。值得注意的是，
这些竹简和帛书，已经把《诗》《书》《礼》《乐》《易》
《春秋》放在一起论述，并着重对这些文献的来源、文体特
性及其蕴含的文化道德内涵进行论述。如，郭店楚简《性自
命出》中谈到圣人与《诗》《书》《礼》《乐》的关系：

> 凡道，心术为主。道四术，唯人道为可道也。其三术者，
> 道之而已。《诗》《书》《礼》《乐》，其始出皆生于人。
> 《诗》，有为为之也。《书》，有为言之也。《礼》《乐》，
> 有为举之也。圣人比其类而论会之，观其先后，而违训之，体
> 其义而节度之，理其情而出入之，然后复以教。教，所以生德
> 于中者也。❷

出土简文阐明圣人的教化应顺应人的天性，从而培养德

---

❶ 刘冬颖："出土文献与先秦时期的楚地儒家传诗"，载《文学遗产》2009
年第2期，第127~130页。

❷ 荆门市博物馆编：《郭店楚墓竹简》，文物出版社1998年版，第179页。

义兼备的君子。而人性的教化是靠"道四术"来实现的，"四术"中，"《书》教"居第二位。我们认为，这里的圣人指的当是孔子。这说明孔子之后，"六艺"已经成为儒家常规性教材，经常被放在一起探讨；《书》作为"六艺"之一，也得到了儒家学派及其后学者的广泛认可和推广。这种情况在《孟子》《荀子》二书中表现得也比较明显。《孟子》共引"书"29条，其中，以"书曰"的方式称引《尚书》的有8条，称引内容与今本《尚书》基本相合的达18条。《荀子》称引《尚书》达27条，其中将《书》作为整体概念提出的多达18次，称引的内容与今本《尚书》基本相合的有20条，有6条将《书》作为整体与其他5部经典放在一起比较论述。从孔子门人到孟子、荀子等儒家学派的代表人物，其引《书》的内容与今本《尚书》内容吻合程度很高，这说明儒家后学者在传习过程中所用的教材，皆为孔子整理的《尚书》版本。《史记·孔子世家》：

> 余读孔子书，想见其为人。适鲁，观仲尼庙堂车服礼器，诸生以时习礼其家，余低回留之，不能去云。……孔子布衣，传十余世，学者宗之。自天子王侯，中国言六艺者折中于夫子，可谓至圣矣！❶

可知，孔门弟子及儒家学派讲习《诗》《书》，代代相传，直到西汉时期还延续不断。

---

❶（汉）司马迁撰，（唐）张守节正义：《史记》，中华书局1982年版，第1947页。

以上古三代文化为依托，传道授业解惑，使得儒家学派从创立之始就与中国传统文化紧密结合，不可分割，这是圣人孔子的智慧选择。历代以来，这也是儒家学派及其文化始终能够居于中国社会主流的重要原因之一。

三、孔子整编《尚书》的资料来源及其文体

鲁国保存周文化的完整性和孔子保存前代文化的使命感，为孔子整编《尚书》提供了客观条件和主观原因。由此，《尚书》进入了进一步整编的阶段。编纂的材料当以周代的档案资料为主，同时也参考各诸侯国的历史档案资料。具体来说，这些资料的来源主要有两个方面。

一是鲁国保存的周代的档案资料。这其中大约有周公制礼作乐时初步整理的《书》（其中包括《虞书》《夏书》《商书》《周书》的部分篇章）和周代的其他档案资料。叶修成认为，周公初步整编《尚书》的主要资料来源有三个方面：武王克商后收缴的战利品中即有一部分是商人的典册；武王克殷前后，商朝史官携带典册前来投奔归附；周王朝创建前后的诰誓号令。❶叶修成的观点是符合实际情况的，但周公编纂的一定不是今本《尚书》。因为周公薨于成王二十一年，其主持编纂的只可能是《尚书》中虞、夏、商三代和周代文王、武王时期和成王前期的诰誓号令。基于此，我们认为今本《尚书》中成王后期及其之后的篇章当是孔子整编《尚书》时选定的。

这一点从《左传》和《墨子》引《书》、用《书》情况

---

❶ 叶修成："周公'制礼作乐'与《尚书》的最初编纂"，载《求索》2007年第11期，第171~173页。

可以得到证实：《左传》共引《书》56条，其中用"《书》
云"或"《书》曰"称引方式的有7条，占称引总次数的
11%，其他都用"夏书曰""商书曰"或"周书曰"和具体
篇目名称的称引方式。另外《论语》涉及《书》之内容的有
8条。直接称引《书》名称的3条，孔子称引2条，子张称引
1条。其他的5条与《书》中篇章内容基本相符，讲到尧、
舜、禹三代事迹的有4条，也与今本《尚书》内容一致。与
此相反，《墨子》引书46条，直接称引《书》名称的只有1
次，以其他方式称引《尚书》的有45条，其中以"先王之书
曰"的方式称引的有16条，内容多与今本《尚书》有很大
出入。以具体篇章名称方式称引《尚书》的，篇名和内容与
今本《尚书》大多不能完全对应。据此，我们可以作出以下
两点推测：第一，《书》之名称在春秋以前已经出现。在孔
子整编《尚书》之前，周公制礼作乐时主持编纂的本子已经
以《书》的名称在流传。周公所做的工作是，把前代的档案
资料按照朝代加以整理汇编，从中挑出贤君明相事迹，加上
根据当时流传的尧、舜、禹的传说创作的《虞书》，统一称
为《书》，作为皇室弟子的教材，以达到以史为鉴、垂世立
教的目的。此时的《书》之篇章并不包括周公逝世以后的作
品。第二，在先秦时期有不止一个《尚书》的版本在流传。
周公最初编纂的《尚书》版本可能仅仅在周王室和诸侯国上
层流传。据《左传》称引《书》的情况看，晋国、鲁国、郑
国皆有以"书曰"的方式称引《尚书》的情况，说明在这几
个诸侯国流传的《尚书》是周公制礼作乐时的本子。孔子整
理的《尚书》，就是依据周公制礼作乐的本子整理而成，后
来被作为聚众讲学的教科书。故孔子和儒家学派引《书》内

容多见于今本《尚书》。但周公制礼作乐时主持编纂的版本，在春秋时期还没有普及社会下层，故出身于刑人的墨子，并没有机会看到这个本子。所以《墨子》的引《书》情况与《左传》《论语》《孟子》《荀子》等儒家学派著作的引《书》情况有很大差别。墨子将《书》称为"先王之书"，称引的内容有一半以上不见于今本《尚书》，另外一些内容与今本《尚书》相近的部分，篇章标题与今本《尚书》也多有出入。这种现象说明墨子所见到的"先王之书"与周公最初编纂的《书》及孔子编订的《书》不是同一个本子。可能的情况是，在周王室衰微以后，王室文献流失民间，有人将这部分书类文献缀合编纂，称为《先王之书》。我们推测，这个人很可能就是墨子本人，因为在先秦其他文献资料中，以这种方式称引《尚书》的，只有《墨子》一书。儒、墨两家引《书》情况差别很大的另一个原因是其理论主张的不同。钱穆说："惟儒者所习皆当时贵族相沿守遵行之成法，而墨子乃非礼乐，尚功用，而大俭约。一以刑人苦力之生活为准。儒者讥之，曰：此非吾先王文武周公所传之道也。墨之徒则曰，此古者大禹之道也。"❶对此，许多学者表示认同。刘起釪说："各家引用书篇都是为宣扬自己的学说服务，这是造成分歧的主要原因。有些文献和自己的学说不一致，或者没有符合自己学说的古史文献时，他们就干脆自己编造古史，这就是所谓'托古改制'。"❷周公制礼作乐，礼乐治国的理念和儒家的主张方向一致，故《尚

---

❶ 钱穆：《先秦诸子系年》，河北教育出版社2002年版，第123页。
❷ 李民：《〈尚书〉与古史研究》序言，中州书画社1983年第2版，第7页。

书》内容被儒家很好地继承，被孔子重新编订后用作教导弟子的教材，后经孔门弟子和儒家学派的发扬光大而得以广泛流传。《尚书》中这些典、册、诰、命等文体名称也被一并保存下来。

二是参考其他诸侯国的史记资料，主要是鲁国、秦国、晋国等。春秋时期，周室衰微，礼乐征伐自诸侯出，王室的历史档案损毁流失严重，唯有鲁国保存相对完好。故韩宣子出使鲁国称赞"周礼尽在鲁矣"。❶孔子整编《尚书》时所做的工作如下，以保存在鲁国的《书》为底本，参考周代的档案资料增加了《尚书》中成王晚期及其以后的篇章，又从鲁国和秦国的档案资料中选择了《费誓》和《秦誓》两篇加入《尚书》之中，形成今本百篇《尚书》的雏形。同时为了帮助弟子更好地理解《尚书》，孔子又给每一篇文章撰写了小序，对其时代背景和写作缘由给予说明。这说明，孔子是在遵循《尚书》原本体例的基础上，对《尚书》进行整编的。

那么，孔子为什么要将《费誓》和《秦誓》两篇选编进《尚书》呢？这与孔子克己复礼、垂世立教的编书目的相吻合。

就《费誓》而言，孔子将其整理进《尚书》之中，原因大概有两个。第一个是出于重建礼乐社会的目的。孔子认为鲁国的礼制在所有诸侯国中保存最为完好，对于鲁国复兴周礼抱有很大期望，《礼记·礼运》记载孔子的话语："呜呼哀

---

❶　（晋）杜预注，（唐）孔颖达等正义：《春秋左传正义》，上海古籍出版社1997年版，第2029页。

哉！我观周道，幽、厉伤之，吾舍鲁，何适矣！"^❶正义曰：
"'呜呼哀哉'是伤叹之辞。言观周家文武之道，以经幽、厉
之乱伤，此礼仪法则，无可观瞻，唯鲁国稍可，吾舍此鲁国，
更何之适而观礼乎！"^❷但是春秋后期，随着周王室的进一步
衰微，诸侯争霸战争加剧，违反周礼的情况频频发生。面对
无可挽回的礼崩乐坏局面，孔子只能发出无可奈何的叹息。
《论语·子罕》："子曰：'凤鸟不至，河不出图，吾已矣
夫！'"^❸在这样的历史背景下，鲁国的始封之君伯禽，曾经
遵守周礼，为维护周王室安全所作的抵御淮夷的行为显得异常
可贵。它代表着孔子恢复和重建周代礼乐文明的理想诉求。因
此，孔子怀着尊崇的心情将伯禽征伐淮夷前的誓师辞编进《尚
书》，以为后世法。《汉书·地理志》云：

　　周兴，以少昊之墟，封周公子伯禽为鲁侯，以为周公主。
其民有圣人之教化，故孔子曰"齐一变至于鲁，鲁一变至于
道"，言近正也。濒洙泗之水，其民涉度，幼者扶老而代其
任。俗既益薄，长老不自安，与幼少相让，故曰："鲁道衰，
洙泗之间龂龂如也。"孔子闵王道将废，乃修六经，以述唐虞
三代之道，弟子受业而通者七十有七人。是以其民好学，上礼
义，重廉耻。^❹

---

　　❶❷（汉）郑玄注，（唐）孔颖达等正义：《礼记正义》，上海古籍出版社
1997年版，第1417页。

　　❸（清）刘宝楠撰，高流水点校：《论语正义》，中华书局1990年版，第
333页。

　　❹（汉）班固撰，（唐）颜师古注：《汉书》，中华书局1962年版，第
1662页。

　　直至汉代，鲁地仍然保持好学重礼的风气，这与孔子及儒家学派积极的传播与建设的行为是分不开的。

　　第二个是出于对鲁国深厚的宗国情感。孔子的祖先是商之后裔宋国人，但他的曾祖父、祖父、父亲和他本人都是鲁国人，鲁国是他的"父母之邦"。孔子怀着崇高的宗国情感，将反映鲁国第一代国君战功的《费誓》编入《尚书》。朱熹在分析《鲁颂》列于《诗经》"三颂"原因时，云："若其所歌之事，又皆有先王礼乐教化之遗意焉，则其文疑若犹可予也。况夫子鲁人，亦安得而削之哉？"❶朱子看到了孔圣人亦未能免乎人情的一面，是非常有道理的。我们认为，这样的宗国情感也应当贯穿于孔子对《尚书》的编订之中。

　　《秦誓》的主人公秦穆公是一个颇受孔子青睐的帝王。《史记·孔子世家》记载：

　　　　鲁昭公二十年，而孔子盖年三十矣。齐景公与晏婴来适鲁，景公问孔子曰："昔秦穆公国小处辟，其霸何也？"对曰："秦，国虽小，其志大；处虽辟，行中正。身举五羖，爵之大夫，起缧绁之中，与语三日，授之以政。以此取之，虽王可也，其霸小矣。"❷

　　从上文可知，孔子认为秦穆公行为中正，善用贤能，能

---

　　❶　（宋）朱熹注，赵长征点校：《诗集传》，中华书局2011年版，第317页。

　　❷　（汉）司马迁撰，（唐）张守节正义：《史记》，中华书局1982年版，第1910页。

够实施王道，这和周公礼乐治国的理念一致，故秦穆公的做法也符合孔子克己复礼的政治理想。同时，作为一国之君，秦穆公悔过自誓的精神更加难能可贵。故孔子将其整编进《尚书》，以为后世王者所法。《尚书》孔安国传对此也有论述："诸侯之事而连帝王，孔子序书，以鲁有治戎征讨之备、秦有悔过自誓之戒，足为世法，故录以备王事，犹《诗》之录商、鲁之颂。"❶

如上所述，孔子整编《尚书》的资料主要来源于两大方面，周公制礼作乐时整编的《书》和周王室及各诸侯国所存的历史档案资料。《尚书》百篇的基本规模当是由孔子初步完成。其后的儒家学派继承孔子的礼乐教化精神，将《尚书》文本代代相传。在此过程中，他们为发挥各自不同学说的需要，对《尚书》文本和篇目有所选择和损益，但大致范围不出百篇《尚书》之外，基本的文体类型和格局也没有太大改变。后秦始皇"焚书坑儒"，造成《尚书》资料大量散失，但是集体记忆是不会轻易被人们遗忘的。虽经秦火之劫，民间仍以各种形式私藏有大量《尚书》篇章。西汉以后这些篇章陆续被发现，有济南伏生所传的29篇今文《尚书》，孔安国家传《古文尚书》本，鲁恭王本，河间献王本等。学者王明珂说："焚书、坑儒之事无代不有，但是旧文献与不识时务的人物总是烧不完也坑不尽。甚至有时他（它）们被刻意保留下来。这些文献、文物与人物言行，成为社会记忆中隐藏潜伏的一部分，等着在往后的社会变

---

❶ （汉）孔安国传，（唐）孔颖达等正义：《尚书正义》，上海古籍出版社2007年版，第806页。

迁中被忆起，被赋予新的诠释，成为凝聚新族群的集体记忆。"❶东晋时，百篇《尚书》终于重见天日，但仅剩下58篇经文，其他42篇经文已佚失，仅存小序。那些流失的篇章内容，现在零散地见于《尚书》《逸周书》《左传》《国语》《战国策》《史记》《汉书》等史书及诸子、礼书、金文之中。就目前所能见到的文献情况来看，有的见诸征引，仅剩断言残语；有的只知篇名，不见内容。

　　孔子整编包括《诗》《书》在内的系列文献典籍，意义重大。不但使得其传道授业有了文本依据，培养了大批儒门弟子，还加快了中国古代文化由精英阶层下移到普通人的进程，促进了社会整体文明程度的提高。正所谓"天不生仲尼，万古长如夜"。❷就《尚书》而言，自孔子整编之后，就开始在社会上广泛流传，汉代以后被奉为经典，影响了历代帝王将相乃至普通人。《尚书》中种类丰富的文体类型给后代的官方文书和文学文体都产生了深远的影响。《尚书》中体现的资治通鉴、尊贤尚德之精神，连同孔子编书垂教、传播文化的行为一起，深深融入中华民族的血液之中，积淀成人们永久的集体记忆。它时刻激励后学者继承圣人衣钵，努力发掘传统文化的当代价值，让华夏文化之脉源远流长，亘古不息。

---

　　❶　王明珂：《华夏边缘：历史记忆与族群认同》，社会科学文献出版社2006年版，第32~33页。

　　❷　（宋）黎靖德编，王星贤点校：《朱子语类（第六册）》，中华书局1986年版，第2350页。

第四节　《尚书》与《春秋》《诗经》的比较

　　《尚书》是我国第一部历史散文集，以记言为主，《春秋》是我国第一部编年体历史著作，以记事为主。《尚书》所记之言虽然"佶屈聱牙"，但能围绕中心，分明层次，并综合运用多种修辞手法。《春秋》所记之事虽然极其简略，但初步确立了叙事散文的基本规范，叙事系统、严谨，而且坚持道德的原则。同时，《尚书》和《春秋》的记言与记事又不是那么泾渭分明，《尚书》中许多作品记言、叙事兼具，也有以叙事为主的作品。其叙事也能够做到条理清晰，结构完整，富于表现力。《春秋》虽然专门叙事，但在语言技巧的运用上十分出色，文字表达比《尚书》有明显进步。它们是我国先秦历史散文的两大源头，也是我国记言叙事文之祖。

一、"左史记事，右史记言"与古人重视"立言"的传统

　　班固在《汉书·艺文志》中说："古之王者，世有史官，君举必书，所以慎言行，昭法式也。左史记言，右史记事；事为《春秋》，言为《尚书》。帝王靡不同之。"❶在中国古代，"君举必书"是事实，"记言"与"记事"分属于不同的史官负责也是事实。关于此，《礼记·玉藻》也有类似的记载："动则左史书之，言则右史书之。"郑玄注：

---

❶　（汉）班固撰，（唐）颜师古注：《汉书》，中华书局1962年版，第1715页。

"其书,《春秋》、《尚书》其存者。"贾公彦疏曰:"经云'动则左史书之',《春秋》是动作之事,故以《春秋》当左史所书。左阳,阳主动,故记动。经云'言则右史书之',《尚书》记言语之事,故以《尚书》当右史所书。右是阴,阴主静故也。"❶对于"言""事"分别指的是《尚书》和《春秋》类的文献,二者无异议。但是关于两种文献的记录者或掌管者,《汉书》和《礼记》的说法却恰恰相反。事实只有一个,那么究竟哪个说法更接近事实呢?

据文献记载,周代并无左史和右史之官,二者的出现大约在春秋时期。《左传》昭公十二年,析父谓子革:

"吾子,楚国之望也。今与王言如响,国其若之何?"子革曰:"摩厉以须,王出,吾刃将斩矣。"王出,复语。左史倚相趋过,王曰:"是良史也,子善视之!是能读《三坟》《五典》《八索》《九丘》。❷

又《周礼·外史》:

外史掌书外令。掌四方之志。掌三皇五帝之书。郑玄云:"志,记也,谓若鲁之春秋,晋之乘,楚之梼杌。……楚灵王

---

❶ (汉)郑玄注,(唐)孔颖达等正义:《礼记正义》,上海古籍出版社1997年版,第1473~1474页。

❷ (晋)杜预注,(唐)孔颖达等正义:《春秋左传正义》,上海古籍出版社1997年版,第2064页。

所谓三坟五典。"❶

可知，《左传》所记左史之职掌与《周礼》所记的外史之职相当，负责撰写、搜集和存录诸侯国的朝报以及保存三代以前的文献典籍。《周礼·春官·御史》："御史掌邦国都鄙及万民之治令，以赞冢宰。"贾公彦疏曰："天官冢宰，六典治邦国，八则治都鄙及畿内万民之治。今此御史亦掌之以赞佐，故同其事。"❷可见，御史负责协助冢宰，草拟文书和法令。《周礼·春官·大史》："大史掌建邦之六典，以逆邦国之治，掌法以逆官府之治，掌则以逆都鄙之治。"贾公彦疏曰："大宰既掌此，大史迎其治职文书。"❸《周礼·春官·小史》："小史掌邦国之志，奠系世，辨昭穆。若有事，则诏王之忌讳。"郑玄注："郑司农云：'志谓记也，《春秋传》所谓《周志》，《国语》所谓《郑书》之属是也。'"❹

又考《周礼·内史》：

内史掌王之八枋之法。以诏王治。一曰爵，二曰禄，三曰废，四曰置，五曰杀，六曰生，七曰予，八曰夺。执国法及国令之贰，以考政事，以逆会计。掌叙事之法，受纳访以诏王听

---

❶ （汉）郑玄注，（唐）贾公彦疏：《周礼注疏》，上海古籍出版社1997年版，第820页。

❷ 同上书，第822页。

❸ 同上书，第817页。

❹ 同上书，第818页。

治。凡命诸侯及孤卿大夫，则策命之。凡四方之事书，内史读之。王制禄，则赞为之，以方出之。赏赐亦如之。内史掌书王命，遂贰之。❶

可见，在周代内史的主要职责是掌管和执行国家法令、参与国家重大事件的商量和策划，作为周王的喉舌之官帮助草拟和宣布王命，也负责将诸侯国的朝报和奏疏念给天子听。

在所有的史官中，只有内史的职能是直接对王负责，与王关系最为亲密。这样看来，《礼记》《汉书》等文献所言的"左史"相当于《周礼》的"外史"，"右史"相当于周代的"内史"。自然而然，"左史"的职能当和"外史"一致，即记录和保存诸侯国朝报并将之上呈给天子审阅；"右史"的职能则相当于"内史"，掌管国家的重大国策法令，草拟和宣告周王对诸侯百官的册命、赏赐和生杀予夺之大权。综上可知，关于"左史""右史"职能的论述，当以《礼记》为准，即"左史记事，右史记言"。

厘清二者的职能，便比较容易理解中国人重视"立言"传统的原因了。下面就从两个方面具体阐述之。

首先，这与史官在国家政治生活中的分工和地位息息相关。由上述《周礼》相关内容的记载可知，外史也就是春秋时期的"左史"，其主要功能是上传，即将诸侯国大事记录呈送天子，作为周王室对诸侯国考绩的重要依据。和内史相

---

❶　（汉）郑玄注，（唐）贾公彦疏：《周礼注疏》，上海古籍出版社1997年版，第820页。

比，外史与周王的距离相对较远，其对天子执政的影响力也较小，而且是间接发生的。而内史也就是后来的"右史"，和周王的关系最为亲密，其权力也最大，直接影响着天子的决策和行政执行过程及结果。因此，"右史"掌握对诸侯王和朝廷文武百官的奖赏刑罚和生杀予夺的大权。其所记录的言论直接或间接（代拟政令）代表天子的旨意，因此"右史"所记之言具有绝对的权威性，要求诸侯国和臣僚绝对服从。这就是中国古代特别是儒家重视"立言"传统的根源所在，也是《尚书》被历代统治者视为必读之书的主要原因，因为它给最高权力者的言论树立了榜样。

其次，这是天子对诸侯国享有绝对权威的体现。孔子云："天下有道则礼乐征伐自天子出；天下无道，则礼乐征伐自诸侯出。"❶考先秦文献，我们可以发现一个现象：鲁（《春秋》）、晋（《竹书纪年》）、楚（《梼杌》）等诸侯国皆有春秋类史书而无《尚书》类史书，周王室没有"春秋"类史书却有大量书类文献，如《尚书》《逸周书》等。笔者认为，主要原因就在于周代的行政制度。当天子对诸侯具有绝对权威的时候，诸侯是没有修史权力的，所谓各国史书（墨子所说的"百国《春秋》"）都是周王派到各诸侯国的国史，在监督诸侯行为而留下的大事记录。这些大事记，记录下该诸侯国一年之中发生的重大事件，并在每年的固定

---

❶（魏）何晏等注，（宋）邢昺疏：《论语注疏》，上海古籍出版社1997年版，第2521页。

时间以朝报的形式上传天子，以供考绩诸侯时参考。❶这些诸侯国也留存了朝报副本，由本国管理档案之史官保管，为后来执政者提供经验借鉴。在天子享有的很多特权中，"出号令"的权力最为重要，也是天子威严的重要体现。周天子将言论的主动权牢牢掌握在自己手中，为确保占据舆论的制高点，严格禁止诸侯王单独记录言论（出政令），这就是孔子所谓的"礼乐征伐自天子出"的含义所在。周公"制礼作乐"的时候，对这些号令的编纂是其中最重要的内容之一，所以周代"礼乐"内容包括《诗》《书》《礼》《乐》《易》和《春秋》。《史记·孔子世家》载："孔子之时，周室微而礼乐废，《诗》《书》缺。追迹三代之礼，序书传，上纪唐虞之际，下至秦缪，编次其事。"❷礼崩乐坏的一个表现就是"《诗》《书》缺"。孟子云："王者之迹熄而《诗》亡，《诗》亡然后《春秋》作。"❸晋人杜预在《春秋左传序》中说："韩宣子适鲁见《易象》与《春秋》，曰：'周礼尽在鲁矣。吾乃今知周公之德，与周之所以王。'韩子所见，盖周之旧典礼经也。周德既衰，官失其

---

❶ 《礼记·乐记》记载："故天子之为乐也，以赏诸侯之有德者也。德盛而教尊，五谷时熟，然后赏之以乐。故其治民劳者，其舞行缀远。其治民逸者，其舞行缀短。"可知，天子根据诸侯德行多寡来赏赐礼乐，那么天子如何知道诸侯德行的呢？其中一个重要的依据就是其下派到诸侯国的史官所收集、记录的关于诸侯国大事的朝报。见（汉）郑玄注，（唐）孔颖达等正义：《礼记正义》，上海古籍出版社1997年版，第1534页。

❷ （汉）司马迁撰，（唐）张守节正义：《史记》，中华书局1982年第2版，第1935页。

❸ （汉）赵岐注，（宋）孙奭疏：《孟子注疏》，上海古籍出版社1997年版，第2727页。

守，上之人不能使《春秋》昭明，赴告策书，诸所记注，多违旧章。仲尼因鲁史策书成文，考其真伪，而志其典礼。上以遵周公之遗制，下以明将来之法。其教之所存，文之所害，则刊而正之，以示劝诫，其余则皆即用旧史。史有文质，辞有详略，不必改也。"❶

　　春秋开始，王室衰微，天子权威一落千丈。礼崩乐坏，指的就是天子不再出号令或天子的号令和行政制度不被遵守，《诗》《书》内容不能得到及时补充，"春秋"对诸侯国的监督作用也严重削弱。许多强国霸主各自为政，挟天子以令诸侯，甚至自己出号令。《国语》《战国策》就是其中的代表，在《国语》中周王室不再独享言语特权，而是被置于诸侯国一样的位置。这种现象表明"普天之下莫非王土，率土之滨莫非王臣"❷的大一统时代已经一去不复返，昔日的周王室只能在其贵族"知我者谓我心忧，不知我者谓我何求"❸的哀叹中不可阻挡地衰落下去，这就是"礼乐征伐自诸侯出"的主要意思。

　　《春秋》以编年体形式出现，相当于现在的大事记。墨子曾说："吾见百国《春秋》。"❹这说明当时诸侯国皆有《春秋》。孟子说："孔子成《春秋》，而乱臣贼子

---

　　❶ （晋）杜预注，（唐）孔颖达等正义：《春秋左传正义》，上海古籍出版社1997年版，第1704~1705页。

　　❷ （汉）郑玄笺，（唐）孔颖达等正义：《毛诗正义》，上海古籍出版社1997年版，第463页。

　　❸ 同上书，第330页。

　　❹ （唐）魏征等撰：《隋书》卷四十二李德林答魏收书中引墨子之语，今本《墨子》中未见此语。但《墨子·明鬼下》曾列举了周、燕、宋、齐等国《春秋》，此语可以和《隋书·李德林传》之语相互印证。中华书局1973年版，第1197页。

惧。"❶又《左传》僖公七年，管仲的谏语中也提到相同的
制度："且夫合诸侯以崇德也。会而列奸，何以示后嗣？夫
诸侯之会，其德、刑、礼、义，无国不记。记奸之位，君盟
替矣。作而不记，非盛德也。"❷为什么当时各国皆有《春
秋》，而且《春秋》对各诸侯国还有很大的威慑力呢？学者
张岩考证，《春秋》是诸侯国向天子汇报一年大事的朝报，
负责草拟这些朝报的史官直接隶属于周朝，这些被天子委派
到各诸侯国的史官（相当于现在的特派员或驻外大使）对周
天子负有全权责任，是周天子布置到各诸侯国的眼线，对诸
侯国的大事忠实记录并在规定时间向王室汇报。这种类型的
记史制度不仅行于鲁国、齐国、晋国，而且"无国不记"。
张岩认为这是西周时期由天子统一推行于所辖方国制度的遗
留。"乱臣贼子惧"的原因在于这种制度对为政者的行为具
有很强的约束功能："为政者的行为将被记录下来，记录的
'书法'将明确体现为政者行为中的善恶是非：善恶是非的
评判和记录者是独立于为政者的史官，史官的评判和记录要
依据一套既有的'书法'原则；这样的'正史'在记录刚完
成的时候，具有'朝报'的性质，史官依据制度要将其'以
示于朝'；善德善政会得到赞誉，失德失政会遭受批判和贬
斥；这种赞誉和贬斥的记录将被永久保留，'以示后嗣'，
并作为一种正式的教材为'后嗣'讲授；善德善政会在为政

---

❶（汉）赵岐注，（宋）孙奭疏：《孟子注疏》，上海古籍出版社1997年版，
第2715页。

❷（晋）杜预注，（唐）孔颖达等正义：《春秋左传正义》，上海古籍出版社
1997年版，第1799页。

者死后继续得到赞誉，为'后嗣'所效法；失德失政会在为政者死后继续遭受批判和贬斥，使'后嗣'引以为戒。"❶因为《尚书》记录的是王者的言论，主要是垂范后世，故受到历代统治者重视。言语是礼之体的重要内容。《周易·系辞》曰："言行，君子之枢机。枢机之发，荣辱之主也。言行，君子所以动天地也，不可不慎乎。"❷言语必遵循一定的礼法。《左传·昭公十五年》："言以考典，典以志经。"孔颖达《正义》解释说："人之出言，所以成典法也。典法所以记礼经也。"❸

孔子说："有一言以兴邦，有一言以丧邦？"❹这里的"言"指的就是统治者的言论，要求统治者要时刻注意自己的言论。不仅儒家重视自己的言论，墨家、道家、兵家等也都纷纷著书立说，通过言论参与到当时国家政治生活中去，并期望通过"立言"达到"不朽"之目的。《左传》提出的"三不朽"精神，正是对这种"重言"传统思想的总结和体现。《左传》襄公二十四年，晋国范宣子问来访的鲁国大夫叔孙豹，曰："古人有言曰，'死而不朽'，何谓也?……叔孙曰：'……豹闻之，大上有立德，其次有立功，其次有立

---

❶ 张岩：《从部落文明到礼乐制度》，上海三联书店2004年版，第270页。
❷ （魏）王弼等注，（唐）孔颖达等正义：《周易正义》，上海古籍出版社1997年版，第97页。
❸ （晋）杜预注，（唐）孔颖达等正义：《春秋左传正义》，上海古籍出版社1997年版，第2078页。
❹ （魏）何晏等注，（宋）邢昺疏：《论语注疏》，上海古籍出版社1997年版，第2507页。

言。虽久不废，此之谓不朽。'"❶"立言"是"立功"与"立德"的另一种形式，"立言"是将人类的功名与美德借助载体传之于无限与永恒。周人将先祖的德彰功业、家族的功勋荣誉、对幸福的渴盼都铸刻于青铜器物上。这样，青铜器物就成为周人生命观念、文化心理的主要物质承载形式。司马迁在《报任安书》中说："近自托于无能之辞，网罗天下放失旧闻，略考其行事，综其终始，稽其成败兴坏之纪。上计轩辕，下至于兹，为十表、本纪十二、书八章、世家三十、列传七十，凡百三十篇。亦欲以究天人之际，通古今之变，成一家之言。"❷刘勰《文心雕龙·序志》中也明确表达了这一思想："形同草木之脆，名逾金石之坚，是以君子处世，树德建言，岂好辩哉？不得已也！"❸

《左传》襄公二十四年记载叔孙豹关于"三不朽"的言论，孔颖达在其下疏曰：

> 立言，谓言得其要，理足可传。纪传称"史逸有言"，《论语》称"周任有言"，及此臧文仲既没，其言存立于世，皆其身既没，其言尚存，故服杜皆以史佚、周任、臧文仲当之，言如此之类，乃是立言也。老、庄、荀、孟、管、晏、杨、墨、孙、吴之徒，制作子书，屈原、宋玉、贾逵、扬雄、

---

❶（晋）杜预注，（唐）孔颖达等正义：《春秋左传正义》，上海古籍出版社1997年版，第1979页。

❷（梁）萧统编，（唐）李善注：《文选（第二册）》，中华书局1977年版，第581页。

❸（南朝梁）刘勰著，范文澜注：《文心雕龙注》，人民文学出版社1958年版，第725页。

马迁、班固以后，撰集史传及制作文章，使得后世学习，皆是立言者也。❶

从中可以看出最早因立言而不朽的是史官，如史佚、周任等，其次是功劳显赫的社稷重臣，然后是诸子百家和文学家。"立言不朽"不仅成为史家崇高的职业理想，也是中国古代知识分子的一个重要的人生追求，更是"立德、立功"抱负落空后的仕子们最后的精神追求和寄托。事实上，正是这些人为达到"不朽"而留下的言论，构成了先秦两汉乃至中国文学史上蔚为壮观的文学作品。正如董芬芬所说："'立言'以求不朽，促进了后世文学的繁荣和发展，成为儒家文论的重要内容。"❷

二、《尚书》与《春秋》文章体式的比较

作为先秦时期的散文类史书，《尚书》和《春秋》在文章体貌上既有区别又有联系。

首先，在记史方式上，二者有明显的不同。徐柏清说："前者记言，后者记事；前者是中心突出，论点鲜明的论说文，已经基本具备文章规模；它所记述的不是历史人物的一句两句话语，而是历史人物的长篇大论；它不是把历史人物的话语杂乱无章地堆积起来，而是围绕中心，分明层次，具有起、承、行、合的结构特点。在这方面，《无逸》最有代

---

❶ （晋）杜预注，（唐）孔颖达等正义：《春秋左传正义》，上海古籍出版社1997年版，第1979页。

❷ 董芬芬：《春秋辞令文体研究》，上海古籍出版社2012年版，第289页。

表性"。❶《无逸》通篇紧紧围绕"无逸"这个主题，用正反两方面的事理展开论证，主旨突出，说理透辟，开"据题抒论"的先河；记述上起、承、行、合，结构严谨，如果把每段的"周公曰"去掉，则可视为一篇比较完整的论说文。《春秋》则是诸侯的大事记，按照年代先后流水账式地记录事件，非常简略。

其次，在表现手法上，二者有所不同。《尚书》直接通过人物言论表达编纂者的思想，直抒胸臆，爱憎分明；《春秋》则用"春秋笔法"，通过委婉隐晦的方法表达自己的观点和立场。这表明礼崩乐坏之后，史官的地位有所下降，出于趋利避害的本能，通过一些用词、语言的变化，委婉表达观点。这就开了中国史传文学"避尊者之讳""虚美隐恶"的不良传统。虽然司马迁在《史记》的创作中勇敢地提出了"实录精神"，对这种不良趋势作出矫正，但是总体来看，中国的史传文学还是没有脱离为统治阶级歌功颂德，"唯尊者讳""胜者为王败者寇"等封建正统观念的影响。

但是《尚书》和《春秋》又有诸多联系，二者都经历了由一般历史档案到编订成书的过程，因此存在记言体和记事体杂糅的现象。《尚书》的总体性质是记言的，但其中有许多作品在记言中亦有叙事成分，且有不少以叙事为主的作品；《春秋》的性质是叙事的，但语言运用上的艺术原则和艺术技巧却颇为突出。金毓黻也说："然记言者未尝不载事，如内史所撰之王命，必以事为依据是也；记事者未尝不

---

❶ 徐柏青："论《尚书》《春秋》的记言叙事艺术"，载《湖北师范学院学报（哲学社会科学版）》2008年第4期，第94~97页。

载言，如大史所掌之六典，其中亦言事兼载是也。不过一重在言，一重在事，非谓言中无事，事中无言。"❶

另外，《尚书》零散记言的方法和《春秋》按照时间连贯记事的方法具有一定的互补性。《尚书》这种零碎的编撰方式来编撰史书，史实就会凌乱不堪，难以掌握。那么，如何能使史书更有条理和系统地记录人事之变呢?以时间为基点来记录史实，这是中国古代史家所寻找到的一种较为有效的方法，《春秋》就是其中的代表作之一。《春秋》以年为单位记录史实，年之中包含月份，而月份中又包含具体时间。从这个意义上说，《春秋》这种完整的记史叙事系统，不仅较之资料汇编性质的《尚书》前进了一大步，而且"其构建的具有系统思想的原则和方法，对后代叙事散文无疑具有十分重要的启迪意义"。❷谭家健认为，《春秋》虽然不记言，但是，它在语言运用上的艺术原则和技巧对后世却产生了重大影响；这种语言运用上的艺术原则和艺术技巧，就是前人所谓的"《春秋》笔法"，即"用不同的名词、动词、形容词，曲折地给人物和事件以恰如其分的评价，通过'微言大义''寓褒贬，别善恶'"。❸从《尚书》中对历史人物言论的记录到《春秋》作者记事语言的运用原则和技巧，体现了修史者在整编史书时由如实记录到有意识地追求自身叙述的语言艺术，这应该说是语言运用上的一个重大进步。

---

❶　金毓黻：《中国史学史》，河北教育出版社2003年版，第13页。
❷　徐柏青："论《尚书》《春秋》的记言叙事艺术"，载《湖北师范学院学报（哲学社会科学版）》2008年第4期，第94~97页。
❸　谭家健：《中国古代散文史稿》，重庆出版社2006年版，第58页。

我国早期文学的发展，经历了一个从完全依附于史学到具有文学性创作的史学记载、再到独立于史学之外的全过程。从《尚书》到《春秋》在语言运用方面的发展，便体现了前两个阶段的不同。

我们可以称《尚书》为"史笔"，称《春秋》为"文笔"和"史笔"的结合，到了《左传》则体现出更多的文学性。"史笔"是对历史材料的搜集、甄别、剪裁和编排，较少创作；而"文笔"则体现个人的才华，创作性强，体现作者的个人文学素养和思想倾向的变化。在中国古代文学早期演变过程中，《尚书》《春秋》和《左传》都有着重要的标志性意义。

三、"掌书以赞治"与《书》《诗》职能的分工

《诗》押韵，主要原因在于其存在状态是诗、乐、舞三位一体的，文字的诗配合着音乐和舞蹈，因此在节奏、韵律上受到后者的制约。关于"诗"的来源，历来有不同的说法，但"采诗说"一直居于主流。《尚书·夏书·胤征》曰："每岁孟春，遒人以木铎徇于路。官师相规，工执艺事以谏。其或不恭，邦有常刑。"孔安国传："遒人，宣令之官。木铎，金铃木舌，所以振文教。官众，众官更相规阙，百工各执其所治技艺以谏。谏，失常。言百官废职，服大刑。"孔颖达疏曰："言君当谨慎以畏天，臣当守职以辅君也。先王恐其不然，大闻谏争之路。每岁孟春，遒人之官以木铎徇于道路，以号令臣下。使在官之众，更相规阙。百工虽贱，令执其艺能之事以谏上之失常。其有违谏不恭谨者，

国家则有常刑。"❶

又《汉书·食货志》载："孟春之月，群居者将散，行人振木铎徇于路，以采诗。献之大师，比其音律，以闻于天子。故曰王者不窥牖户，而知天下。此先王制土处民，富而教之之大略也。故孔子曰：'道千乘之国，敬事而信，节用而爱人，使民以时'。"颜师古注曰："行人，遒人也，主号令之官。铎，大铃也，以木为舌，谓之木铎。徇，巡也。采诗，采取怨刺之诗也……大师，掌音律之官，教六诗，以六律为之音者。"❷班氏之说与孔传是一脉相承的。

《尚书》中记载的"遒人"之职与班固所记虽有不同之处，但有一个深层的联系，就是自夏代至于西周一直延续着天子必须了解民情，同时普通百姓也有监督天子权力这样的礼法制度。其中，"采诗"是百姓监督天子和天子监督诸侯的一个重要方式。《左传》襄公十四年师旷引《夏书》曰："故《夏书》曰：'遒人以木铎徇于路'。"杜预注："逸书，遒人，行人之官也。木铎，木舌金铃。徇于路，求歌谣之言。"❸《左传》的记载正可以印证《尚书·夏书》记载的真实性。

又《汉书·艺文志》载："《书》曰：'诗言志，歌咏言'，故哀乐之心感，而歌咏之声发。诵其言谓之诗，咏

---

❶（汉）孔安国传，（唐）孔颖达正义：《尚书正义》，上海古籍出版社2007年版，第270页。

❷（汉）班固撰，（唐）颜师古注：《汉书》，中华书局1962年版，第1123页。

❸（晋）杜预注，（唐）孔颖达等正义：《春秋左传正义》，上海古籍出版社1997年版，第1958页。

其声谓之歌，故古有采诗之官，王者所以观风俗，知得失，自考正也。孔子纯取《周诗》，上采殷，下取鲁，凡三百五篇。遭秦而全者，以其讽诵，不独在竹帛故也。"❶

文体产生于现实生活需要，不同的需要产生不同的文体。因此，由于在国家政治生活中担任政治职能的差异产生了"书""诗"两种截然不同的文体形式。前者是对圣主贤臣或英雄人物言论的直接记录，目的是对历史经验的总结，以达到垂范后世的资治通鉴目的；后者是有节奏的韵文，和音乐、舞蹈相互配合，在朝会、祭祀、庆典等场合演奏，供周王室的行政之用，具体功能是观诗知政。

（一）"掌书以赞治"与书体特征的形成密切相关

"掌书以赞治"是周代史官的重要职能，指的是史官通过记录历史上功勋卓著的帝王、英雄的事迹和言论或编纂先王之书，学习、总结治理国家或辅佐君主治理国家的方法和道理。巫史职能的分化，使得一部分掌握社会文化知识的人得以专门从事国家人事的管理工作，协助国君处理朝政之事，这是史官散文产生的文化背景，也是《尚书》类记言文献产生的前提。

首先，巫史职能的分化是史官散文的形成的前提。根据文献所载，"史"字最原始的意义，或曰最初的职能就是"巫"。《国语·楚语下》记载观射父之语："及少皞之衰也，九黎乱德，民神杂糅，不可方物。夫人作享，家为巫

------

❶　（汉）班固撰，（唐）颜师古注：《汉书》，中华书局1962年版，第1708页。

史，无有要质。民匮于祀，而不知其福。"❶观射父说原始巫风的时候，将"巫史"连言，这有力地说明了巫史同源。此外，在古代典籍中，"祝史"连言的地方也很多。如："祝史正辞，信也。"❷"今君疾病，为诸侯忧，是祝史之罪也。"❸"凡执技以事上者，祝史射御医卜及百工。"❹又《国语·楚语》："在男曰觋，在女曰巫。"韦昭注曰："觋，见鬼者也，""巫，主接神。"❺由此可知，史官的最初职能和巫觋一样是"见鬼接神"。

杨向奎曾把我国上古历史的演进分为三个时期：第一个时期是"神"职历史时期。这时正是《国语·楚语》所载的"及少昊氏之衰也，九黎乱德，民神杂糅，不可方物，夫人作享，无有要质"❻的时期，人人都可以自为巫祝而通天神。这时的历史就是神话的历史，天人不分，神话、历史不分。《天问》写的就是这个时期的历史。第二个时期是"巫"职历史时期。这时已是《国语·楚语》所载的颛顼命南正重司天、命火正黎司地，"绝地天通"的时期，出现了专门的巫师负责与天神沟通。这时的历史是传说的历史，天人渐分。《周颂》就是这个时期的历史。第三个时期是"史"职历史时期。这时天人已分，人文兴起，出现了史官

---

❶❻ 徐元诰撰，王树民、沈长云点校：《国语集解》，中华书局2002年版，第515页。

❷ （晋）杜预注，（唐）孔颖达等正义：《春秋左传正义（卷六）》，上海古籍出版社1997年版，第1749页。

❸ 同上书，第2092页。

❹ （汉）郑玄注，（唐）孔颖达等正义：《礼记正义》，上海古籍出版社1997年版，第1343页。

❺ （三国）韦昭注：《国语》，商务印书馆1958年版，第203~204页。

与史书。❶于文哲、洪明亮认为："《尚书》就应是形成在第一、二两个时期而最后完成在第三个时期的作品。"❷

以上学者所言不差，在原始社会，巫就是社会文化知识的创造者、传播者和保存者。后来由于文字发达渐趋成熟，国家或邦族内部的行政管理需要，便从巫中分化出一部分人，专门利用自己所掌握的文字记录王者言行和参与国家行政管理。鲁迅在《且介亭杂文·门外文谈》中论述"史"的来源时说："原始社会，大约先前只有巫，待到渐次进化，事情繁复了，有些事情，如祭祀，狩猎，战争……之类，渐次有记住的必要，巫就只好在他那本职的'降神'之外，一面也想法子来记事，这就是'史'的开头。"❸简言之就是在王室和百官及民众之间从事上传下达的工作。这些人就是"藏书""读书""作书"之"史"。

周代对史官的种类和职能也有更加细致的划分。《周礼·春官》就有"太史""小史""内史""外史""御史"等史职。除上述掌管文书档案以及参与各种政务活动之外，"史"最为重要的职能，就是起草王命，上传下达，"凡四方之事书，内史读之，王制禄则赞为之，以方出之。……内史掌书王命，遂贰之"。❹国家很多的诰命、军誓等均是在帝王的授权和授意下，由这些史官执笔草拟。而

---

❶ 杨向奎：《宗周社会与礼乐文明》，人民出版社1992年版，第345~346页。

❷ 于文哲、洪明亮："'古史即诗'：《尚书》史诗因素考辨"，载《南昌大学学报（人文社会科学版）》2011年第4期，第98~104页。

❸ 鲁迅：《鲁迅全集》，人民文学出版社1981年版，第86页。

❹ （汉）郑玄注，（唐）贾公彦疏：《周礼注疏》，上海古籍出版社1997年版，第820页。

在此过程中，这些国家文书难免不受史官文笔修养和个人见识的影响。因此这些政令文书表面上看是君主或国家所出，实际上也是史官才能意志的展示和表现。从这个意义上看，这些早期的政令文书就是史书的最早期形态。由于这些文书是对统治者言论或国家大事的记录，是即时性的，难免掺杂很多口语，在拟定或记录的时候，只是经过史官的简单加工和整理。人们在生活中通常为达到某种目的而言语，不可能处处讲求音韵和谐，对仗工整等形式美，所以这些政令文书类资料还能够大概保持着言说者或事件记录时的原初状态，即是散文体形式。

其次，史官"掌书以赞治"的职能是《尚书》多体杂糅的文本特征形成的重要原因。《周礼·天官·冢宰》云："六曰史，掌官书以赞治。"❶"掌官书以赞治"，这是对周代史官具体职责和社会作用的最简明概括。周代史官的职能主要有三：一是上传下达，代宣王命，同时向周王上报各地的文书；二是收藏并整理上传下达的各种文书和官方文件档案副本；三是起草各种官方文书档案并参与策命公卿大夫、参与朝觐会同以及参加国家的祭祀丧葬等礼仪。其中，内史和君王的关系最为亲密，对君主的言行影响也最为直接。《周礼·春官·内史》："内史掌王之八枋之法，以诏王治。一曰爵，二曰禄，三曰废，四曰置，五曰杀，六曰生，七曰予，八曰夺。执国法及国令之贰，以考政事，以逆会计。掌叙事之法，受纳访以诏王听治。凡命诸侯及孤

---

❶（汉）郑玄注，（唐）贾公彦疏：《周礼注疏》，上海古籍出版社1997年版，第655页。

卿大夫，则策命之。凡四方之事书，内史读之。王制禄，则赞为之，以方出之。赏赐亦如之。内史掌书王命，遂贰之。"❶"贰之"即誊抄副本以为保藏。"内史"不仅收藏自己所作文件的副本，如"邦国之志""建邦之六典"等，还收藏各地上达的文书副本，如《周礼·地官·乡大夫》云："乡老及乡大夫群吏，献贤能之书于王，王再拜受之，登于天府，内史贰之。"❷可见"内史"所藏的文书范围是相当广泛的。收藏这些文书的目的，则是"执国法及国令之贰，以考政事，以逆会计"，即对照已颁布的法令考察其贯彻的情况，统计其实施的成果。

众所周知，春秋以前并不存在真正意义的个人创作，当时的文献大都与特定的社会行为方式或特定的职守有关。❸这些文献虽然由内史参与草拟，也归内史管理，但是其从根本上说是产生于社会政治生活的需要。为适应社会政治生活的多样性和复杂性，更好地贯彻统治者的政策方针，这就需要统治者有不同的言说方式和内容。这些方式和内容约定俗成后，在文本上的表现就是不断催生出种类不同的文体。如"典"与祭祀祖先神灵、神道设教的统治方式有关，"谟"来源于诸侯朝聘天子时，君臣交相往还，"讲论治理天下之

---

❶ （汉）郑玄注，（唐）贾公彦疏：《周礼注疏（卷二十六）》，上海古籍出版社1997年版，第820页。

❷ 同上书，第716页。

❸ 过常宝：《先秦散文研究——早期文体及话语方式的生成》，人民出版社2009年版，第5页。

道"之行政行为；❶ "诰"之本义是以言告人。统治者在集会时，需要向与会者宣告自己的统治政策和观点，因通常是上告下，少告多，人们遂在"告"前面加言，以示区别。誓，指盟誓，是立誓主体为了某一个共同的目标共同拟定的对参与者具有约束力的条款和文辞，相当于后世的法律法规。《尚书》中的誓有战前誓师之词，也有盟誓之词，都与战争有关，出于鼓舞士气，同仇敌忾打击敌人的现实需要而产生。周初实行分封制，周王要策命、赏赐诸侯王，策、命二体就源于这些册命仪式。辞与巫祝在祭祀仪式上的祝祷之词有关。

《尚书》的最初来源就是这些典册、策命、文书、政令等，为符合特定的政治目的、场合、仪式等需要，产生不同的文体规范，这些规范被反复使用，久而久之就形成特定文体名称和类别。因此，我们认为材料的最初来源决定了《尚书》文本的复杂性和丰富性。史官出于"赞治"需要对书类文献的整理、归纳与分类行为，则是《尚书》多体杂糅状态形成的直接原因。

（二）"观诗以知政"体现了"诗"的主要政治职能

《诗》《书》《礼》《易》《乐》《春秋》原本是周朝礼乐制度完整的一套体系：《书》《礼》《易》是周王室对王室内部贵族的从政礼仪规范，目的是确保姬周政权万寿无疆；《诗》《乐》《春秋》是王者观风俗政绩的重要方式，主要目的是对诸侯国施行行政监督。

---

❶ 过常宝："论《尚书》典谟"，载《中国文化研究》2009年秋之卷，第29~36页。

第一，"观诗知政"的政治目的是"诗"产生的前提。执政者"采诗"是为了"观风俗，知得失"，体现着一种广采民意、众揽褒谤的王权政治伦理特征。此说始见于《礼记·王制》："天子五年一巡守。岁二月，东巡守，至于岱宗，柴而望祀山川觐诸侯，问百年者就见之。命大师陈诗，以观民风。"孔颖达的疏可以作为进一步的证明，其说曰："'命大师陈诗，以观民风'，此谓王巡守见诸侯毕，乃命其方诸侯大师，是掌乐之官各陈其'国风'之诗，以观其政令之善恶。若政善，诗辞亦善。政恶，则诗辞亦恶。观其诗则知君政善恶，故《天保》诗云：'民之质矣，日用饮食'，是其政和。若其政恶，则《十月之交》：'彻我墙屋，田卒污莱'是也。"❶

又《汉书·艺文志》："古有采诗之官，王者所以观风俗，知得失，自考正也。"❷《汉书·食货志》："孟春之月，群居者将散，行人振木铎循于路以采诗。献之太师，比其音律，以闻于天子。"❸此采诗之说也。汉孔鲋《孔丛子·巡守第八》载："子思乃告之曰：古者天子将巡守，必先告于祖、祢。命史告群庙及社稷、圻内名山大川。……命史采民诗谣，以观其风。"❹

出土文物战国竹简《孔子诗论》的第三简有"邦风其纳

---

❶ （汉）郑玄注，（唐）孔颖达等正义：《礼记正义》，上海古籍出版社1997年版，第1328~1329页。

❷ （汉）班固撰，（唐）颜师古注：《汉书》，中华书局1962年版，第1708页。

❸ 同上书，第1123页。

❹ 傅亚庶：《孔丛子校释》，中华书局2011年版，第151~152页。

物也，溥观人俗焉，大敛材焉”，注云：

> “邦风”就是《毛诗》的《国风》，《邦风》是初名，汉因避刘邦讳而改为《国风》。……“溥（普）观人俗”，即普观民风民俗。……“敛财”，见于《周礼·地官司徒·大司徒》：“颁职事十有二于邦国都鄙。使以登万民：一曰稼穑……八曰敛材……”此“敛材”为收集物资，简文“敛材”指邦风佳作，实为采风。❶

其中“邦风”“观人俗”正好印证了“采诗观风”的“观风”，由此可进一步证明，上古三代有“采诗谣”“求诗”等行为，采诗观政之说法也确实是当时国家政治生活中的一项重要的行政制度。

“诗”由风、雅、颂三个部分组成。这三个部分的指称对象有所不同，“颂”是西周早期的诗，用来礼敬周室宗庙，用于宣扬先祖的德行业绩。刘勰云“美盛德而述形容”。❷“雅”是周王室的行政所用礼乐，用于吉、军、宾、嘉等各种礼节中。“颂”和“雅”的创作者和表演者多为巫和祝。《周礼·春官·丧祝》：“（丧祝）掌丧祭祝号。”❸《周礼·春官·甸祝》：“掌四时之田表貉之祝

---

❶ 马承源主编：《上海博物馆藏战国楚竹书（第一册）》，上海古籍出版社2002年版，第129~130页。
❷ （南朝梁）刘勰著，范文澜注：《文心雕龙注》，人民文学出版社1958年版，第156页。
❸ （汉）郑玄注，（唐）贾公彦疏：《周礼注疏》，上海古籍出版社1997年版，第815页。

号。舍奠于祖庙。"❶《周礼·春官·诅祝》："诅祝掌盟、诅、类、造、攻、说、禬、崇之祝号，"郑玄注："八者之辞，皆所以告神明也。盟诅主於要誓，大事曰盟，小事曰诅。"❷《周礼·春官·男巫》："男巫掌望祀望衍授号，旁招以茅。"贾公彦疏曰："遥望延其神，以言语责之。"❸

言语当是巫念的韵语。《周礼·春官·司巫》："司巫掌群巫之政令。若国大旱，则帅巫而舞雩。……凡邦之大灾，歌哭而请。"❹司巫职责与男巫相似，都是扮演与神鬼对话的中介角色，这种对话或歌哭的内容当是仪式性的韵语。"风"诗原本是通过采诗的行为对15个诸侯国进行监督，在权力兴盛之时，周王室以居高临下的姿态观看诸侯国的行政情况。"王风"的出现说明周王室权威已经下降到和各诸侯国同一水平，故采诗、献诗制度消亡。关于雅、颂的起源，王培德认为："大抵是周公从虑后不安，永保天命出发，以诗乐的形式，为进行传统教育而制作出来的乐文。"❺民间采诗是为了"王者所以观风俗，知得失，自考正也"。

那么从一开始，采诗就有比较明确、具体的政治目的。可以说，一切与采诗有关的活动都是围绕着"'观风俗，知得失，自考正'，为稳固王权、永保天命，推行礼乐教化而

---

❶　（汉）郑玄注，（唐）贾公彦疏：《周礼注疏》，上海古籍出版社1997年版，第815页。

❷❸❹　同上书，第816页。

❺　王培德："略论《诗经》的起源、性质、流变和史料意义"，载《天津师范大学学报》1984年第3期，第69~76页。

进行的"。❶ "周颂所表现的惶惧和不踏实心理实质上是以政治为内涵的宗教情感。作为'宗庙之乐歌'的《周颂》，其根本作用就在于寄托其宗教情感。……大雅比较全面地反映周人高层统治集团的各种统治思想，它起着为西周统治者建造意识形态的思想政治作用。……'乐'以诗为灵魂，诗是对礼乐意义的解释"。❷ 闻一多在《神话与诗·文学的历史动向》中说："维系封建精神的是礼乐，阐发礼乐意义的是诗，所以诗支持了那整个封建时代的文化。"❸ "但它（《诗经·小雅》）当时既然被广泛地运用于各种礼乐场合，至少说明统治者希望通过它达到一定的目的：通过《鹿鸣》宴群臣，通过《棠棣》宴兄弟，通过《伐木》宴朋友故旧，通过《四牡》劳使臣……其实质就是要调节各方面的社会关系，缓和日趋尖锐的社会矛盾。"❹

总之，诗歌从创作到运用都承载着讽谏和示政的功能。诗风等同于政风，这样观诗便有了观政的意味。所献之诗和所采之诗最后都汇集到王室乐官之手，由他们来筛选、加工和编辑。"在这个过程中，乐师除了标明诗歌的乐章义和仪式用途之外，还标明和强调了诗歌讽谏政治的功能，由此便

---

❶ 史国良："有关周代'采诗'对我国史诗篇幅影响的几点看法"，载《青海师专学报（教育科学版）》2004年第1期，第53~55页。

❷ 田耕滋："《诗经》功能之进展与'诗'的圣化"，载《汉中师范学院学报（社会科学版）》2002年第3期，第27~34页。

❸ 闻一多：《闻一多全集（第一册）》，生活·读书·新知三联书店1982年版，第202页。

❹ 田耕滋："《诗经》功能之进展与'诗'的圣化"，载《汉中师范学院学报（社会科学版）》2002年第3期，第27~34页。

产生了《毛诗》首序以讽谏论诗的解诗方式。"❶

第二，先秦时期歌、乐、舞三位一体的文化形态是诗体特征形成的直接原因。按照《周礼》的记述，上行人、下行人皆为夏官司马属官，负责朝聘事务，有回朝将沿途所见所闻禀报于国君的使命。刘歆《与扬雄书》说："诏问三代周、秦轩车使者，遒人使者以岁八月巡路，求代语、童谣、歌戏，欲颇得其目。"❷说得更详细，使者出使，沿途了解风土人情，帮人传话，记录童谣、歌戏，以为传闻。这些采集、收集上来的资料和民众意见要成为诗，需经过两个阶段：一是交由行人主持润色；二是交由乐师配乐演奏。最后才可以列入朝廷用诗，用于各种仪式和礼节之中。

在第一阶段中，诗歌语句得到雅化和整齐；第二阶段就是根据音乐或舞蹈表达情感的需要，对诗的审美形式进一步改进，包括增加感叹词、衬字、押韵、重章叠句等，这样使诗成为具有强烈抒情性的韵文形式。这些歌诗，被正式纳入国家礼乐体制之中，用于祭祀祖先、宴飨同族、赏赐诸侯等各种仪式。

"诗"在周代创作和修改的过程，体现了历代礼乐损益的文化现象。加工过的诗篇章（周代行政用诗的雅、颂）往往以"什"为单位，每一个音乐单位由十首诗组成。如《小雅·节南山之什》就包含《节南山》《正月》《十月之交》

---

❶ 张克锋："上古谏诤传统，献诗、采诗制度与诗歌讽谏论"，载《西北师范大学学报（社会科学版）》2006年第6期，第43~47页。

❷ 华学诚汇证，王智群、谢荣娥、王彩琴协编：《扬雄方言校释汇证（下册）》，中华书局2006年版，第1033页。

《雨无正》《小旻》《小宛》《小弁》《巧言》《何人斯》《巷伯》等10个诗篇。此外，《大雅》《周颂》的体制皆是如此。这应当与周代的音乐和舞蹈节奏有关系。从远古时代到西周，每个朝代的礼乐节奏都有所不同。葛天氏时期礼乐是八阕，夏启时期是九歌，周代则以"什"为基本单位。可见，相比前代，周代的礼乐更加丰富繁盛，正如孔子所赞叹的"郁郁乎文哉，吾从周"。❶

总之，诗的最终形成是多个部门分工协作的结果，如上文所述行人、胥、瞽等皆在其中担任一定的角色。这种分工协作制度一旦崩坏，包括巡守制度、行人制度等的崩坏，采诗活动将无法顺利进行，也无法合于音乐。最后文字记录之官，只能用散文形式来完成朝报，在朝聘之时向周王汇报诸侯国的执政情况。孟子曾说"王者之迹熄然后诗亡，诗亡然后《春秋》作"，❷王者之迹，指的是足迹也就是巡守制度和行人采诗制度。这里所谓的"诗"，显然不是作为文本的《诗经》，应是采诗制度的消歇，使得朝廷、庙堂之上所诵之诗不再扩充，而成为封闭的系统得以成型。

可见，从《诗》到《春秋》，是一种行政程序的简化，是在原有的礼乐体制涣散的背景下，采取的无奈行为。春秋时期的赋诗言志，是对诗乐的象征性运用。所谓的"断章取义"则是当礼乐处于静止状态之后，诸侯士大夫在外交聘问

---

❶ （魏）何晏等注，（宋）邢昺疏：《论语注疏》，上海古籍出版社1997年版，第2467页。

❷ （汉）赵岐注，（宋）孙奭疏：《孟子注疏》，上海古籍出版社1997年版，第2727页。

场合出于急功近利的目的引诗、用诗的表现。

关于《诗经》和《春秋》，陈来生认为二者在时间上是承续关系，从前者到后者是韵文记史向散文记史的必然发展："'《诗》亡而后《春秋》作'，却暗合了人类发展史上韵文史诗向散文史书过渡的必然趋势。《诗》与《春秋》在记史叙事方面的功用是一样的，只不过在王者之迹盛行之时（相当于野蛮期高级阶段这一特定历史时期），多用韵文的'诗'（原始的史诗和叙事诗，用以记事，有别于抒情性的'歌'），而当社会发展到'王者之迹熄'的时代，过了诗以记事的年代，遂多以散文体史书来记史叙事。"❶这种说法值得商榷，如果这种解释属实的话，那么，"尚书"类文献也是散文而非韵文，其出现并不晚于"诗"，甚至更早于"诗"，这该如何解释呢？因此，我们认为《春秋》确是孔子编订，可能比《诗经》晚，但是"春秋"类的文献出现却并不一定晚于"诗"类文献。因此，我们推测，《诗经》和《春秋》的消长顺序不同，与韵文、散文本身发展的时间关系不大，而是由于行政体系的变化和政治背景的不同导致。《诗》在采、献之初，具有"观政"的职能，但是当其经过加工，合于乐舞以后，就正式成为国家常规礼乐，在各种祭祀或行政仪式中发挥着歌功颂德或娱乐的功能，具有很强的仪式性和象征性。《书》则是对仪式中发布行政命令的实质行政行为，是对整个行政程序的记录。可见，《诗经》《春秋》《尚书》文本样式的不同，完全由其担任的行政职

---

❶　陈来生："'诗亡而后春秋作'新解：韵文史诗向散文史书的嬗递"，载《社会科学》2004年第6期，第106~109页。

能的不同和适应的行政体系不同而导致。同样，由于这些行政职能和行政体系的变化，记录历史文献的文本形式也出现了此消彼长的变化。

孔子"自卫返鲁"而删定"诗、书"的时候，❶说明礼乐数量已经确定，天子不再新出礼乐。此时，出于对恢复周代大一统的政治使命感和重建周代礼乐的文化使命感，孔子将全部精力投入到包含《诗》《书》在内的"六经"的整编之中，并将之作为培养弟子的教材，在言传身教中不遗余力地将之推广开来。在孔子的三千弟子中，从政的仍然占多数，从他的"诗可以兴，可以观，可以群，可以怨，迩之事父，远之事君"❷的治学主张和子夏"学而优则仕"❸的人生理想中，我们依稀可以看见"掌书以赞治"和"观诗以知政"的影子。

在作为礼乐文化有机组成部分的《诗》《书》中，统一以周礼的核心精神为根本指向。在礼乐制度实施的过程中《书》和《诗》担负不同的职能，出于不同职能的需要，二者采取了不同的表达方式，从而形成了不同的文体形式。

朱光潜说："情感的最直接表现是声音节奏，而文字意义仅在其次。文字意义所不能表现的情调常可以用声音节奏表现出来。诗和散文如果有分别，那分别就基于这个事实。散文叙述事理，大体借助于文字意义已经很够；它自然也有

---

❶ （汉）司马迁撰，（唐）张守节正义：《史记》，中华书局1982年第2版，第1935~1937页。

❷ （魏）何晏等注，（宋）邢昺疏：《论语注疏》，上海古籍出版社1997年版，第2525页。

❸ 同上书，第2532页。

它的声音节奏，但是无须规律化或音乐化。"❶《书》的使命就是对明君贤臣的言论及其言说背景、原因和过程的记录和说明，将事理叙述清楚即可，故其单独用文字已经足够表达意义，一般无须过多借助声音和节奏，故多用散体；《诗》是对礼制仪式和程序中最有娱乐性和抒情性部分（如祭祀中的祝祷词或宴饮中的祝酒词等）的情感表达，为配合情感抒发的需要，它必须要与音乐和舞蹈相配合，挖掘汉语声音、节奏、情韵等多种功能和内涵，因此形成了押韵，重章叠句、富于抒情性等诗体特征。

---

❶ 朱光潜：《诗论》，上海古籍出版社2005年版，第195页。

第二章 《尚书》本身的文体

文源五经，据明代学者黄佐的统计，与《诗》《礼》《乐》《易》四经相比，后代文体类型出自《尚书》的最多，有四十多种。❶可见，《尚书》对后代文体的影响是非常深远的。对《尚书》文体的功能内涵进行细致研究，有利于我们了解上古三代的人文精神和历史文化制度；对《尚书》文体的特征和流变进行深入考察，有利于正本清源，揭示后代诸多文体的本质特征，并对《尚书》在中国文学史上的地位给予更加准确的评价。

《尚书》是古代各种政事史料的汇编，主要是对国家大事及王者言论的记录。因事为文，是《尚书》篇章产生的根本原因；因文立体，是《尚书》文体丰富多样的直接原因。《尚书》中的文体名称一共有22种。其中包括《尚书》独有的12种文体，《尚书》提到的6种文体和受《尚书》中行为影响而发展形成的4种文体。《尚书》中的文体，有的成为后代文章中重要的文体类型被广泛效法和运用，有的后代虽有述作，但却未能广泛流行。

关于《尚书》文体类型的研究，先贤时哲作过很多探

---

❶ （明）黄佐撰：《六艺流别（卷一）》，见四库全书存目丛书编纂委员会编：《四库全书存目丛书》集部第300册，齐鲁书社1997年版，第71~72页。

讨。具体而言，大概有这样两个方面：第一是传统的文体学研究，注重对《尚书》文体名称的归纳与篇章归属问题的探讨，如孔安国的"六体说"和孔颖达的"十体说"；第二是现代意义的文体学研究，对《尚书》文体的生成原因、文体功能和内涵进行深入的研究。❶目前为止，学界对《尚书》文体的考察角度主要集中在传统的"十体"之内。而对于《尚书》涉及的"十体"之外的文体以及受《尚书》中行为影响而形成的文体，学者们则没有给予更多关注。笔者认为，《尚书》文本涉及的文体形态共有22类，除了典、谟、训、诰、誓、命、征、歌、贡、范等"十体"之外，还有书、刑、诗、箴、盟、谚、辞、赞、册、言、戒、规等12类文体。

这22类文体，根据其与《尚书》文本之间的关系，大致可划分为三大方面：《尚书》本身的文体类型、《尚书》中提到的文体类型和受《尚书》中行为影响而发展形成的文体类型。下面将分三章就这三个方面作具体论述和辨析。

《尚书》本身的文体类型有12种，包括书、典、谟、训、诰、誓、命、征、歌、贡、范和刑。这些文体名称直接来自于《尚书》的篇章标题，《尚书》中的篇章充分显示这些文体的思想内涵和文本特点。与其他先秦典籍相比，这是《尚书》在文体方面最为显著的特征。

---

❶ 郭英德："《尚书》六体的生成方式"，见《中国古代文体学论稿》，北京大学出版社2005年版，第34页；陈赟："《尚书》十体的文学价值"，载《湖南社会科学》2007年第3期；叶修成：《〈尚书〉文体研究》，北京师范大学博士论文2008年。

第一节 "书"体的形成及其在中国文、史话语体系中的地位

　　《荀子》云："书者政事之纪也。"❶《史记·太史公自序》："《书》记先王之事，故长于政。"❷《尚书》是上古君王谈话、训示、政府文诰、誓词、命令、行政制度等的记录，涉及的内容都是国家政治生活中的大事，如祭祀、战争、职官、刑法等方方面面，可以说是上古君王治国言论、经验和教训的总结。因此，《尚书》形成了独特的文本特色：在文章体制上因事为文，结构完整，多体并存，中心突出；在语体上韵散结合，庄重典雅；在体式上说理透彻，明白晓畅；在体性上圣谕天地，博雅宏壮。❸在高度集权的封建君主制社会，《尚书》以其独特的政治内涵和文化精神在中国古代文、史话语体系中占据十分重要的位置。谭家健说："《尚书》这种文体，虽然从春秋末年以后，就不再在社会上流行了，但是，汉以后的皇室文告，也经常模仿它。如汉武帝《策封燕王旦》《策封齐王闳》以及西晋夏侯湛的《昆弟诰》、北周苏绰的《大诰》……直至清末，大凡庄重严肃的军国大事，需要祷告天地晓谕万民时，往往不用通常

---

　　❶ （清）王先谦撰，沈啸寰、王星贤点校：《荀子集解》，见《新编诸子集成》，中华书局1988年版，第11页。

　　❷ （汉）司马迁撰，（唐）张守节正义：《史记》，中华书局1982年第2版，第3297页。

　　❸ 郭英德先生把文体分为四个层次：体制、语体、体式、体性。本书从此说。郭英德：《中国古代文体学论稿》，北京大学出版社2005年版，第1页。

的古文或骈文，而要采用《尚书》体以表示郑重其事。"❶
《尚书》在中国古代文、史话语体系中的权威地位的确立大
致体现在以下两大方面。

一、从资料来源看"尚书体"的初步形成及其文体特征

《书》的篇章最早产生于何时至今仍难以定论，但是相
较其他先秦典籍，其产生的年代较为久远这是一个不争的事
实。《国语·晋语四》有关于夏、商二代嗣典的记载："阳
人有夏、商之嗣典。"徐元诰注云："嗣典既司典。"❷
这句话是说阳人掌握着夏、商两代治理官吏的法典。《尚
书·多士》："惟殷先人，有册有典。"殷商金文中也有
"乍册""祝册"之类的记载，这说明《尚书》类文献尤其
是典、册类文献在夏、商时代已经存在。在早期，这些典、
册类文献统一称为"书"，主要记录某些具有法典意义的文
化或政治制度。这些制度因为在国家和社会生活中具有无上
的权威而被奉为经典，每个朝代都设置专门的人员管理和保
存。这些管理典、册的人员一般都是世职，子承父职，虽改
易朝代，所司典籍仍然不会废弃。这样的传统在夏商时期就
已经形成。起初的典、册产生于祭祀仪式之中，用来记录祖
先庙号、功德或者其他祷告、祝禳等告神之词。《国语·鲁
语上》："夫祀，国之大节也。而节，政之所成也。故慎
制祀以为国典。"❸随着时代的发展，巫、史职能的不断演

---

❶ 谭家健：《中国古代散文史稿》，重庆出版社2006年版，第55页。
❷ 徐元诰撰，王树民、沈长云点校：《国语集解》，中华书局2002年版，第
352~353页。
❸ 同上书，第154页。

化，典、册等书类文献的制作水平也不断提高。在殷周交替之际，随着政治制度的转型和文化精神的转化，"书"的资料来源更加广泛，鬼神意识逐步弱化，理性精神越来越强化。作为这一时期的重要政治人物周公，其对于前代的文献非常重视，"朝读书百篇"，❶并积极主动从夏、商典册或者更早流传下来的文字中总结历史经验教训，提出了"我不可不监于有夏，亦不可不监于有殷"（《尚书·召诰》）、"人无于水监，当于民监"（《尚书·酒诰》）等具有理性精神的历史观念。

这些观念为周代的史官所继承，他们不但收集整理前代的典、册，而且本着"以史为鉴"的精神对当朝的战争、会同、祭祀等活动中君王大臣的言论进行记录，并将其分门别类整理，形成了独特的记载体例和言语样式，开创了中国史书的新典范。马士远认为《尚书》的编纂是建立在大量以政事之言为核心的同类资料存在的基础之上，其云："夏鉴、殷鉴、民鉴等以德治为基调的官方资料，在史官所职的各类活动中不断得以生成，为西周末期史官对《书》篇的编纂准备下了前提条件。……早期巫、史为神教、军旅、行政服务所制作的各类祷告、盟誓、册命之文，以及历代史官所掌、所传的典、宪之策，朝廷官府出于治政理民的需要而颁布的各种诏令文件，再加上由史官搜集口耳传说而撰作的前代政事之记，到西周末期均已积累了不少，共同组成了编纂《尚

❶（清）孙诒让撰，孙启治点校：《墨子间诂》，中华书局2001年版，第445页。

书》的主要资料来源。"❶《尚书》的资料来源决定了《尚书》不同于其他典籍的文体特色。

首先，在内容上，"尚书体"篇章皆因现实需要而产生，与此相关蕴含着丰富的经邦济世的政治思想，其中很多对社会盛衰兴亡变动规律的总结，具有历史超越性和普世性，直到今天还是中华民族的主流价值文化。刘新生说："《尚书》则是通过人物的对话对一系列政治理念、伦理道德、法律、诗歌等方面的思想以及人们生存应该拥有的品行进行了形象的揭示。在以孔子为代表的儒家学派的阐释与弘扬之下，以其经典性的权威和超越时空的思想内容潜质，在中华民族文化数千年的发展过程中具有重要的奠基、引领作用，它的内容在许多领域构成了中华民族的共同价值认同，至今仍具有丰富的现实意义，是中华民族共有精神家园的宝贵财富。"❷《尚书》中很多思想，如厚生爱民的民本意识，强烈的忧患意识，勤政无逸的为政追求，德才兼备的用人观，刚柔相济的人才培育目标，以刑去刑的法制意识，文以载道的文艺思想等一系列有价值有意义的阐述。这些思想至今仍活跃于现代生活中，体现出强大的生命力，对现代社会的运行提供着有益的帮助。特别是勤政爱民的民本意识，在中国几千年的历史中被统治者和知识分子反复强调，从孟子"民贵君轻"的号召到唐太宗"民水君舟"的比喻，从杜甫"穷年忧黎元"的叹息到范仲淹"先天下之忧而忧，后天

---

❶ 马士远：《周秦〈尚书〉学研究》，中华书局2008年版，第7页。

❷ 刘新生："《尚书》思想与中华民族共有精神家园建设"，载《齐鲁学刊》2010年第1期，第5~12页。

下之乐而乐"的呐喊，代代不乏民本思想的强烈回响。这些关注民生的呼声时刻提醒历代统治者，只有关心百姓疾苦，才能保证国运长久，万方奏乐。《尚书》还把德政作为对政治家为政的基本修养和最高要求，这也影响了中国社会的政治人才观。《尚书》中频繁出现"德"字，近200次。它的意义所指或为道德、品德，或为善行、仁爱、仁政，或为有德行的人，等等。修德、有德是当时的政治家格外关注和建设的内容，也为后世政治家在政治修养方面提供了努力方向和"以德治国"的基本意识。

其次，在篇章格式上，"尚书体"形成一套固定的文书格式。《尚书》在漫长的封建时代被奉为经典，一方面由于其蕴含着丰富的思想内涵，另一方面也由于其启示了我国早期公文及其写作由无序走向有序，由不分体式到分出体式的演化规律与过程，奠定了我国公文特别是官方文书的文辞和格式的基础。自古至今，公文和公文写作备受人们的重视，正如曹丕所总结的："盖文章，经国之大业，不朽之盛事。"❶由于早期人们还没有明确的类的概念，公文最初不分体式和种类。但是随着社会管理活动的日益丰富和繁杂，对公文效用的要求也日益提高。此时，"公文的撰制意图、行文目的、行文方向、行文对象、中心内容等也随之渐次走向单一化、明朗化、稳定化和多样化，于是公文便日渐增多地演化出了许多不同的体式来……治理国家管理社会之能者或有志于治理国家管理社会的智者见此，图谋改进，

---

❶ 郭绍虞主编：《中国历代文论选（第一册）》，上海古籍出版社2001年版，第159页。

便着手研究，对各种公文进行归类、定体、定名，力使体、名一致，用时有则、有序、有法，于是公文、公文写作日趋自觉走向规范化。而进入阶级社会后执掌社会管理大权的统治者，为维护其统治秩序、巩固其统治地位，迫切需要有反映以往各个时期重要社会管理活动及其经验教训的历史文献专集问世"。❶《尚书》正是在这种背景下孕育和诞生的。从中国古代公文的角度看，《尚书》在格式上有一些显著特征。在标题方式上，《尚书》因事名篇，并无固定体例。这体现了早期公文不成熟的状态。孔颖达在将《尚书》篇章归并入"十体"后说"既无体例，随便为文"，❷章学诚认为《尚书》篇名命名依据是"因事命篇"，❸刘知几也说《书》篇命名是"为例不纯"，❹于雪棠将《尚书》篇章命名方式总结为人（国）名、人名加名词、人名加动词、专有名词加动词、形容词、名词加动词、其他（文章中心内容、议题、线索）等五种类型。❺从中可以看出《尚书》篇章命名的复杂性和不确定性。史官出于方便保存文档资料的现实需要出发，被动地将记录的各类政治文告标上题目。

---

❶ 周森甲："《尚书》——我国早期公文写作的总结"，载《湘潭大学学报（哲学社会科学版）》1998年第4期，第125~128页。

❷ （汉）孔安国传，（唐）孔颖达正义：《尚书正义》，上海古籍出版社2007年版，第28页。

❸ （清）章学诚著，叶瑛校注：《文史通义校注》，中华书局1985年版，第30页。

❹ （唐）刘知几著，（清）蒲起龙通释，王煦华整理：《史通通释》，上海古籍出版社2009年版，第2页。

❺ 于雪棠："《尚书》文体分类及行为与文本的关系"，载《北方论丛》2006年第2期，第8~11页。

《尚书》各篇公文，都表现出有这样或那样的记录性，或为实录，或为追记，或为后人加工整理而无一篇是某个公文体式的完整、独立的篇章，是故都有或多或少的不成熟性。这又同时说明，早期的公文确是记录性公文，是对君王贤相或历史英雄言论的记录，后代的其他公文体式是从中分化出来的。这些文书格式的具体内容及其对后世文书的影响，笔者将在第六章中详细论证之。

二、从资料的组织方式看"尚书体"的特征

从资料的组织方式看，《尚书》中的同体公文，日趋明显地呈现出相同或相类的职能、性质，以至结构格式、首尾用语。如"誓"类公文中的《甘誓》《汤誓》和《牧誓》等，都是战争动员令，誓词全文都是先提出立誓对象（相当于主送机关），紧接着数说征讨对象的罪行，提出打仗要求，结尾提出奖惩性的执行措施，结构十分近似，而且首尾用语也相似。《甘誓》云："王曰：'嗟！六事之人，予誓告汝！有扈氏威侮五行，怠弃三正，天用剿绝其命，今予惟恭行天之罚。……弗用命，戮于社。予则孥戮汝！'"。《汤誓》："王曰：'格尔众庶，悉听朕言卜……有夏多罪，天命殛之。……尔不从誓言，予将孥戮汝，罔有攸赦！'"战争动员令《牧誓》也与此相近，武王开始即指出立誓对象："嗟！我友邦冢君御事，司徒、司邓、司空、亚旅、师氏、千夫长、百夫长，及庸、蜀、羌、髳、微、卢、彭、濮人。称尔戈，比尔干，立尔矛，予其誓。"接着，武王控诉商王的罪行：昏弃厥祀，不孝不悌，奸臣当道，暴虐百姓。最后，周武王对战斗队形作出部署并指出对不尽力于

战事将士的惩罚措施："尔所弗勖，其于尔躬有戮！"其他各类文体也呈现出类似的行文特征，这将在本章以下诸节详细论述。

同时，在用词选择上，"尚书体"采用很多成词和套语。这些成词和套语，有的是从前代继承而来，有的是周人根据时代特点而独创的。其中有很多从前代继承而来的词语明显地带有神道设教的色彩，如格人，《西伯戡黎》："格人元龟，罔敢知吉。"《孔传》曰："至人以人事观殷，大龟以神灵考之，皆无知吉。"❶姜昆武说："能以占卜知天命者，是谓格人。《诗》《书》中凡用格字者多有神秘意义，专指能通天人之际、而至自于天之使者言，是为成词，而非一般词汇也……《诗》《书》中凡与格字连用所组成词组，自成一完整之体系，以一定宗教意识为其统一轴心。从这一组词中，我们可以很有趣地看到初民神权政治与当时宗教意识的一个大体轮廓。"❷天意不是普通人可以知道的，只有绝地天通的巫者——神权政治的最后一个执行者，才能够沟通人神，这样的巫者就被称为"格人"。可见，在氏族社会，这两类人是最高文化及智慧掌握者的专称。王天下者必是天所命，所以叫"天子"，而能够遵循天意以行事，从至道以立政，不废天之大命者才能称为"格王"。在《尚书》中，凡王出现的地方多冠以"格"字，这说明周人借用宗教中的一些成词来增强自身执政的合法性。因为周

---

❶　（汉）孔安国传，（唐）孔颖达正义：《尚书正义》，上海古籍出版社2007年版，第383页。

❷　姜昆武：《诗书成词考释》，齐鲁书社1989年版，第99页。

人继承王位是奉天之命，天命神圣不可违背，所以要求臣民无条件地服从和拥护。但是随着宗教意识的淡化，人权意识的加强，这类词语也逐渐演变成一般普通有文化、有智慧人的泛称。《书尚·君奭》中，周公对召公说："君奭！我闻在昔成汤既受命，时则有若伊尹，格于皇天。"伊尹是商朝著名的贤相，周公为了突出其贤能与智慧，称其是"格于皇天"，意思是奉天命而降到人间，辅佐成汤。与此相关还有"陟降""阴骘"等大批宗教性成词。"神道设教"是周代统治者采取的政治策略，其有两个政治目的，第一是强调"天赋君权"，维护统治的合法性，蒙蔽百姓。第二是增强言说的神秘性，突出强调君王或贤能之人的超人智慧。这种政治上的策略反映在言语上，便体现为大量沿用前代的宗教用语和发明很多具有尊主意味的成词，如明德、威仪等，这些词语具有一定权威性和垄断性。这充分体现了周人在政治管理中的理性精神，沈立岩说："尊主极权的言语意识、独断主义的言语姿态、挟鬼神以自重的言语策略以及简质无闻的语言风格，对后世的语言观念，尤其是统治阶级的语言观念，均有不容忽视的原型意义。尽管殷亡以后，中国社会的结构和文化形态都发生了不小的变化，鬼神已无赫赫之威，占卜在国家政治生活中的影响也日趋微弱，但是集权主义的政治理念从未湮灭，权威主义的思维模式亦未尝稍改。随着宗法制度的完善和等级观念愈益深刻而广泛地渗透到社会生活的每一角落，这种充满权力意识的语言观念已深入人心，并固化为礼制，流播为习俗，进而沉淀为普遍的行为习惯，甚至成为习焉不察的文化无意识，牢牢扎根在中国文化的深

层。"❶

《尚书》中还有一些常用的固定词语，烘托出言说者居高临下的语气和姿态，如朕、予一人等。还有一些语气词的运用，既调节着言说者说话的节奏，也增加了言说主体说理的透彻性，如"曰""呜呼"等。《尚书》中的记言篇章有以"曰""呜呼"等字领起话语的写作方式，这是《尚书》诰体、训体的标志性词语，"呜呼"在《尚书·康诰》中出现6次，《无逸》中出现7次。《尚书》中还有其他引起文章开端的形式，这些引起语和感叹词赋予文章厚重的忧思和深沉的感慨。如《尚书·伊训》："伊尹乃明言烈祖之成德，以训于王。曰：'呜呼！古有夏先后，方懋厥德，罔有天灾。山川鬼神，亦莫不宁……呜呼！先王肇修人纪，从谏弗咈，先民时若。居上克明，为下克忠，与人不求备，检身若不及，以至于有万邦，兹惟艰哉！……呜呼！嗣王祗厥身，念哉！圣谟洋洋，嘉言孔彰。惟上帝不常，作善降之百祥，作不善降之百殃。尔惟德罔小，万邦惟庆；尔惟不德罔大，坠厥宗。'"

"呜呼"在这里不仅起到分别层次的作用，而且以一声长叹启动听者和读者的情感关怀，使之一下子进入到庄严肃穆的话语场景，为后面即将进行的劝诫、开导内容奠定了感情基础。

三、从史官职能看《尚书》在中国文、史话语体系中的地位

《尚书》及其文体特色的形成与其本身的内容和中国古

---

❶　沈立岩：《先秦语言活动之形态观念及其文学意义》，人民出版社2005年版，第76页。

代的史官文化息息相关。中国的史官制度由来已久，刘知几在《史通》里对史官的作用与中国古代史官制度有详细阐述："夫人寓行天地，其生也若蜉蝣之在世，如白驹之过隙，犹且耻当年而功不立，疾没世而名不闻。上起帝王，下穷匹庶，近则朝廷之士，远则山林之客，谅其于功也名也，莫不汲汲焉孜孜焉。夫如是者何哉？皆以图不朽之事也。何者而称不朽乎？盖书名竹帛而已。向使世无竹帛，时阙史官，虽尧、舜之与桀、纣，伊、周之于莽、卓，夷、惠之于跖、蹻，尚、冒之于曾、闵，但一从物化。坟土未干，则善恶不分，妍媸永灭者矣。苟史官不绝，竹帛长存，则其人已亡，杳成空寂，而其事如在，皎同星汉。用使后之学者，坐披囊箧，而神交万古，不出户庭，而穷览千载，见贤而思齐，见不贤而内自省。若乃春秋成而逆子惧，南史至而贼臣书，其记事载言也则如彼，其劝善惩恶也又如此。由斯而言，则史之为用，其利甚博，乃生人之急务，为国家之要道。有国有家者，其可缺之哉！"❶上古时期，学在官府，文化为史官所垄断，制书、读书、掌书、用书是史官之职，"典、谟、训、诰、誓、命六类文献正是史官文化中的主流表述形式，代表着上古文化存在样式的主题模式"。❷龚自珍在《古史钩沉论二》中说："周之世官大者史。史之外无有语言焉；史之外无有文字焉；史之外无人伦品目

---

❶ （唐）刘知几著，（清）蒲起龙通释，王煦华整理：《史通通释》，上海古籍出版社2009年版，第280~281页。
❷ 马士远：《周秦〈尚书〉学研究》，中华书局2008年版，第17页。

焉。史存则周存，史亡而周亡。"❶古代公文汇编之所以称为《书》，实在与史官的职能密不可分。《周礼》所记有7种史官：大史、小史、内史、外史、左史、右史和御史。大史掌建邦之六典，小史掌邦国之志，内史掌书王命，外史掌书使乎四方，左史记言，右史记事。御史掌邦国都鄙及万民之治令，以赞冢宰。《礼记·曲礼上》曰："史载笔，士载言。"❷西晋杜预在《春秋经传集解序》中说："大事书之于策，小事简牍而已。"❸《大戴礼记》："太子既冠成人，免于保傅之严，则有司过之史，有亏膳之宰。太子有过，史必书之，史之义不得不书过，不书过则死；过书而宰撤去膳，夫膳宰之义，不得不撤膳，不撤膳则死。于是又进膳之旂，有诽谤之木，有敢谏之鼓，工诵正谏，士传民语。习与智长，故切而不让；化与心成，故中道若性，是殷周所以长有道也。"❹《史通》云："斯则史官之作，肇自黄帝，而备于周室，名目既多，而职务咸异。"❺

首先，史官的记录与监督职能与《尚书》在中国史学话语中的地位息息相关。史官的职能之一是负责对王者言行的记录和整理。从《周礼》所载五种史官的职能来看，"书"

---

❶ 龚自珍：《龚自珍全集（第1辑）》，上海人民出版社1975年版，第21页。

❷ （汉）郑玄注，（唐）孔颖达等正义：《礼记正义》，上海古籍出版社1997年版，第1250页。

❸ （晋）杜预注，（唐）孔颖达等正义：《春秋左传正义》，上海古籍出版社1997年版，第1704页。

❹ （清）王聘珍撰，王文锦点校：《大戴礼记解诂》，中华书局1983年版，第52~53页。

❺ （唐）刘知几著，（清）蒲起龙通释，王煦华整理：《史通通释》，上海古籍出版社2009年版，第281页。

的起源当是书写之意，史官就是专门负责书写之官。根据史官的书写职能，人们把史官书写下来的文件资料等统一称为"书"，后来作为一种特定文献的通称。可见"书"和《尚书》中"训""诰""誓""命"等文体的形成规律一样，都经历由行为方式向文本方式的转变过程，这也是中国古代文体形成的普遍规律。《尚书》是第一本以"书"命名的上古传世文献，以后的史官著述多沿袭此种命名方法，像《汉书》《宋书》《梁书》《唐书》等。《周礼·春官·大史》："大史掌建邦之六典……戒及宿之日，与群执事读礼书而协事。祭之日，执书以次位常……大会同朝觐，以书协礼事……遣之日，读诔。"❶《周礼·春官·小史》："大祭祀，读礼法，史以书叙昭穆之俎簋。"❷

以上资料说明，在上古时期"书"并非一种专门文体，而是对祭祀、军事、典礼等国家大事具有指导意义的书籍的泛称，这类书籍在所有文献典籍中的地位最为至高无上，受到人们推崇。但是当《尚书》编纂成书以后，书体就成为一种专门的文体。由于文化观念的惯性，人们仍将这些具有执政典范意义的篇章聚集到一起统一称为"书"。"尚"是一个时间概念，表示"上古之书"。"尚"同时也是一个历史概念，蕴含着丰富的文化内涵，含有尊崇、崇尚之意，表明书中所记录的人物或是德高望重之君，如文王、武王；或是对人类建立卓著功勋的贤能之人，如伊尹、周公；或是

---

❶ （汉）郑玄注，（唐）贾公彦疏：《周礼注疏》，上海古籍出版社1997年版，第717~718页。

❷ 同上书，第718页。

造福社稷和人民的大英雄，如大禹。总之，能够为书所记录的人，都是值得人类尊崇的个体。史官对这些精英人物言行的记录，无疑具有垂范后世的作用。另一方面，史官的记录又不是简单被动的记录，而是要遵循"书法不隐"的书写精神。记录下来的文本因其固定性，而成为一把双刃剑，一方面可以让言说者永垂不朽，另一方面也可以让他们遗臭万年。前者凸显了史官记录者的身份，后者彰显了史官监督者的身份。这样一种完美的行政制约体系可以说是宗周社会最伟大的创造，也是其留给后世执政者最宝贵的行政遗产。哀公曾问孔子是否有"一言而可以兴邦"，孔子回答他说，不但有"一言而可以兴邦"，而且有"一言亦可以丧邦"，❶并由此申发开去，告诫他君臣都要时刻注意自己的言论。这正说明了位高权重之人尤其要慎言的道理。对于史官记录职能的作用，于雪棠曾有过这样深刻的论述："语言是一种政治资本，掌握语言的人具备一种威信。君王的威信和臣子的威信建立在话语权力上。这种话语权力包含说和写两种。而言语被书写下来，在原有的特定语境中的庄重性之外，又增加了另一重庄严。这是因为，文字知识是一种特权，是一种权力的工具，'即使信息的接收者只是单独一个人，而且跟发送者的关系很密切，信息一旦被书写下来，就被赋予某种庄重得多的功能，'书写使稍纵即逝的言语物化，固定下来，使之能够传之久远，所以史官的地位才特别重要，而帝王也特别重视书写在文献中的自身行为。也因为考虑到自己

---

❶ （魏）何晏等注，（宋）邢昺疏：《论语注疏》，上海古籍出版社1997年版，第2507页。

的行为将被书写如文献，才强化对自身的约束。而行之于文的君王诰命，也会比仅仅口头表达对臣下更具威力。某种意义上，书写比言语更有力量。"❶

史官的文化素养与《尚书》在中国文学话语史上的地位。在中国古代，"书"由史官撰写或协助草拟、宣读、收藏、保管和分类，史官的文化素养、历史意识、职业职能以及书写精神都对《尚书》及其文体的形成产生重要影响。《说文解字》："书，箸也。"段玉裁注："箸于竹帛谓之书。书者如也。箸之竹帛，非笔末由矣。"❷《说文解字》："史，记事者也。从又持中。中正也。"段玉裁注："《玉藻》动则左史书之，言则右史书之。不云记言者，以记事包之也。君举必书，良史书法不隐。"❸

上古三代，文化和文字书写被贵族子弟和上层社会所垄断，学在王官。在这些王官中，史官是与文字打交道最多的一类。而且史官职务都是父死子继，世代相续的，一般史官都是家学渊源，从小就受到古典书籍的浸润渐染。可想而知，这些史官在记录经验、文学功底、文化素养和书写技能方面具备极高的素养，因此出自于他们之手或者经过其润色加工、整合的《尚书》在文学上也有很大的成就。《尚书》除了具有厚重的历史内涵以外，在文学上也颇具特色。在记言上亲切可感，让人身临其境。如《大禹谟》，记录了舜帝

---

❶　于雪棠："《尚书》文体分类及行为与文本的关系"，载《北方论丛》2006年第2期，第8~11页。

❷　（汉）许慎撰，（清）段玉裁注：《说文解字注》，上海古籍出版社1998年第2版，第117页。

❸　同上书，第116页。

与皋陶和大禹君臣之间的对话，情真意切，君主对于臣下的欣赏之情，臣下对于君主的仰慕之心流露于字里行间。其中有一段是这样的：

　帝曰："皋陶，惟兹臣庶，罔或干予正。汝作士，明于五刑，以弼五教。期于予治。刑期于无刑，民协于中，时乃功。懋哉！"皋陶曰："帝德罔愆，临下以简，御众以宽，罚弗及嗣，赏延于世。宥过无大，刑故无小；罪疑惟轻，功疑惟重。与其杀不辜，宁失不经。好生之德，洽于民心，兹用不犯于有司。"

　舜帝对皋陶的夸奖言辞恳切，皋陶连用五个排比句子表达对帝舜"重德好生"的为政行为的赞扬，情感的拿捏、字词的选择都很有分寸感，既表达对君主的恭维，又不让人产生反感情绪。

　《尚书》在说理上明白晓畅，引人入胜。如《无逸》，先提出"君子所其无逸"的总论点，接着借古论今，从正反两方面举例论证"无逸"与"耽乐"的不同后果。最后，文章自然得出结论："嗣王其监于兹。"告诫成王要以史为鉴，"无淫于逸"。在整个教导的过程中，周公运用了类比、对比等方法，使得自己的言说明白晓畅，收到了良好的效果。孔子说："周监于二代，郁郁乎文哉！"❶刘知几说："盖枢机之发，荣辱之主，言之不文，行之不远，则知

---

　❶（魏）何晏等注，（宋）邢昺疏：《论语注疏》，上海古籍出版社1997年版，第2467页。

饰词专对，古之所重也。"❶

《尚书》虽然以记言为主，但也有一些叙事性很强的篇章。刘知几对《书》在叙事方面的质朴大方、言简意赅给予很高评价："夫史之称美者，以叙事为先。至若书功过，记善恶，文而不丽，质而非野，使人味其滋旨，怀其德音，三复忘疲，百遍无斁，自非作者曰圣，其孰能与于此乎？昔圣人之述作也，上自《尧典》，下终获麟，是为属词比事之言，疏通知远之旨。子夏曰：'《书》之论事也，昭昭然若日月之代明。'扬雄有云：'说事者莫辨乎《书》，说理者莫辨乎《春秋》。'然则意指深奥，诰训成义。微显阐幽，婉而成章，虽殊途异辙，亦各有差焉。"❷

当然，《尚书》作为中国古代的经典文献之一，其成为经典的原因除了与其自身深厚文化底蕴和史学精神有关外，还与时人和后人的不断诠释和运用有密切关系。贵族以《书》为教、顺《书》造士是《尚书》权威和经典确立的重要阶段。葛志毅说："周代贵族很看重各种与统治管理有关的档案文件，视之为学习社会、汲取人生乃至政治经验的宝贵资料，作为修身立德、从政治民的教材。既然借助这些可使贵族们得到人生乃至政治上的经验性启发，理所当然地要受到重视，因而春秋时的贵族又充满信心地说：'若启先王之遗训，省其典图刑法，而观其废兴者，皆可知也。'"❸

---

❶ （唐）刘知几著，（清）蒲起龙通释，王煦华整理：《史通通释》，上海古籍出版社2009年版，第138页。

❷ 同上书，第153页。

❸ 葛志毅："试据《尚书》体例论其编纂成书问题"，载《学习与探索》1998年第2期，第130~135页。

此外，还有诸子对《尚书》义理的阐发。《尚书》内容主要以王公大臣事迹为中心，涉及国家政治生活中的重大事件，包括政权的争夺、建立、安定和治理以及相关的教训和经验。这些都为历代帝王执政提供了基本的依据和借鉴。在官本位以及“重言”传统根深蒂固的中国，历代统治者的尊崇所产生的效应就是上行下效，吸引更多的文人士子学《书》、引《书》、释《书》，不仅促进了《书》的传播，而且让《书》始终居于社会思想与文化的主流位置。马士远说：“贵族子弟、诸子门徒几乎都接受过《书》教，对《书》的语言文本比较熟悉，他们不仅从《书》中接受了治政理民的经验教训、文物典章规程，而且还继承了其行文构篇的体式、塑形立论修辞的撰作艺术。”❶

要之，《尚书》内容更加关注历史和社会，注重从历史中寻找行为的根据和经验教训，这是周代社会神道设教和理性精神的代表性文字。史官的历史意识与《尚书》及其文体形式代表着当时最先进的文学和文化。就其文本所使用的最基本的艺术表现手法和修辞方式来讲，《尚书》不应该被排除在文学史之外。马士远说：“中国文学发展本来就具有鲜明的民族特色，一开始就与政治教化有着直接的联系，正是在史官掌书以赞治、乐正顺《诗》《书》《礼》《乐》以造士的传统承传中，逐渐形成了文以载道、文以明道的主流文学功能论和现实主义的文学创作传统。这一鲜明的民族文学特色是与《诗》《书》在早期文学史的实际存在状况中所占的主流地位分不开的，也是与儒家诗教、书教文艺思想紧密

---

❶ 马士远：《周秦〈尚书〉学研究》，中华书局2008年版，第17页。

联系在一起的,《尚书》确曾在中国早期文学发展史中扮演了重要的角色。"❶《尚书》及其文体形式是商代到周代乃至整个上古社会文化与文学的总结性文集,在中国文学、史学史上享有至高无上的权威地位。

第二节　典、谟与上古社会的行政制度

关于典、谟二体,古今很多学者都有论述,有的学者对其内涵给予阐释,还有的学者对其篇章归属给予归纳。前者如宋张表臣:"帝王之言……道其常而作彝宪者谓之'典';陈其谋而成其嘉猷者谓之'谟'。"❷薛凤昌:"'典'是典册高拱,谓尧舜的德教,可为后世常法;'谟'是嘉谋嘉猷,谓禹与皋陶、益稷等赞襄献替,君明臣良,可为后世懿范。"❸对典、谟二体的篇章归属进行探讨也是学者研究的重点。唐陆德明《经典释文》认为百篇《尚书》中"典"体"凡十五篇,正典二,摄十三,十一篇亡"。❹陆氏虽然提出正摄之说并交代了篇数,但是对于什么是正、摄和具体篇名却未作解释。元代的熊鹏来则在陆氏观点的基础上向前推进了一步,不但对正、摄含义给予说明,还交代了具体的篇章名称:"典谟训诰誓命凡百篇,注者有正与摄之分。正者,有其义而正有其名;摄者,无其名

---

❶　马士远:《周秦〈尚书〉学研究》,中华书局2008年版,第17页。

❷　(明)吴讷著,于北山校点:《文章辨体序说》,见郭绍虞主编:《中国古典文学理论批评专著选辑》,人民文学出版社1982年版,第12页。

❸　薛凤昌:《文体论》,商务印书馆1931年版,第22页。

❹　(唐)陆德明:《经典释文》,中华书局1983年版,第36页。

而附其义。……典十五篇，正者二：《尧典》《舜典》；摄者十三：《禹贡》《洪范》《泪作》《九共》九篇、《槁饫》。"❶其中只有《尧典》《舜典》《禹贡》和《洪范》四篇见于今本《尚书》，其他篇章只保留题目，内容已经亡失。唐代孔颖达则持不同观点，将《尧典》《舜典》称为典体，《禹贡》《洪范》则另立贡、范两体，此三体和谟、训、诰、誓、命、征、歌七体一起，合称为"十体"。❷

　　就上述观点来看，学者虽对典、谟二体多有论述，但是他们都止于简单的释名和篇章归属的划分，而少有对其丰富的文化政治内涵进行深入的阐发。鉴于此，叶修成在前人研究的基础上系统深入阐发了典、谟二体的生成时代、文体形态和文化内涵，认为："'典'体最初是源于书写的文字载体简册，是生成于祭祀仪式之中的。……殷商的典上面记载着对祖先神灵的祝告之辞、先王先妣的祀谱和庙号。"❸到了周代典体的内涵和外延均有变化，周人将自己的礼乐法度都上升到了"典"的神圣地位，同时周人还将刑法、约剂和先王先公的有教益和借鉴意义的话语等也称为"典"。总之，"周人在维持典的宗教神圣性以外，又赋予它以道德性、法定性和政治性，对政治化生活和社会化生活发挥着具

---

❶ （元）熊鹏来：《经说》，见《四库全书》第184册，上海古籍出版社1987年版，第272页。
❷ （汉）孔安国传，（唐）孔颖达正义：《尚书正义》，上海古籍出版社2007年版，第27页。
❸ 叶修成：《〈尚书〉文体研究》，北京师范大学博士论文2008年，第42~43页。

有指导意义的功能"。❶

对于叶修成的观点，笔者大致赞成，但是在《尧典》《皋陶谟》等篇章的产生时间以及所阐述的政治内涵等方面有一些新的看法，下面详细申述之。

一、《尧典》与上古社会的行政制度

要探讨这个问题，有必要先考辨一下《尧典》的创作年代。关于《尧典》的创作年代，从古到今有多种说法，《尧典》主要是记载尧、舜二帝的事迹，特别是尧、舜二帝"禅让"的历史与传说。这篇古文献究竟是哪个时代写定的，长期以来众说纷纭。有西周说，❷有春秋孔子说，❸有春秋至秦前说，❹有战国说，❺有秦汉说❻等。大家众说纷纭，莫衷一是。

王国维在《卜辞中所见先公先王考》中证明甲骨文中"高祖夒夔"即舜，❼后来于省吾亦在其《尚书新证》中确认甲骨文中已经有"尧"字的字形。❽李宗焜也赞成于氏之观点，在《甲骨文字编》里收录了甲骨文"尧"字。❾这说

---

❶ 叶修成：《〈尚书〉文体研究》，北京师范大学博士论文2008年，第42~43页。

❷ 范文澜：《中国通史简编（上册）》，商务印书馆2010年版，第15页。

❸ （清）康有为：《孔子改制考（卷十二）》，中国人民大学出版社2010年版，第261页。

❹ 李民：《尚书与古史研究》，中州书画社1983年第2版，第26页、第46页。

❺ 郭沫若：《十批判书》，人民出版社2012年版，第2页。

❻ 顾颉刚：《古史辨（第一册）》，上海古籍出版社1982年版，第204页。

❼ 王国维：《观堂集林》，中华书局1959年版，第411~413页。

❽ 于省吾：《于省吾著作集》，中华书局2009年版，第41页。

❾ 李宗焜编著：《甲骨文字编》，中华书局2012年版，第129页。

明《尧典》中的尧、舜之名并非如"古史辨派"所言完全是战国秦汉间人无中生有的伪造。我们认为：第一，《尧典》的制作时代肯定会早于秦汉时期，也应早于战国时期。李民也持此观点，他认为司马迁的《史记·五帝本纪》大量录用了《尧典》的文字，如果《尧典》为秦汉间人所制作，那么，"掌握'石室金匮之书'并以治史谨严著称的太史公是绝不会把一部距当时时代很近的'伪书'塞进《史记》的"。❶这种说法是有道理的。第二，《尧典》不可能创作于虞夏时代。迄今为止发现最早的文字是甲骨文，更早的上古时期，基本没有文字，更不可能有像《尧典》《皋陶谟》这样表达流畅的长篇文字。故《尧典》一定形成于商代之后。同时《尧典》的形成也不应该晚于春秋，因为在春秋时代的文献《左传》中已经有对《尧典》内容的大量称引。

对于《尧典》记录的内容真实与否，学者也有不同看法，一般认为是西周史官对尧时代历史的追述，❷但是也有学者认为《尧典》记录的政治制度是春秋战国儒家对理想国家政治模式的构想。叶修成说："春秋时人根据当时流传的关于尧舜的口头传闻和书面材料，制作出了《尧典》。出于'尊王'的观念，为了'王道'的践行，所以这篇《尧典》

---

❶ 李民：《〈尚书〉与古史研究》，中州书画社1983年第2版，第26页。

❷ 魏源以为系周史官所修，（清）魏源：《书古微》，见：魏源全集编辑委员会编：《魏源全集（第二册）》，岳麓书社2011年版，第14页；王国维论其为西周史官所作，王国维：《古史新证》，湖南人民出版社2010年版，第2页；金德建据《国语》《左传》引用《尧典》的情况，断定其为西周中期以前作品，金德建："《尧典》述作小议"，载《史学史研究》1982年第4期，第29~32页。

实际上是为王者未来的实践行为建构一种理想的模式。"❶

我们认为，《尧典》所记录的内容虽然有西周及后世的某些色彩，甚至经过后世儒家学者的铺张和修饰，但是其主要脉络和思想及其反映的相关制度一定是以虞、夏时期的原始社会情况为历史依据的，并非许多学者所说的完全出自后人的构想。《史记·五帝本纪》："太史公曰：'学者多称五帝，尚矣。然《尚书》独载尧舜以来，而百家言黄帝，其文不雅驯，荐绅先生难言之。……予观《春秋》《国语》，七发明《五帝德》《帝系姓》章矣，顾弟弗深考，其所表见皆不虚。《书》缺有间矣，其轶乃时时见于他说。非好学深思，心知其意，固难为浅见寡闻道也。余并论其次，择其言尤雅者，故著为本纪书首。'"❷从这则材料可以看出，司马迁以为尧以前的历史虽然也有很多记载，但是很难考证真伪，尧以后的历史则可以相信。司马迁倾尽毕生精力搜罗天下遗文古事，其论述当有历史事实和资料之依据。《尧典》最初形成于西周史官对远古的尧舜时代历史的追述，追述的内容包括其中的职官、禅让、授时等政治制度。春秋时礼崩乐坏，百家争鸣，各家都纷纷依托或一定程度上改编经典来阐述自己的学说，这说明在春秋战国时期，《尧典》的内容还在不断被增损。

《尧典》是《尚书》开卷第一篇，记述尧舜执政时的言论及行事，篇中描述东、南、西、北四方之风用的"析、

---

❶ 叶修成：《〈尚书〉文体研究》，北京师范大学博士论文2008年，第44页。

❷ （汉）司马迁撰，（唐）张守节正义：《史记》，中华书局1982年第2版，第46页。

因、夷、陽"四字，已在殷墟甲骨文中找到相同的文词，而且《山海经·大荒经》也有类同的"折、因、石夷"字样叙及四方神风，❶从而证实《尧典》的大部分内容确实是史官根据前代材料和口头流传故事而进行的记录。范文澜说："其中'禅让'帝位的故事，在传子制度实行已久的周代史官，不容无端发此奇想，其为远古留下来的史实，大致可信。"❷张岱年、方克立主编的《中国文化概论》也说："氏族制后期，部落联盟产生，其首领推举方式即著名的禅让……上古社会关于权力嬗递的传说，并非虚幻的美妙编造，而确实是当时制度文化的折光。"❸王士俊从天文学的角度论证《尧典》记录部分资料的可信，他说："在20世纪有了新的突破。学者们在科学大潮的影响下，运用现代天文学的手段，验证《尧典》有关尧时四仲中星的天文记录，证明该记录远非春秋战国可伪，甚至超出商周时代。此外，学界又通过殷墟甲骨文资料及考古发掘出土的祭天礼器，验证《尧典》敬授人时的一些提法，及有关天象、农事的刻文，都获得相当程度的印证。"❹于文哲、洪明亮说："《尧典》《皋陶谟》两篇集中表现了氏族军事民主制时代的英雄——虞舜的事迹，虽然残存部分篇幅不是很长，却融神话、传说、民间故事、历史为一体，显然是在上古口传史

---

❶ 黄震云："山海经"，见沈文凡主编：《名家讲解山海经》，长春出版社2011年版，第216页。

❷ 范文澜：《中国通史简编（上册）》，商务印书馆2010年版，第15页。

❸ 张岱年、方克立主编：《中国文化概论（修订版）》，北京大学出版社2004年第2版，第60页。

❹ 王士俊："禅让说"，载《黑龙江社会科学》2009年第1期，第106~109页。

诗的基础上加工修订而成。《禹贡》《甘誓》两篇则是虞舜故事的延续部分。"❶这里于文哲和洪明亮二位学者也承认《尧典》《皋陶谟》中有很多记录史实的成分。《舜典》的情况和《尧典》大致类似。

《尚书》中典体文章现存两篇：《尧典》和《舜典》（今文《尚书》中《尧典》《舜典》合为一篇），本文认为《舜典》前面"曰若稽古"的开篇语，和《尧典》开篇的书写习惯相同，当为史官记录文章习惯使用的发端语，因此，不宜将二者合为一篇。故本文论述以古文《尚书》为文本依据，认为《尧典》《舜典》分属于两篇文章。这两篇典体文章追述了尧、舜二帝一生的重大政治活动，其中蕴含的诸多政治文化制度是古代帝王治理国家经验和智慧的结晶，从中，我们可以看到中国古代文明早期的星星曙光。

严斯信称《尧典》反映的年代为"文明曙光阶段"，即所谓"英雄时代"。那个时代的特点："一是神话传说和史实杂糅而不可能分清（也许永远也不可能分清）；二是那时不可能有当时的文字记录，必然只能是由后代（几百年到上千年之久）史官来追述。这两点是中国、埃及、古希腊都相同的，唯一不同点只是古希腊不同于东方社会，不是由'学在官府'的史官来追记而已。《尧典》开篇明说'曰若稽古'正是表明上古史官们诚实写作的态度。"❷赵世超在

---

❶ 于文哲、洪明亮："论'古史即诗'：《尚书》史诗因素考辨"，载《南昌大学学报（人文社会科学版）》2011年第4期，第98~104页。
❷ 严斯信："《尚书·尧典》与中国史的文明曙光阶段"，载《昭通师专学报（社会科学版）》1990年第1期，第1~5页。

《巡守制度试探》中指出："《尧典》虽经后世整理增益，而变得严整完密，但其中保存的上古史料仍旧很多。"❶笔者十分赞成这两位学者的观点，认为《尧典》包含的主要史料和古代制度概括起来有四个方面，下面具体申述之。

第一是观象授时制度。《尚书·尧典》在开篇对于尧的政绩和品德给予高度赞美，之后便具体叙述尧的政治活动，其中首先记载的是他委派官员观象授时的情况。具体内容如下：

> 乃命羲、和，钦若昊天，历象日月星辰，敬授人时。分命羲仲，宅嵎夷曰旸谷，寅宾出日，平秩东作。日中星鸟，以殷仲春。厥民析，鸟兽孳尾。申命羲叔，宅南交，平秩南讹，敬致。日永星火，以正仲夏。厥民因，鸟兽希革。分命和仲，宅西曰昧谷，寅饯纳日，平秩西成。宵中星虚，以殷仲秋。厥民夷，鸟兽毛毨。申命和叔宅朔方曰幽都，平在朔易。日短星昴，以正仲冬。厥民隩，鸟兽氄毛。帝曰："咨，汝羲暨和！期三百有六旬有六日，以闰月定四时成岁。允厘百工，庶绩咸熙。

从中我们可以看出，华夏文明的早期国家有一个突出的特征，就是观测天象、制定历法，以"敬授民时"。在我国的传统历法中，二十四节气占有重要的地位。所谓农时，实际上指的就是节气。《左传·文公六年》对文公"闰月不告朔"的行为提出批评："闰月不告朔，非礼也。闰以正时，

---

❶ 赵世超："巡守制度试探"，载《历史研究》1995年第3期，第3~15页。

时以作事。事以厚生。生民之道于是乎在矣。不告闰朔，弃时政也，何以为民"？杜预注"事以厚生"云："事不失时则年丰。"❶杨伯峻注"闰以正时"曰："月球绕地球一周……古人测定其日数约为二十九点五三〇五八五，与近世所测平朔月为二十九点五三〇五九略有差距。故必分大月三十日，小月二十九日，始能得其合朔。若每年十二个月，则全年为三百五十四日或三百五十五日。而地球绕太阳一周，则为三六五点二四二一九日，此为回归年之日数，两者相较，平均每年约差十日二十一时。分、至、启、闭以及四时，必以地球绕日为准，故必置闰以弥补差数，然后四时得正。"❷《汉书·律历志》："启闭者，节也。分至者，中也。"❸

综上可知，"事"指的就是农事，作农事应该顺应农时，才能够风调雨顺，获得丰收。在中国古代，当政者的一个重要职能就是宣布农时，而对于这项职能的履行情况，则是统治者执政能力的重要参考。如果当政者不能够"告民以时"，就被看成是失礼的行为，受到批评。

又《尚书·舜典》记载尧舜禅让，舜受禅后的第一件事，就是"在璇玑玉衡，以齐七政"。孔安国传云："在，察也。璇，美玉。玑衡，王者正天文之器，可运转者。"孔颖达疏云："玑衡者，玑为转运，衡为横箫。运玑使动于

---

❶ （晋）杜预注，（唐）孔颖达等正义：《春秋左传正义》，上海古籍出版社1997年版，第1845页。

❷ 杨伯峻编著：《春秋左传注》，中华书局1981年版，第553页。

❸ （汉）班固撰，（唐）颜师古注：《汉书》，中华书局1962年版，第938页。

下，以衡望之，是王者正天文之器。汉世以来，谓之浑天仪者也。马融云：浑天仪可旋转，故曰玑衡。其横箫所以视星宿也。以璿为玑，以玉为衡，盖贵天象也。"❶

这些都说明在古代国家的政治生活中天文历法的制定是重中之重，在当时的权力运作中基本占据核心的位置，这是农业社会为主的社会形态的基本要求。气候条件的变化使一年中真正适合播种和收获的时间有很大的局限，如果贻误农时便会造成一年的绝收。因此，农业的发展、兴旺必须要以精密的时间服务作为保证。另外，原始宗教祭祀活动对于星占的需要，也是古代执政者重视"观象授时"行为的重要原因。这种行为实际上是古代人类对宇宙进行的最早的科学探索，促进了中国古人天人同构的宇宙观的形成和天文学事业的进步。

第二是禅让制。禅让制是在氏族军事民主制时期采取的政权继承方式。根据摩尔根的研究，原始民主选举制有一条"一致同意才能决定""才能生效"的基本法则。他说，在易洛魁人的氏族社会里，所有的公共问题必须得到全体首领的一致同意才能决定，每一项公共法令也只有得到全体首领的一致同意才能生效。这是联盟的一项基本法则。他们采取了一种方法，用不着投票就可以确定大会成员的意见。此外，他们完全不知道会议中少数服从多数的原则。他们在大会上是以部落为单位来表决的，在作出决议时，每一个部落

---

❶ （汉）孔安国传，（唐）孔颖达正义：《尚书正义》，上海古籍出版社2007年版，第76页。

的首领们必须代表一个统一的意见。❶易洛魁人处在母系氏族社会发展阶段。中国古代尧舜时期也是处于母系氏族发展阶段，目前有很多文献记载能够证明这种说法。如《太平御览》云：

　　赤龙与庆都（尧母）合婚有娠，龙消不见，既乳，视尧如图表，及尧有知，庆都以图予尧。❷

　　又云：

　　（舜母）见大虹，意感而生舜于姚虚，故姓姚，名重华，字都君。龙颜大口黑色，身长六尺一寸。❸

　　又云：

　　伯禹，夏后氏姒姓也，母曰修巳，见流星贯昴，梦接意感，又吞神珠薏苡胸拆而生禹于石纽。虎鼻大口，两鼻，耳叁，镂首，戴钩，胸有玉斗，足文履巳，故名文命，字高密，身九尺二寸，长于西羌夷人。❹

　　这里讲到尧、舜、禹都是母亲和某种神秘的东西交感而

---

❶　[美]路易斯·亨利·摩尔根著，杨东莼等译：《古代社会（上）》，商务印书馆1977年版，第135页。
❷　(宋)李昉等撰：《太平御览》，中华书局1960年版，第373页。
❸　同上书，第376页。
❹　同上书，第380页。

生，说明这时的中国正处于一个"只知有母而不知有父"的母系社会时期。

根据尧、舜二"典"的记载，禅让制的基本原则是"选贤授能"，从百官或民众中选举最为贤能的人，作为国家未来首领的后备力量，随时准备接替帝位。禅让制的基本程序是：召开百官会议，共同举荐最佳人选；对选出的即位者进行种种考验。关于选举尧的继承人的程序，《尚书·尧典》记载：

帝曰："畴咨若时？登庸。"放齐曰："胤子朱启明。"帝曰："吁！嚚讼，可乎？"

帝曰："畴咨若予采？"欢兜曰："都！共工方鸠僝功。"帝曰："吁！静言庸违，象恭滔天。"

帝曰："咨！四岳：汤汤洪水方割，荡荡怀山襄陵，浩浩滔天，下民其咨。有能俾乂？"佥曰："於！鲧哉！"帝曰："吁，咈哉！方命圮族。"岳曰："异哉！试可，乃已。"

帝曰："往，钦哉！"九载，绩用弗成。

帝曰："咨，四岳！朕在位七十载，汝能庸命，巽朕位。"岳曰："否！德忝帝位。"曰："明明扬侧陋。"师锡帝曰："有鳏在下，曰虞舜。"帝曰："俞，予闻如何？"岳曰："瞽子，父顽，母嚚，象傲。克谐以孝，烝烝乂，不格奸。"帝曰："我其试哉！"女于时，观厥刑于二女。厘降二女于妫汭，嫔于虞。帝曰："钦哉！"

又《舜典》载：

曰若稽古帝舜，曰重华协于帝，浚咨文明，温恭允塞，玄德升闻，乃命以位。慎徽五典，五典克从；纳于百揆，百揆时叙；宾于四门，四门穆穆；纳于大麓，烈风雷雨弗迷。帝曰：格，汝舜！询事考言，乃言底可绩三载，汝陟帝位。舜让于德，弗嗣。

正月上日，受终于文祖。在璇玑玉衡，以齐七政。肆类于上帝，禋于六宗，望于山川，遍于群神。辑五瑞，既月，乃日觐四岳、群牧，班瑞于群后。

《汉书·百官公卿表》在谈到唐虞时期的官职"四岳"时，颜师古注曰："四岳，分主四方诸侯者。"❶实际上"四岳"指的是四方部落酋长，帝尧"咨四岳"，就是部落联盟首长尧召集所属部落酋长们开会议事。顾颉刚、刘起釪也认为这些资料基本上是可信的："远古氏族社会部落联盟政治生活的遗迹保存在传说资料中，《尧典》作者蒐集到了，遂写入篇中。《尧典》全篇就像是一个部落联盟会议的会议记录。前半篇记尧主政时是这样，后半篇记舜主政时也是这样。宛像部落联盟首长和参加联盟的各部落首领在会上的民主讨论的气氛，跃然纸上。"❷

这些记载反映了如下的事实。

一是帝位继承人的问题由部落联盟首长在联盟会议上提出来，由四方部落酋长举荐继承人，然后大家共同商讨决定

---

❶ （汉）班固撰，（唐）颜师古注：《汉书》，中华书局1962年版，第723页。

❷ 顾颉刚，刘起釪：《尚书校释译论（第一册）》，中华书局2005年版，第376页。

最终人选。

二是被提名者只有得到联盟首长和四方部落酋长们一致同意才能通过。

三是选择继任人的标准注重"贤""德"，选举出来的继承人还要经过至少三年的能力培养和毅力磨炼，才能具备最终继承帝位的资格。

四是继承、权力传授仪式和就职典礼在祖庙中进行。祖庙，即文中所说的"文祖"，就是集庙宇、政府与宫室（君王起居之处）"三合一"之"大房子"，也即是后世周代的"太室""明堂"。古代帝王登基典礼、朝见受贺、议政、宣布政令、外交及宗教活动等皆在此场所举行。阮元在《研经室集·明堂论》中曾对"大房子"及其发展演变情况作过详细叙述。阮氏认为有"古之明堂"，亦有"后世之明堂"："明堂者，天子所居之初名也。是故祀上帝则于是，祭先祖则于是，朝诸侯则于是，养老尊贤教国子则于是，乡射献俘馘则于是，治天文告朔则于是，抑且天子寝食恒于是，此古之明堂也。黄帝、尧、舜氏作，宫室乃备。洎夏、商、周三代，文治益隆，于是天子所居，在邦畿王城之中，三门三朝，后曰路寝，四时不迁。路寝之制，准郊外明堂，四方之一，向南而治，故路寝犹袭古号曰明堂。……圣人事必师古，礼不忘本，于近郊东南，别建明堂，以存古制。藏古帝治法册典于此，或祭祀五帝，布时令，朝四方诸侯，非常典礼乃于此行之，以继古帝王之迹。……此后世之明堂也。"接着阮氏又描述了神农、皇帝、尧、舜、禹、夏等时期的明堂之功用，并说："尧时明堂当已分建，授受大典故在明堂也。"❶而《尧典》中描述的禅让典礼正好为我们展示了这种"三合一"大房子的具体情形。

上述过程，可以说贯穿着彻底的民主精神，和易洛魁人、古希腊以及古罗马氏族社会实行的"一致同意"原则基本相同。禅让这种民主选举继承人的制度虽然为后来的世袭制所取代，进而发展为周代宗法社会的"嫡长子继承制"，但是它开创的注重"贤""德"的官吏选拔原则对中国社会影响深远。王士俊说："五帝时代的禅让，是在中国古代酋权日渐强化的背景下出现的另类权位传承方式。它采行的时间不长，也不像西方古代军事民主制那么'民主'，但在中国后世王权传承中影响很大。它主张以贤、德为标准选择权位继承人，其非血统、非世袭传承权位的理念，不仅与世袭制形成内在紧张，而且为有德者得天下的观念的发韧、滥觞，提供了基因与酵母。"❷

第三是巡守制度。在古代，由于交通不便，君王要及时了解天下之事和诸侯国的政治情况并不容易，因此，尧舜时代就有了帝王到四方视察的制度，即巡守制度。《舜典》详细记载了舜即位以后巡守的全过程，包括巡守的时间、地点、内容和礼节：

岁二月东巡守，至于岱宗，柴。望秩于山川，肆觐东后。协时、月正日，同律、度、量、衡。修五礼、五玉、三帛、二

---

❶ （清）阮元撰，邓经元点校：《研经室集（上）》，中华书局1993年版，第57页。

❷ 王士俊："禅让说"，载《黑龙江社会科学》2009年第1期，第106~109页。

生、一死，贽。如五器，卒乃复。五月南巡守，至于南岳，如岱礼。八月西巡守，至于西岳，如初。十有一月朔巡守，至于北岳，如西礼。归，格于艺祖，用特。五载一巡守，群后四朝。敷奏以言，明试以功，车服以庸。

从以上的记载可知，帝王巡守从本质上说是一种行政行为，其主要内容有两个：一是看望为自己守土的四方诸侯，考察其执政情况并宣布王命。"天子适诸侯曰巡狩。巡狩者，巡所守也"，❶有时候也去打猎，所以又叫巡狩。二是祭祀四方天地山川之神灵，祈求风调雨顺。《礼记·王制》说："天子祭天下名山大川。五岳视三公。四渎视诸侯。"❷天子在巡守时正是践行自己的这一特权。三是了解各地的物产、风俗，等。《国语·鲁语下》云："山川之灵，足以纪纲天下者，其守为神；社稷之守者为公侯，皆属于王者。"❸《诗经》云："溥天之下莫非王土，率土之滨莫非王臣。"❹这些记载正是对天子巡守的原因和意义的最好说明。黄震云说："王者不仅要管辖人间的各路诸侯，而

❶ （汉）赵岐注，（宋）孙奭疏：《孟子注疏》，上海古籍出版社1997年版，第2675页。
❷ （汉）郑玄注，（唐）孔颖达等正义：《礼记正义》，上海古籍出版社1997年版，第1336页。
❸ 徐元诰撰，王树民、沈长云点校：《国语集解》，中华书局2002年版，第202页。
❹ （汉）郑玄笺，（唐）孔颖达等正义：《毛诗正义》，上海古籍出版社1997年版，第463页。

且应该通过守山川之神，把一切鬼魅也纳于秩序之中。"❶

另外，巡守还有一个重要内容就是征伐。这一点在《舜典》中没有提及，可能是出于塑造舜"温恭允塞，玄德升闻"的圣王形象之需要，史官在追述的时候省略了对其武力征伐的过程描写。但是甲骨文和金文描写帝王巡守之时，往往都伴随着武力征伐。学者李凯认为，甲骨文中记载的"帝辛十祀伐夷方"实质也是帝辛以经营东土为目的的巡狩活动。❷这种观点是有道理的。李凯同时深入分析了这一现象的原因："在血缘部族林立的商代，巡狩往往表现为中原王朝对距离中原较远部族的省视。这些部族虽然在中原王朝的掌控之中，但对中原王朝若即若离、甚至时叛时服，于是王者为了扭转统治上力不从心的状态，采用了亲自远狩的方式维护政治秩序。"❸

闻一多曾总结甲骨文中的"省"的三种含义：一是巡视，二是田猎，三是征伐。"后世人君出游，省视四方，谓之巡狩，明行不空行，有行必有狩矣。游猎所届，或侵入邻境，猎弋之事，即同于劫掠，山林所有，皆民生所资，故不容异族捕取。于是争端即肇，战事生焉。故游田与战争，亦不分二事。典籍所载，司马之职，掌兵事，亦掌田事，祃祷之祭，为田祭，亦为兵祭，并其明验"。❹

另外，在金文中巡狩行为也多与武力征伐相关，如《大

---

❶ 黄震云："山海经"，见沈文凡主编：《名家讲解山海经》，长春出版社2011年版，第56页。

❷❸ 李凯："帝辛十祀征夷方与商王巡狩史实"，载《中国历史文物》2009年第6期，第40~47页。

❹ 闻一多：《古典新义》，商务印书馆2011年版，第444页。

盂鼎》铭文：

令（命）女盂……我其遹省先王其受民受疆土。（《殷周金文集成》2837）

《宗周钟》铭文：

王肇遹省文武堇疆土。南国（报）孳（子）敢陷虐我土，王敦伐其至，扑伐（厥）都。（《殷周金文集成》260）

《宜侯簋》铭文：

[王]省武王、成王伐商图（鄙），诞省东国图（鄙）。（《殷周金文集成》4320）

以上金文中的"遹省""省"，学者们就解读为"巡狩"的意思。

李凯概括了西周时期巡狩伴随征伐的主要原因："上古时代，华夏与蛮夷杂居，周王不得不对蛮夷顺服与否格外警惕，巡狩活动往往与武力征伐的军事行为结合在一起。……周王正是通过巡狩行为，实现对蛮夷戎狄的强有力的监督与惩处，从而稳定西周政局。"❶

第四是设官分职制度。《尚书》典体所记录的设官分职

---

❶ 李凯："晋侯苏编钟所见的西周巡狩行为"，载《文物春秋》2009年第5期，第3~8页。

制度，应该是中国职官制度的最初形态，其管辖内容大致包含了国家政治生活的方方面面，主要有水利、农政、教化、司法、军事、百工、山泽、祭祀、礼乐、宣命等十大方面。钱穆说："《尧典》虞廷九官，禹为司空，弃后稷，契司徒，皋陶为士，垂共工，益掌虞，伯夷为秩宗，夔典乐，龙纳言。"❶这些官职的任命过程体现了一定的特色。

首先，官职的任命有世代相袭的倾向。中国古代很多官职是世代相沿袭的，《尧典》中提到的掌管天地四时之官羲、和就是颛顼时掌管天地四时之官重、黎的后代。《尧典》孔安国传："重、黎之后羲氏、和氏世掌天地四时之官，故尧命之，使敬顺昊天。"孔颖达疏先引《国语·楚语》中观射父之言，然后说："可知是羲、和为重、黎之后，世掌天地之官。"❷司马迁在《史记·历书》中说："神农以前尚矣。盖黄帝考定星历，建立五行，起消息，正闰馀，于是有天地神祇物类之官，是谓五官。各司其序，不相乱也。民是以能有信，神是以能有明德。民神异业，敬而不渎，故神降之嘉生，民以物享，灾祸不生，所求不匮。少昊氏之衰也，九黎乱德，民神杂扰，不可放物，祸灾荐至，莫尽其气。颛顼受之，乃命南正重司天以属神，命火正黎司地以属民，使复旧常，无相侵渎。其后三苗服九黎之德，故二官咸废所职，而闰馀乖次，孟陬殄灭，摄提无纪，历数失序。尧复遂重黎之后，不忘旧者，使复典之，而立

---

❶ 钱穆著：《国史大纲（上册）》，商务印书馆2010年版，第11页。

❷ （汉）孔安国传，（唐）孔颖达正义：《尚书正义》，上海古籍出版社2007年版，第38页。

羲和之官。明时正度，则阴阳调，风雨节，茂气至，民无夭疫。年耆禅舜，申戒文祖，云'天之历数在尔躬'。舜亦以命禹。由是观之，王者所重也。"❶孔安国、司马迁和孔颖达一致认为羲、和是重、黎的后代，这说明古代官职世袭的现象确实存在。这些官职世代相袭，还产生了中国历史上一种有趣的文化现象，那就是中国的很多姓氏直接来源于某一种官职，如司马、司徒等。程裕祯总结道："以官职为姓。如司马、司空、司徒、司寇、史、理、钱、宗、帅等。以司马为例，与程同出一姓，其远祖为颛顼的曾孙重、黎。周代封重、黎之后于程（约在今河南省洛阳市东，一说在今陕西省咸阳市北），以程为氏。周宣王时后有程伯休父出任司马，后人遂以司马为氏。司马迁、司马懿、司马光均为其后裔。"❷

其次，任官分职的过程充满民主和礼让的亲切与协和。任官的程序不是很复杂，具体如下：执政者召开咨政会议，与会各方代表举荐称职人选，被举荐者稽首拜谢并礼让，执政者最后拍板确定最终人选并提出执政要求。如舜帝对礼官的任命：

帝曰："咨，四岳：有能典朕三礼？"佥曰："伯夷！"帝曰："俞。咨，伯：汝作秩宗。夙夜惟寅，直哉惟清。"伯拜稽首，让于夔、龙。帝曰："俞。往，钦哉！"

---

❶ （汉）司马迁撰，（唐）张守节正义：《史记》，中华书局1982年第2版，第1256~1258页。
❷ 程裕祯：《中国文化要略》，外语教学与研究出版社2011年第3版，第58页。

可见，早期的任官分职实行民主集中制原则，先是由民主：众人举荐和听取本人意见，但是最终人选的决定权在于君王。当然也有一些特例，执政者未经过咨政和举荐过程，直接任命官吏，如对后稷和司徒的任命。这体现了原始氏族社会向国家集权制度过渡的迹象，君主的地位日益显赫，对国家事务以及人事任免权的逐渐扩大和垄断。

再次，设官分职紧紧围绕"民生"问题。《尧典》中有"羲""和"二人，是专门管理与农业播种关系极大的观察四季气象和校正节令历法的官员。"司徒"掌管风俗教化，"后稷"掌管农业耕作的技术指导。此外，还有"士"掌管教令法律，"虞"管林牧渔等副业。这里的每一类官职的设置都与老百姓的生产、生活息息相关。所以，严斯信认为"虞廷九官"乃是："管理水利、灌溉、指导农耕，教化城邦公民、管理社会秩序、管理公共工程或设施，管理林牧副业以及最重要的宗教祭祀及祭祀典礼的职司而已。不难发现，这些职司，恰恰是上古农耕社会进入文明时期，几个最简单而必不可少的部门。"❶

《尧典》和《舜典》中记录的官职体系和职能，虽然可能存在后人增补的成分，但总的看来确实是鲜明地体现了个体农业经营而又在政府统筹管理下的古代东方农耕社会的特色。

今本《尚书》中有《尧典》《舜典》两篇，较多地记录了古代一些典章制度，包括授时制度、禅让制度、巡狩制

---

❶ 严斯信："《尚书·尧典》新说"，载《昭通师专学报（社会科学版）》1994年第1期，第58~63页。

度、刑法制度、选官制度等，内容丰富，为历代帝王所法。孔安国《〈尚书〉序》云："伏羲、神农、黄帝之书谓之三坟，言大道也，少昊、颛顼、高辛、唐、虞之书谓之五典，言常道也。至于夏、商、周之书，虽设教不伦，雅诰奥义，其归一揆。"孔颖达疏："以所论三皇之事其道至大，故曰'言大道也'。以'典'者，常也，言五帝之道可以百代常行，故曰'言常道也'。……常道所以与大道为异者，以帝者公平天下，其道可以常行，故以典言之；而皇优于帝，其道不可以常行而已。又更大于常，故言'坟'也。……夏、商、周之书，皆训、诰、誓、命之事，言'设教'者，以此训、诰、誓、命即为教而设，故云设教也。"❶坟、典两种文体分别为三皇、五帝之书的文体名称，因此在周人的观念中地位极高，这是中国人"信而好古"的精神在文体学上的表现。事实上，并不是只有五帝之书才可以叫做"典"，一般帝王之书，只要带有规范、尊崇、常道之义的篇章或书籍皆可以称为"典"。《尚书·多士》："惟殷先人，有册有典，殷革夏命。"孔安国传："言汝所亲知殷先世有册书有典籍。说殷改夏王命之意。"❷这说明殷人把重要的文档资料也称为典，一般的资料则称为册。另外，典还有法之意。《周礼·秋官·大司寇》："大司寇之职，掌建邦之三典，以佐王刑邦国，诘四方，一曰刑新国用轻典，二曰刑平国用中典，三曰刑乱国用重典。"郑玄注云："典，

---

❶ （汉）孔安国传，（唐）孔颖达正义：《尚书正义》，上海古籍出版社2007年版，第5~8页。

❷ 同上书，第624页。

法也。……新国者，新辟地立君之国。用轻法者，为其民未习於教。……平国，承平守成之国也。用中典者，常行之法。……乱国，篡弑叛逆之国。用重典者，以其化恶，伐灭之。"❶

典的文本形式更多体现出口传文学的特征，说明其极有可能是通过巫祝之口流传下来的。首先，典体篇章在文本语言上表现为韵散结合。钱基博曾经对《易·系辞传》的语言、句式作出很高的评价："通体俪偶，独首两句领起，则是奇偶相生也。"接着钱氏又从这个角度称赞《尚书》："而为文章，奇偶相生，音韵克谐，亦无不与《易》同。"❷《尚书》的叙事篇章大多保留口头传播、口耳授受的鲜明印记，表现最明显的是《虞书》中的《尧典》。顾颉刚就曾以《尧典》为例，说明《尚书》中有韵文一体，是"取便诵读及记忆者，犹今唱本之为用也。而其体有二，一则句句有韵，一则间句用韵。此亦可谓之'诗史'"。❸具体地看《尧典》中的韵文，主要表现在较多使用歌谣中常见的"顶针格"的叙事方式。如篇首歌颂帝尧品德的段落：

曰若稽古帝尧，曰放勋钦明文思安安，允功克让；光被四表，格于上下。克明俊德，以亲九族；九族既睦，平章百姓；百姓昭明，协和万邦；黎民于变时雍。

---

❶ （汉）郑玄注，（唐）贾公彦疏：《周礼注疏》，上海古籍出版社1997年版，第870页。

❷ 钱基博：《中国文学史》，中华书局1993年版，第13页。

❸ 顾颉刚："顾颉刚读书笔记"，见《顾颉刚全集（第11册）》，中华书局2011年版，第203页。

这一段的"顶针格"层层递进，逻辑清晰，"族"与"睦""姓""明""邦""雍"协韵，具有很强的节奏感和韵律感。又如描写虞舜"历试诸难"的一段：

慎徽五典，五典克从；纳于百揆，百揆时叙；宾于四门，四门穆穆；纳于大麓，烈风雷雨弗迷。

这一段也采用了"顶针格"，"从""揆""穆""麓"协韵，是一首虞舜颂歌的片段内容，与《大雅·生民》描写后稷遭难的一段如出一辙：

诞置之隘巷，牛羊腓字之；诞置之平林，会伐平林；诞置之寒冰，鸟覆翼之；鸟乃去矣，后稷呱矣。❶

二者无论内容还是形式，均共同源自古老的上古歌谣，反映了上古口传诗歌的艺术特征。

汉代以后典体在内涵和功能上均发生变化。《文心雕龙·杂文》论及"典"体说："详夫汉来杂文，名号多品：或典诰誓问，或览略篇章，或曲操弄引，或吟讽谣咏，总括其名，并归杂文之区。"❷范文澜注："《尚书》有《尧典》《舜典》，《周书》有《程典》《宝典》《本典》。扬

---

❶（汉）郑玄笺，（唐）孔颖达等正义：《毛诗正义》，上海古籍出版社1997年版，第530页。

❷（南朝梁）刘勰著，范文澜注：《文心雕龙注》，人民文学出版社1958年版，第256页。

雄《剧秦美新》曰：'宜命贤哲作帝典一篇，旧三为一袭，（李善注，言足旧二典而成三典也。）以示来人，摛之罔极。'雄以此文比二典，是为称典之始，惟未以名篇耳。班固《典引序》曰：'伏惟相如封禅，靡而不典，扬雄《美新》典而亡实……窃作《典引》一篇。'……此为以典名篇之始。后汉文苑李尤传，尤所著有典，是当时文士固有作典者矣。"❶刘勰将典作为有韵之文，放在杂文中论述，范文澜对汉代及其后的典体文章流变作梳理。由此可见，汉以后典体的变化：语体上不但有散体，亦有韵体；描写对象上，不仅帝王之书可称为典，如《永乐大典》，个人的著作也可以叫典，如杜佑的《通典》。但是这些叫典的篇章或典籍都有一个共同的特点，就是内容的权威性和全面性。《文心雕龙》以后，历代文体学著作中很少有列典体，说明后代少有这方面的著作，"典"作为文体类别的功能在逐渐消亡。后来，人们把普及性知识或资料的汇编通称为典，如字典、词典、宝典等，这里的"典"虽然与《尚书》中的典体不同，但还是继承了它的基本精神，那就是权威性、智慧性、规范性和指导性。

二、谟体与上古社会制度

孔颖达认为《尚书》中有三篇文章属于"谟"体：《大禹谟》《皋陶谟》和《益稷》。《益稷》的名称应该是《尚书》流传的过程中后人追加的，实际上它和《皋陶谟》是同一篇文章。首先，从《虞书》整体来看，每一个单独篇章句

---

❶（南朝梁）刘勰著，范文澜注：《文心雕龙注》，人民文学出版社1958年版，第267页。

首的发起语都是"曰若稽古"，这说明周代的史官已经形成一套固定的书写模式，"曰若稽古"专门用于对前代历史或传说的追述；其次，从《虞书》中篇章文本内容与文本命名之间关系来看，《尧典》《舜典》《大禹谟》《皋陶谟》的标题和篇章内容之间关系密切，或者说这些篇章内容都紧紧围绕篇章标题来组织材料，而《益稷》却很少提到"益稷"的言语和事迹，通篇都是对舜帝、大禹和皋陶三人对话及其神态的铺陈和描述，这些描写和《皋陶谟》内容相似并具有紧密的关联性。《益稷》开篇："帝曰："来，禹！汝亦昌言。"其中的"亦"是"也"的意思，很显然应该是承接《皋陶谟》篇尾皋陶曰："予未有知思，日赞赞襄哉"一句而来。因此，我们认为谟体的篇章应该是《大禹谟》和《皋陶谟》两篇。关于这两篇的整编年代，学界也存在不少争论，主要有周初、晚周、春秋、战国、秦汉、孔子、子思等诸说。❶屈万里说："本篇（《皋陶谟》）文章、习用语及思想，皆与《尧典》相似；疑与《尧典》同时（或稍后）著成。孟子云：'禹闻善言则拜。'当据本篇'禹拜昌言'之语而言。知本篇之著成，亦当在孟子以前。"❷

笔者认为，这两篇谟体文章不是一时一人之作，和《尧典》一样，其故事的主干来自于虞夏时期流传下来的传说，中间经过了周代史官的加工、润色以及儒家后学的增损而形成今天的文本样式。

首先，篇首"曰若稽古"的字样，表明其内容来源是远

---

❶ 蒋善国：《尚书综述》，上海古籍出版社1988年版，第169~172页。
❷ 屈万里：《尚书今注今译》，台北商务印书馆1973年版，第20页。

古的传说，而非史官的即时记录。就《尚书》虞、夏、商、周之书而言，篇章之首的行文方式各有不同，从中可以看出不同时代史官的记录习惯。《虞书》篇章多以"曰若稽古"开头，表明这些篇章是史官对前代事迹的追记。所谓"曰若稽古"，就是追述历史时的口头套语，为故事开头固定的起句，相当于今日民间故事的"在很久很久以前"等常用的固定模式。❶裘锡圭说这大概是"周代人叙述古事时用的一种老套头"，❷高明说："'曰古文王'，类似的例句，文献屡见，如《尚书·尧典》云：'曰若稽古帝尧'，郑玄注：'稽古同天，言能顺天而行，与之同功能。'……这是当时讲授历史事迹的一种通行体例。"❸其次，从《左传》等先秦文献对谟体文献的称引情况看，这些篇章的最初形成应该在春秋以前。在春秋时代的文献《左传》中频繁称引《尚书》内容，称引内容分别见于今本《尚书》《舜典》《大禹谟》《益稷》《五子之歌》等篇，这说明在《左传》成书之前，这些篇章已经形成。（见表1-1：先秦文献引《书》、用《书》情况统计表）

我们认为，这几篇文章和《尧典》《舜典》情况相似，其主体部分都是西周的史官根据殷人典册里有关虞、夏时代的记录和当时人们口耳相传关于尧、舜、禹的传说和禅让事迹追述出来。其所记录的内容虽然有西周及后世的某些色

---

❶ 于文哲、洪明亮："论'古史即诗'：《尚书》史诗因素考辨"，载《南昌大学学报（人文社会科学版）》2011年第4期，第98~104页。

❷ 裘锡圭："史墙盘铭解释"，载《文物》1978年第3期，第25~32页。

❸ 高明：《中国文字学通论》，北京大学出版社1996年版，第387页。

彩，甚至经过后世儒家学者的铺张和修饰，但是其主要脉络和思想一定是以虞、夏时期的社会为原始历史依据的。《史记·五帝本纪》："太史公曰：学者多称五帝尚矣。然《尚书》独载尧舜以来，而百家言黄帝，其言不雅驯，缙绅先生难言之。"❶说明司马迁以为尧以前的历史虽然也有很多记载，但是很难考证真伪，但是尧以后的历史则可以相信。过常宝认为："《皋陶谟》体现了周公文化革新的思想，应该是周公制礼作乐之后的产物，文本从形成到写定可能延续了整个西周时期。"❷这一观点还是比较客观的。

谟体向我们展示了中国上古社会的咨政制度。在古代，咨政制度是国家一项重要的政治制度。咨政制度共有两种渠道，一种是君王向诸侯咨询治理天下之理念。在巡守之年，执政者按照春、夏、秋、冬的顺序，依次觐见东、南、西、北四方诸侯，听其陈进其施政纲领，考察其功劳是否和其所陈述的情况相符，根据其施政纲领的实现程度，区别等次，赐予车马服饰。如《舜典》：

岁二月，东巡守，至于岱宗，柴。望秩于山川，肆觐东后。协时月正日，同律度量衡。修五礼、五玉、三帛、二生、一死贽。如五器，卒乃复。五月南巡守，至于南岳，如岱礼。八月西巡守，至于西岳，如初。十有一月朔巡守，至于北岳，

---

❶ （汉）司马迁撰，（唐）张守节正义：《史记》，中华书局1982年第2版，第46页。
❷ 过常宝："论《尚书》典谟"，载《中国文化研究》2009年秋之卷，第29~36页。

如西礼。归，格于艺祖，用特。五载一巡守，群后四朝。敷奏以言，明试以功，车服以庸。

孔安国传曰：

诸侯四朝，各使陈进治礼之言，明视其言，以邀其功，功成则赐车服，以表显其能用。❶

孔颖达疏曰：

其巡守之年，诸侯群后，四方各朝天子于方岳之下。其朝之时，各使自陈进其所以治化之言。天子明试其言，以考其功，功成有验，则赐之车服，以表显其有功能用事。❷

在不巡守的时候，四方诸侯则一起到帝王所在地集中，季节不同，集中时进行的内容也不同。春、夏主要是商量天下大事并提出治理天下的谋略；秋、冬则考校治理观念的实施情况，并以此为依据对诸侯进行论功行赏。谟体正是起源于这种咨政制度。叶修成说："经过尧舜禹时代、夏商王朝，朝聘之礼逐渐形成定制，至西周而系统化和等级化。"❸

---

❶❷ （汉）孔安国传，（唐）孔颖达正义：《尚书正义》，上海古籍出版社2007年版，第82~83页。
❸ 叶修成："论'谟'体之生成及《尚书·皋陶谟》的文化意义"，载《华中科技大学学报》2009年第5期，第6~13页

对诸侯的咨政制度实质上是天子对诸侯的权威性的体现，是天子监督诸侯的重要手段。在周代这种咨政制度依然存在，不过更加系统化、正规化。《周礼·秋官·大行人》云："春朝诸侯而图天下之事，秋觐以比邦国之功，夏宗以陈天下之谟，冬遇以协诸侯之虑，时会以发四方之禁，殷同以施天下之政。"郑玄注曰："此六事者，以王见诸侯为文。图、比、陈、协，皆考绩之言。王者春见诸侯则图其事之可否，秋见诸侯则比其功之高下，夏见诸侯则陈其谋之是非，冬见诸侯则合其虑之异同。六服以其朝岁，四时分来，更迭如此而遍。时会即时见也，无常期。诸侯有不顺服者，王将有征讨之事，则既朝，王命为坛于国外合，诸侯而发禁命事焉。禁，谓九伐之法。殷同即殷见也。王十二岁一巡守，若不巡守则殷同。殷同者，六服尽朝，既朝，王亦命为坛於国外，合诸侯而命其政。政谓邦国之九法。殷同，四方四时分来，岁终则遍矣"，贾公彦疏曰："此六者，诸侯朝觐天子，春秋冬夏、时会殷同，各自相对为文。……云'图、比、陈、协，皆考绩之言'者，事功谟虑禁政，是考校功绩之语，故知是考绩之言也。云'春见诸侯则图其事之可否'者，以其事由春始，故图事也。云'秋见诸侯则比其功之高下'者，秋时物成，故校比其功之高下，以行赏罚也。云'夏见诸侯陈其谋之是非'者，夏物盛大，形体皆异，可分别，故陈天下诸侯谋之是非。云'冬见诸侯则合其虑之异同'者，冬物伏藏，故合其虑之异同也。此四者，皆

因四时而为名也。"❶

　　另一种咨政方式是召集天下贤能之人，或者年长者，对执政者执政情况或国家大事进行谏言，以期对国家的发展和进步有所帮助。集天下之智慧，治理大同之社会。《大禹谟》说：帝曰："俞。允若兹，嘉言罔攸伏，野无遗贤，万邦咸宁。稽于众，舍己从人，不虐无告，不废困穷，惟帝时克。"孔颖达正义曰："君臣能自难，并愿善以辅己，则下之善言无所隐伏。在野无遗逸之贤，贤人尽用，则万国皆安宁也。为人上者考于众言，观其是非，舍己之非，从人之是。"❷

　　同时，这些民间贤人也可以通过进言献策立功，得到统治者的奖赏。《尚书·益稷》记载："俞哉！帝：光天之下，至于海隅苍生，万邦黎献，共惟帝臣。惟帝时举，敷纳以言，明庶以功，车、服以庸。"孔安国传曰："万国众贤，共为帝臣，帝举是而用之，使陈布其言，明之皆以功大小为差，以车服旌其能用之。"❸又《舜典》有："敷奏以言，明试以功，车服以庸。"孔颖达疏曰："帝举是众贤而用之，使陈布其言，令其自说己之所能，听其言而纳受之。依其言而考试之。显明众臣，皆以功大小为差，然后赐

----

❶（汉）郑玄注，（唐）贾公彦疏：《周礼注疏》，上海古籍出版社1997年版，第890页。
❷（汉）孔安国传，（唐）孔颖达正义：《尚书正义》，上海古籍出版社2007年版，第123页。
❸ 同上书，第174页。

车、服以旌别其人功能事用，是举贤用人之法也。"❶《周礼·小宗伯》："掌衣服、车旗、宫室之赏赐。"郑玄注曰："王以赏赐有功者。《书》曰'车服以庸'。"❷正说明了执政者对以言议政者和以言参政者的奖赏。而在古代，这些被咨政者通常是部族或国家中年长者。在自给自足的农业封闭式社会，人们获取知识和信息的渠道单一，在面临人生和自然中的种种问题和挑战时，经验就显得尤其重要，而年长者就是因为经历丰富，见识广博而受到国家和社会的普遍尊重。《国语·晋语八》云："吾闻国家有大事，必顺于典型，而访谘于耇老而后行之。"❸《礼记·内则》所云："凡三王养老，皆引年。……三王有乞言。五帝宪，养气体而不乞言。有善则记之为惇史。三王亦宪，既养老而后乞言，亦征其礼，皆有惇史。"❹这些文献记录正说明了这一制度在当时的存在及兴盛。过常宝认为古代部族社会，年长者有议论朝政之责，而君王亦有向长者咨政之义务，谟正是起源于这一制度。❺

《皋陶谟》记载的是帝舜和朝臣在朝堂之上的一番对

---

❶（汉）孔安国传，（唐）孔颖达正义：《尚书正义》，上海古籍出版社2007年版，第82~83页。

❷（汉）郑玄注，（唐）贾公彦疏：《周礼注疏》，上海古籍出版社1997年版，第767页。

❸徐元诰撰，王树民、沈长云点校：《国语集解》，中华书局2002年版，第424页。

❹（汉）郑玄注，（唐）孔颖达等正义：《礼记正义》，上海古籍出版社1997年版，第1468页。

❺过常宝："论《尚书》典谟"，载《中国文化研究》2009年秋之卷，第29~36页。

话，讨论了修身、知人、安民等一系列问题。皋陶的观点是
本篇文章的重点，皋陶首先提出君王择人选官的标准："九
德"。具体内容是："宽而栗，柔而立，愿而恭，乱而敬，
扰而毅，直而温，简而廉，刚而塞，强而义。"孔颖达疏
曰："人性有宽弘而能庄栗也，和柔而能立事也，愨愿而能
恭恪也，治理而能谨敬也，和顺而能果毅也，正直而能温和
也，简答而有廉隅也，刚断而能实塞也，强劲而合道义也。
人性不同，有此九德。人君明其九德之常，以此择人而官
之，则为政之善哉。"❶同时皋陶还提出了根据官员对"九
德"的贯彻情况来"知人任官"的具体方法：

日宣三德，夙夜浚明，有家；日严祗敬六德，亮采，有
邦。翕受敷施，九德咸事，俊乂在官。百僚师师，百工惟时，
抚于五辰，庶绩其凝。

孔颖达疏云：

若人能日日宣布三德，早夜思念，而须明行之，此人可以
为卿大夫，使有家也。若日日严敬其身，又能敬行六德，信能
治理其事，此人可以为诸侯，使有国也。然后总以天子之任，
合受有家、有国三、六之德而用之，布施政教，使九德之人皆
得用事，事各尽其能，无所遗弃，则天下俊德治能之事并在官
矣。皆随贤才任职，百官各师其师，转相教诲，则百官惟皆是

---

❶ （汉）孔安国传，（唐）孔颖达正义：《尚书正义》，上海古籍出版社2007
年版，第147页。

矣。无有非者，以此抚顺五行之时，以化天下之民，则众功皆成矣。❶

　　若能够做到"九德"和"知人任官"则一定能够"安民"，并让老百姓都能够感受且怀念统治者的恩泽。王充在《论衡·答佞篇》也提到"九德"，云："唯圣贤之人，以九德检慕行，以事效考其言。行不合于九德，言不验于事效，人非贤则佞矣。"❷"九德"是修身、知人和安民的标准，只有具备"九德"的诸侯与百官，才能做到爱民和安民。"九德"是检验统治者和诸侯百官是否"爱民""安民"的德行标准，一直受到统治者的高度重视。《周书·立政》周公曰："古之人迪惟有夏，乃有室大竞，吁俊尊上帝。迪知忱恂于九德之行。"可见到了周代，周公直接把皋陶提出"九德"的选官任人标准作为一个典故来教育成王，并且周公并没有具体解释"九德"的具体内容，这说明"九德"的说法已经获得当时社会的广泛接受。

　　在今本《尚书》中谟体文章共两篇，分别为《大禹谟》和《皋陶谟》（前已论证《益稷》和《皋陶谟》是同一篇文章）。《说文解字注》："谟，议谋也。"段注："《释诂》曰：'谟，议谋也'。"❸《尚书正义》孔颖达疏曰："然五帝之书皆谓之典，则《虞书》《皋陶谟》《益稷》之

　　❶（汉）孔安国传，（唐）孔颖达正义：《尚书正义》，上海古籍出版社2007年版，第149页。

　　❷（汉）王充：《论衡》，上海人民出版社1974年版，第180页。

　　❸（汉）许慎撰，（清）段玉裁注：《说文解字注》，上海古籍出版社，1988年第2版，第91页。

属亦应称典。所以别立名者，若主论帝德，则以典为名；其臣下所为，随义立称。"❶可见，谟和典文体性质和内涵实质上很相似，只是因其以描写臣下谋议之事为主，故随义立名，被称为"谟"。

《说文》言部云："谟，议谋也。从言，莫声。《虞书》曰：'皋陶谟'。"❷谟，《尔雅·释诂》："谟者，大谋也。"❸《左传》襄公四年："咨难为谋。"❹《国语·鲁语》："咨事为谋。"❺徐元诰注曰："事，当为'难'。"❻《吕氏春秋·召类》："凡谋者，疑也。疑则从义断事，从义断事则谋不亏，谋不亏则名实从之。"❼《春秋繁露·五行五事》："聪作谋，谋者谋事也。王者聪，则闻事与臣下谋之，故事无失谋也。"❽《史记·夏本纪》："皋陶作士以理民。帝舜朝，禹、伯夷、皋陶相与语帝前。皋陶述其谋。"❾是知此篇主要记载皋陶、禹在帝舜

❶（汉）孔安国传，（唐）孔颖达正义：《尚书正义》，上海古籍出版社2007年版，第5页。

❷（汉）许慎撰，（清）段玉裁注：《说文解字注》，上海古籍出版社，1988年第2版，第91页。

❸（晋）郭璞注，（宋）邢昺疏：《尔雅注疏》，上海古籍出版社1997年版，第2569页。

❹（晋）杜预注，（唐）孔颖达等正义：《春秋左传正义》，上海古籍出版社1997年版，第1932页。

❺❻徐元诰撰，王树民、沈长云点校：《国语集解》，中华书局2002年版，第180页。

❼许维遹撰，梁运华整理：《吕氏春秋集释》，中华书局2009年版，第118页。

❽苏舆撰，钟哲点校：《春秋繁露义证》，中华书局1992年版，第391页。

❾（汉）司马迁撰，（唐）张守节正义：《史记》，中华书局1982年第2版，第77页。

面前相互讨论议谋如何治理好部落联盟以及本部落联盟以外事务的问题。

在文体形态上，谟体有很多特点。从文本语言形式上看，《尚书》"谟"体篇章叙事保存了大量的韵文成分，尤其是描述性的内容，较多使用韵文，具体表现为韵散结合的叙事特征。班固《两都赋》的序文说："故皋陶歌虞，奚斯颂鲁。"❶"奚斯颂鲁"，指的是《诗经·鲁颂》中奚斯为鲁国的新庙作颂诗之事。"皋陶歌虞"，一方面指的是《皋陶谟》中的《元首歌》，另一方面也暗含《皋陶谟》的韵文特征。从整体文本形式上来看，《皋陶谟》虽然是一篇散文，但它的篇章内容却包含了大量齐整押韵的四言句。如：

亮采有邦，翕受敷施，九德咸事，俊乂在官。百僚师师，百工惟时，抚于五辰，庶绩其凝。

这里的"施""事""师""时"协韵，韵律和谐，和《诗经》的句式、结构非常相似。这里的押韵也显示了早期诗歌句句押韵或不规则押韵的原生状态，这也是《皋陶谟》诞生时间较早的一个证明。除了这些夹杂在散文中的韵文或短诗之外，《皋陶谟》更记录了最早的独立的短篇诗歌作品，即《元首歌》和《股肱歌》两首诗歌作品。《皋陶谟》篇末几段里也提到"帝用作歌曰""乃庚载歌曰"，可见这些词句原来就是合乐可歌的韵文。

---

❶（梁）萧统编，（唐）李善注：《文选（第一册）》，中华书局1977年版，第22页。

从修辞手法看,《尚书》"谟"体篇章中排比,反问等多种修辞方法的运用,增强了文章的气势。《皋陶谟》中皋陶开始就提出修身、知人、安民等问题。禹对这一问题提出疑问:"安民则惠,黎民怀之。能哲而惠,何忧乎欢兜?何迁乎有苗?何畏乎巧言令色孔壬?"这里连用三个反问句,表达对帝舜实施安民政策的强烈渴望和对这一政策取得成果的展望。禹虽然提出反诘,但并非政见不同,而是希望通过辩论使"知人、安民"的思想观念更加深入人心。另外,《益稷》中还用大量排比句,表达特定的情感。如:

予欲左右有民,汝翼。予欲宣力四方,汝为。予欲观古人之象,日、月、星辰、山、龙、华、虫,作会宗彝。藻、火、粉、米、黼、黻、绨绣,以五采彰施于五色,作服,汝明。予欲闻六律、五声、八音,在治忽,以出纳五言,汝听。

这段文字用排比、对偶的修辞手法,概括了帝舜和皋陶、大禹等臣下之间的亲密和谐的关系,也表达了帝舜对臣下行为的满意和鼓励,为下文"君臣兴起作歌"欢快热烈的气氛作了感情铺垫。

三代以后,谟体篇章不见继作,原因可能在于产生谟体的氏族谋议制度逐渐为周代等级森严、体制完备的听政制度所取代。《国语·周语》记载了这一制度:"故天子听政,使公卿至于列士献诗,瞽献曲,史献书,师箴,瞍赋,矇诵。百工谏,庶人传语,近臣尽规,亲戚补察,瞽史教诲,耆艾修之，而后王斟酌焉，是以事行而不悖。"❶可见，周代帝王听政方式多样，与之相对应形成的文体也更丰富，有诗、曲、书、箴、赋、诵、谏、语、规等。其中一些文体，后文将详细探讨，此不赘述。

谟体在汉代以后又为表、议、奏、启等新的文体名称所取代。刘勰《文心雕龙·章表》："故尧咨四岳，舜命八元，固辞再让之请，俞往钦哉之授，并陈辞帝庭，匪假书翰。然则敷奏以言，则章表之义也；……秦初定制，改书曰奏。汉定礼仪，则有四品：一曰章，二曰奏，三曰表，四曰议。……是以章式炳贲，志在典、谟；使要而非略，明而不浅。表体多包，情伪屡迁，必雅义以扇其风，清文以驰其丽。"❷又《文心雕龙·奏启》："昔唐虞之臣，敷奏以言；秦汉之辅，上书称奏。陈政事，献典仪，上急变，劾愆谬，总谓之奏。奏者，进也。言敷于下，情进于上也。……自汉以来，奏事或称上书……夫奏之为笔，固以明允笃诚为本，辨析疏通为首，强志足以成务，博见足以穷理，酌古御今，治繁总要，此其体也。……至魏国笺记，始云启闻。奏事之末，或云谨启。自晋来盛启，用兼表奏。"❸这里刘勰将章、奏、表、议、启等文体皆溯源到《尚书》中的典、谟，并归纳了这些文体的写作规范和要求。二者不同的是典、谟是当场陈辞，后人追述，而章、奏、表、议、启等则

---

❶　徐元诰撰，王树民、沈长云点校：《国语集解》，中华书局2002年版，第11~12页。

❷　（南朝梁）刘勰著，范文澜注：《文心雕龙注》，人民文学出版社1958年版，第406页、第408页。

❸　同上书，第421~424页。

是臣下事先着于翰墨，以奏折形式进奏帝王。明吴讷《文章辨体序说》："按唐虞禹皋陈谟之后，至商伊尹、周姬公，遂有伊训、无逸等篇，此文辞告君之始也。汉高惠时，未闻有以书陈事者。怠乎孝文，开广言路，于是贾山献《至言》，贾谊上《政事疏》。自是厥后，进言者日众。或曰上疏，或曰奏剳，或曰奏状。虑有宣泄，则囊封以进，谓曰封事，考之于史可见矣。昔人有云：'君臣相遇，虽一语而有余；上下未孚，虽千万言而奚补？为臣子者，惟当罄其忠爱之诚而已尔。'信哉！"❶吴氏认为，上书、奏剳、奏状、封事等文体皆是以文辞告君，与谟体一脉相承，认为这些文体创作的最核心要求是臣下对君主要怀有竭忠尽诚之心。不同时代的学者对文体要求也各异，刘勰偏重从文体的外在体制、语体等方面作出要求，吴讷则更强调这些文体内在的情感内涵。

第三节　誓、诰、命与圣王之道

　　实施王道政治是中国古代统治者特别是周代统治者一以贯之的政治主张。《尚书》是记载王道政治及其实施主体事迹的最古老典籍，王灿说："它既是中国最早的史籍，又是统治者学习治术的最高政典，这其中同时包含着古人所最崇

---

❶　（明）吴讷著，于北山校点：《文章辨体序说》，见郭绍虞主编：《中国古典文学理论批评专著选辑》，人民文学出版社1982年版，第39页。

拜的各个'圣王'的历史事迹和政治智慧。"❶

誓、诰、命作为《尚书》的主要文体类型，其文体内涵也充分体现了中国古代统治者特别是周代统治者所提倡的王道政治，具体表现在以下三个方面。

一、誓体的仪式特征与古代帝王争夺政权的策略

誓言是我国古代经常使用的一种要约形式，是现代契约制度的先声和基础，也是原始宗教文化的标志性形态，因此具有重要的学术价值。誓言体历来受到人们的关注，也有几种相关研究著作，但是存在一个很大的误区，即盟誓部分，将盟和誓看做一种文体或者必需的关联形式，没有注意到盟一定是多方行为，而誓言可以是单独主张；对其作者和仪式以及文体性质也往往语焉不详，因此需要进一步研究。

（一）誓言语体的产生时代及其原因

"誓"字在甲骨文中已经出现，右边是斧子，左边是断开的木，后来断木演变为手，意为用手拿斧弄断东西，表示如果主张不能实现，发誓人就像木头一样被折断，以生死立言。到西周时，誓言体成为一种成熟的流行文体，使用频率很高，《左传》中就出现22次。

关于誓言文体的产生，学界普遍认为是殷商时代。《荀子·大略》篇最早提出誓言文体产生的时代在尧舜禹之后，其云："诰誓不及五帝，盟诅不及三王，交质子不及五

---

❶ 王灿："《尚书》'圣王'形象'被同质化'研究——尧、舜、禹、汤、武形象考察"，载《广西社会科学》2011年第7期，第87～90页。

伯。"❶后来的《谷梁传》沿用了这一说法:"外盟不日,此其日何也?诸侯之参盟于是始,故谨而日之也。诰誓不及五帝,盟诅不及三王,交质子不及二伯。"❷为什么盟诅不及三王?董仲舒《春秋繁露·王道》分析了其中的原因:"《春秋》纪纤芥之失,反之王道,追古贵信,结言而已,不至用牲盟而后成约。"❸就是说三王时代民风淳朴厚道,因此言而有信,所以用不着血淋淋地杀牲盟誓。将盟誓看成是失去信用的结果,这并不完全符合事实。从文献资料可以看出,解决失信的方式是质信,时间已经到了战国。这样说的目的,无非是对三王的崇尚和完美神话式思维。

而在典籍中,这种看法是普遍的。如《礼记·檀弓下》也印证了这一观点:"殷人作誓而民始畔,周人作会而民始疑,"郑玄注:"会,谓盟也。盟誓所以结众以信。"❹郑玄出注是担心误会,即古代按照惯例诸侯要相会,示好决疑,但在会上未必意见统一,意见统一叫会同。会同以后可以盟也可以不盟,所以会是大而言之,郑玄的注释就更为清楚了。又《淮南子·氾论训》也说"夏后氏不负言,殷人誓,周人盟",❺将誓看做殷商的发明,而周代人习惯用盟。

---

❶ (清)王先谦撰,沈啸寰、王星贤点校:《荀子集解》,中华书局1988年版,第519页。

❷ (晋)范宁注,(唐)杨士勋疏:《春秋谷梁传注疏》,上海古籍出版社1997年版,第2370~2371页。

❸ 苏舆撰,钟哲点校:《春秋繁露义证》,中华书局1992年版,第121页。

❹ (汉)郑玄注,(唐)孔颖达等正义:《礼记正义》,上海古籍出版社1997年版,第1313页。

❺ 何宁:《淮南子集释》,中华书局1998年版,第928页。

根据《尚书》的记载，最早的誓出现在大禹时代：

帝曰："咨，禹！惟时有苗弗率，汝徂征。"

禹乃会群后，誓于师曰："济济有众，咸听朕命。蠢兹有苗，昏迷不恭，侮慢自贤，反道败德，君子在野，小人在位，民弃不保，天降之咎。肆予以尔众士，奉辞伐罪。尔尚一乃心力，其克有勋。"

典乐、秩宗、纳言是尧舜时代三大礼。因此言本身就有王命性质，大禹"会群后，誓于师"，就是传达舜的命令，会然后誓，也就是后来常用的盟誓的不同称呼。因此，后人盟誓不分，也在所难免。大禹传达王命，也是代天发言，奉辞伐罪。他先说明征伐有苗是天意，也就是提出道德准绳，然后宣判三苗罪行，提出奖罚原则。很明显，这里的誓言作为一种特定的形式，有必要的仪式和听众，而且发誓者和听誓者之间不是平等关系。

又《尚书·吕刑》篇说：

苗民弗用灵，制以刑，惟作五虐之刑曰法。杀戮无辜，爰始淫为劓、刵、椓、黥。越兹施刑并制，罔差有辞。民兴胥渐，泯泯棼棼，罔中于信，以覆诅盟。虐威庶戮，方告无辜于上。上帝监民，罔有馨香德，刑发闻惟腥。皇帝哀矜庶戮之不辜，报虐以威，遏绝苗民，无世在下。乃命重、黎，绝地天通，罔有降格。群后之逮在下，明明棐常，鳏寡无盖。

根据《吕刑》篇的记载可以看出，苗民实施法制，而不是天罚神断的习惯法，不相信诅盟，和尧舜对抗。由于苗民杀戮血腥，因此尧舜让大禹以象刑讨伐，即著名的大禹讨伐三苗事件。顾炎武在《日知录》中根据《尚书》的资料确定盟誓是苗人的习俗。但就《尚书》中的两条资料看，盟誓在大禹时代已经存在，大禹和诸侯结盟为中国誓言文体的正式出现，苗人不相信神灵，因此说诅盟起源苗人不符合《尚书》的本义。

二、盟、誓的联系和区别

盟誓连称，自有其道理，皆表示最大的诚意和诚信，但二者并不是一种文体，而是两种文体和表达方式。

第一，盟誓在仪式形态上不同。《礼记·曲礼下》云："诸侯未及期相见曰遇，相见于郤地曰会，诸侯使大夫问于诸侯，曰聘。约信，曰誓。涖牲，曰盟。"郑玄注："坎用牲，临而读其盟书，《聘礼》今存，遇、会、誓、盟礼亡。誓之辞，《尚书》见有六篇。"❶这里表达非常清楚，盟为书，誓为辞。《左传》文公三年说：

晋人惧其无礼于公也，请改盟。公如晋，及晋侯盟。晋侯享公，赋《菁菁者莪》。庄叔以公降，拜，曰："小国受命于大国，敢不慎仪。君贶之以大礼，何乐如之。抑小国之乐，大国之惠也。"晋侯降，辞。登，成拜。公赋《嘉乐》。❷

---

❶ （汉）郑玄注，（唐）孔颖达等正义：《礼记正义》，上海古籍出版社1997年版，第1266页。

❷ （晋）杜预注，（唐）孔颖达等正义：《春秋左传正义》，上海古籍出版社1997年版，第1840页。

因为是文字的盟书，还可以改动，但是作为誓言出口就无法收回。

第二，盟书可以保存，而誓要借助文字进行语料转换。《左传》成公二年：

> 十一月公及楚公子婴齐、蔡侯、许男、秦右大夫说、宋华元、陈公孙宁、卫孙良夫、郑公子去疾及齐国之大夫盟于蜀。卿不书，匮盟也。于是乎畏晋而窃与楚盟，故曰匮盟。蔡侯、许男不书，乘楚车也，谓之失位。君子曰："位其不可不慎也乎！蔡、许之君，一失其位，不得列于诸侯，况其下乎？《诗》曰：'不解于位，民之攸塈。'其是之谓矣。"❶

《左传》定公十三年："荀跞言于晋侯曰，君命大臣，始祸者死，载书在河。"杜预解释说："为盟书沉之河"。❷盟书的书写材料往往是简牍，汉代刘邦还用铁券丹书，因此可以收藏，也可以沉埋，考古发现的侯马盟书也是如此。1965~1966年，山西考古工作者发掘了侯马市东的盟誓遗址，发掘了300多个坑，出盟书的坑共43个，盟书5 000多份。像匮盟这样的不书情况极为少见，本意是属于私下性质，只有言，但因为是盟的性质，所以用匮盟表示，后人不察，将匮盟解释为缺乏诚意的会盟。誓言的保存要借助文字进行语料的转换，因此保存下来的很少。

---

❶ （晋）杜预注，（唐）孔颖达等正义：《春秋左传正义》，上海古籍出版社1997年版，第1897页。

❷ 同上书，第2150页。

第三，盟以神作为证明和仲裁，用牲，而誓主要是体现神和君王的意志的行为，不用牺牲。盟的赌咒特征非常清楚，后果很严重，死国死家。《左传》僖公二十八年王子虎主盟时就说："有渝此盟，明神殛之。俾坠其师，无克祚国，及其玄孙，无有老幼。"❶

盟与诅性质相似，盟是针对双方约信，诅是惩罚一方失信。《周礼·春官·诅祝》谓当时有"诅祝"者："诅祝掌盟、诅、类、造、攻、说、会、祟之祝号。作盟诅之载辞，以叙国之信用，以质邦国之剂信。"郑玄注："八者之辞，皆所以告神明也。盟诅主于要誓，大事曰盟，小事曰诅。载辞，为辞而载之于策。"贾公彦疏曰："作盟诅之载辞者，为要誓之辞，载之于策，人多无信，故为辞，对神要之使用信，故云以叙国之信用。"❷《周礼·秋官·司盟》说："司盟掌盟载之法。凡邦国有疑会同，则掌其盟约之载及其礼仪，北面诏明神。既盟，则贰之。"❸所谓"载书"就是指盟辞。郑玄注："载，盟辞也。盟者书其辞于策，杀牲取血，坎其牲，加书于上而埋之，谓之载书。"❹孔颖达《礼记·曲礼下》作疏时说："盟之为法，先凿地为方坎，杀牲于坎上，割牲左耳，盛以珠盘；又取血，盛以玉敦，用血为

---

❶ （晋）杜预注，（唐）孔颖达等正义：《春秋左传正义》，上海古籍出版社1997年版，第1826页。

❷ （汉）郑玄注，（唐）贾公彦疏：《周礼注疏》，上海古籍出版社1997年版，第816页。

❸ 同上书，第881页。

❹ 同上书，第1266页。

盟书，成乃歃血而读书。"❶

诸侯之间的盟约，有一些复本，除了埋于坎之外，还分别藏于司盟之府等地，以备检勘。《周礼·秋官·大司寇》："凡邦之大盟约，涖其盟书，而登之于天府，大史、内史、司会及六官，皆受其贰而藏之。"❷孙诒让在《周礼正义》卷六九说："盖凡盟书，皆为数本，一本埋于坎，盟者各以一本归，而盟官复书其辞而藏之。其正本藏天府及司盟之府，副本又别授六官，以防遗失，备检勘，慎重之至也。"❸陈梦家《东周盟誓与出土载书》和田兆元《盟誓史》对此有比较详细的分析。

第四，盟双方的地位往往平等或相近，而誓不一定，也不考虑，因为誓的核心只是表达信用，可以对上帝直接宣誓，如《周礼·天官·大宰》说："祀五帝，则掌百官之誓戒，与其俱修"；❹也可以对具体的对象宣誓，如《诗经·氓》中男主人公对女主人公的情感表达："总角之宴，信誓旦旦"。❺《左传》隐公元年郑庄公对其母所说的决绝话语："（郑庄公）遂置姜氏于城颍，而誓之曰：'不及黄

---

❶（汉）郑玄注，（唐）贾公彦疏：《周礼注疏》，上海古籍出版社1997年版，第1266页。

❷ 同上书，第871页。

❸（清）孙诒让撰，王文锦、陈玉霞点校：《周礼正义（十一册）》，中华书局1987年版，第2855页。

❹（汉）郑玄注，（唐）贾公彦疏：《周礼注疏》，上海古籍出版社1997年版，第649页。

❺（汉）郑玄笺，（唐）孔颖达等正义：《毛诗正义》，上海古籍出版社1997年版，第324页。

泉，无相见也。'"❶又《左传》僖公二十四年，晋公子重耳为了表达不辜负子犯的决心，乃立誓曰："所不与舅氏同心者，有如白水。"并且"投其璧于河"。❷以上这种誓礼比较简单，是以自然神为见证，就是我们常说的起誓，用以表达宣誓者某种决心或特定情境下的情绪，更接近于自誓。

第五，盟有具体的物，如动物，以作太牢、少牢之礼，也有的用器，以作盟祀。如《邾公华钟》说："作阙禾钟，用敬恤盟祀，祈年眉寿，用乐我嘉宾，及我正卿，扬君灵，君以万年。"❸钟兼有祭祀、盟誓、祈寿、乐宾、敬君、娱神、追孝等多种功能。其中，钟的盟誓功能具有普遍意义，并不是个别。又如《徐王子旃钟》是自作钟，称"以敬盟祀，以乐嘉宾、朋友"❹等，把盟祀放在第一位。又《邾公华钟》说："铸其禾钟，以恤其祭祀盟祀，以乐大夫，以宴士庶子"❺等，皆属于此类。

三、《尚书》"六誓"和誓言语体的作者与常见仪式

（1）誓言体起源于军旅，成熟于西周。《周礼·秋官·士师》曰："誓，用之于军旅。"❻《甘誓》孔疏曰："将战而誓，是誓之大者……马融云：'军旅曰誓，会同曰

---

❶ （晋）杜预注，（唐）孔颖达等正义：《春秋左传正义》，上海古籍出版社1997年版，第1716页。

❷ 同上书，第1816页。

❸ 中国社会科学院考古研究所：《殷周金文集成（第一册）》，中华书局2007年版，第95页。

❹ 同上书，第190页。

❺ 同上书，第291页。

❻ （汉）郑玄注，（唐）贾公彦疏：《周礼注疏》，上海古籍出版社1997年版，第874页。

诰。'"❶《毛诗诂训传》提到的"九能"之说，《诗·鄘风·定之方中》"卜云其吉，终然允臧"句下毛传云："建国必卜之，故建邦能命龟，田能施命，作器能铭，使能造命，升高能赋，师旅能誓，山川能说，丧纪能诔，祭祀能语，君子能此九者，可谓有德音，可以为大夫"。❷又《墨子·非命上》云："先王之书，所以出国家、布施百姓者，宪也。……所以听狱制罪者，刑也。……所以整设师旅，进退师徒者，誓也。"❸

《尚书》中直接以"誓"命名的篇章共有6篇：《甘誓》《汤誓》《泰誓》《牧誓》《费誓》和《秦誓》。另外，《大禹谟》还保留了大禹出征有苗之前的一段誓师辞。战争之誓虽然不像诸侯盟誓的载书一样有严格的格式，但是其大体行文及内容也相对固定。《大禹谟》所载的誓师辞是大禹出征有苗时所作的军事动员令；《甘誓》是夏启在甘地讨伐有扈氏的誓师辞，《汤誓》是成汤讨伐夏桀时的誓师辞，《泰誓》三篇是武王伐殷，到达孟津时对参战的友邦冢君及将士所做的誓辞，誓辞的内容相似，都是对商纣王暴政的揭露和鞭挞；《牧誓》是周武王在商郊牧野，准备和商纣王决一死战之前对参战的盟军及西周将士所作的誓师辞；《费誓》是鲁君伯禽在费地率兵讨伐徐戎和淮夷时所作的誓师

---

❶ （汉）孔安国传，（唐）孔颖达等正义：《尚书正义》，上海古籍出版社1997年版，第257页。

❷ （汉）郑玄笺，（唐）孔颖达等正义：《毛诗正义》，上海古籍出版社1997年版，第316页。

❸ （清）孙诒让撰，孙启治点校：《墨子间诂》，中华书局2001年版，第267页。

辞；《秦誓》是秦穆公迎接战败归来的秦军时所作的忏悔之辞。《尚书》中的誓师辞是军礼仪式的体现，因此，誓言文体起源军旅是事实。孔颖达为《尚书·甘誓》作的注疏称："将战而誓，是誓言之大者"。❶这是和战后的《秦誓》比较，也与后代的誓言作为诚信的语言形式广泛使用有关，并不是说誓言一开始就分大小。从时间上看，流传下来的誓言语录在春秋以前都与战争有关，而从西周开始则被广泛使用于社会生活的各个方面，因此可以说誓言语体成熟于西周。

（2）誓言的作者和仪式。《左传》成公十三年指出："国之大事，在祀与戎"。❷亦即礼乐征伐自天子出。战争，在平王之前的王道时代，当然由天子发动，因此誓言的作者只能是天子或者出征元帅代天子誓言，像大禹发誓就是代言，商汤等则是自言。仪式则较为复杂。首先是对仪式的学习和训练。其主要有三个途径：第一个途径是春天的郊祀。《礼记·郊特牲》记载："季春出火，为焚也。然后简其车赋，而历其卒伍。而君亲誓社，以习军旅，左之右之，坐之起之，以观其习变也。"❸又《周礼·秋官·讶士》记载："凡邦之大事，聚众庶，则读其誓禁"，贾公彦疏曰："则讶士读其誓命之辞及五禁之法也"。❹从以上文献记载

---

❶（汉）孔安国传，（唐）孔颖达等正义：《尚书正义》，上海古籍出版社1997年版，第258页。

❷（晋）杜预注，（唐）孔颖达等正义：《春秋左传正义》，上海古籍出版社1997年版，第1911页。

❸（汉）郑玄注，（唐）孔颖达等正义：《礼记正义》，上海古籍出版社1997年版，第1450页。

❹（汉）郑玄注，（唐）贾公彦疏：《周礼注疏》，上海古籍出版社1997年版，第877页。

可知：誓言针对的的是国家大事，而国家大事主要就是祀与戎，而祀作为戎的练习，因此大事只指战争。所谓五禁，就是针对战争发出的禁令。这些都有专门的官员负责，说明誓言表达已经成为重要的礼仪形式。

第二个途径是军训。《周礼·夏官·大司马》对演习之礼及其过程中产生的"誓"有详细记载：

> 中春，教振旅，司马以旗致民，平列陈，如战之陈，辨鼓铎镯铙之用：王执路鼓，诸侯执贲鼓，军将执晋鼓，师帅执提，旅帅执鼙，卒长执铙，两司马执铎，公司马执镯。以教坐作进退疾徐疏数之节，遂以搜田，有司表貉，誓民，鼓，遂围禁，火弊，献禽以祭社。❶

郑玄注曰：

> 誓民，誓以犯田法之罚也。誓曰："无干车，无自后射，立旌遂围禁，旌弊争禽而不审者，罚以假马。"❷

贾公彦疏：

> 言"誓民"者，即下大阅礼"群吏听誓于阵前"……云"誓民，誓以犯田法之罚也"者，当司徒北面誓之时，小子斩牲，以左右巡陈也。云"誓曰无干车无自后射"者，此据《汉

---

❶❷（汉）郑玄注，（唐）贾公彦疏：《周礼注疏》，上海古籍出版社1997年版，第836页。

田律》而言。无干车，谓无干犯他车。无自后射，象战陈不逐奔走。又一解云："前人已射中禽，后人不得复射。"彼又云"无面伤"之等，象降者不逆击之。云"立旌遂围禁"者，旌，则下文大阅礼云"旗居卒间"者是也。云"旌弊"者，弊，仆也，田止旌则仆。云"争禽而不审者，罚以假马"者，谓获禽所算之筹。罚者，谓效功时争禽不审，即罚去其筹。

教振旅，就是军训。当然，其中也有狩猎和祭祀等系列活动。这些活动中的"誓民"是借助誓言的方式执法。因此，可以看作誓言的一种延伸的训练途径。

第三个途径是大阅兵，时间在秋冬季，作誓言的是司徒。《周礼·夏官·大司马》：

中冬，教大阅。……田之日，司马建旗于后表之中，群吏以旗物鼓铎镯铙，各帅其民而致，质明，弊旗，诛后至者，乃陈车徒，如战之陈，皆坐。群吏听誓于陈前，斩牲，以左右徇陈曰：不用命者斩之。❶

郑玄注：

群吏，诸军帅也。陈前，南面乡表也。《月令》："季秋，天子教于田猎，以习五戎，司徒搢扑，北面以誓之。"此大阅礼实正岁之中冬，而说季秋之政，于周为中冬，为《月

---

❶ （汉）郑玄注，（唐）贾公彦疏：《周礼注疏》，上海古籍出版社1997年版，第838页。

令》者失之矣。斩牲者，小子也。凡誓之大略，《甘誓》《汤誓》之属是也。❶

贾公彦疏曰：

……引《月令》者，证所誓者是司徒。使司徒誓者，此军吏及士，本是六乡之民，今虽属司马，犹是己之民众，故使司徒誓之也。❷

训练演习的主誓者是大司徒，听誓者是民，包括军吏和士兵。誓辞的内容主要是强调田猎的纪律，具体来讲大致有五点：不要侵犯他车、不要复射已被他人射过的禽类、不要攻击迎面而来的禽兽、让军旗永远立在士卒中间、不要争功。一般而言，演习之誓的主誓人不完全固定，可能是君王，也可能是部队的最高长官大司马或负责邦国之教的大司徒。而在春天郊祀的军事演习中，天子则亲自誓众。听誓之后的环节是战祷，先秦典籍中也有相关记载，《左传》成公十六年：

楚子登巢车以望晋军，子重使大宰伯州犁侍于王后。王曰："骋而左右，何也？"曰："召军吏也。""皆聚于军中矣！"曰："合谋也。张幕矣。"曰："虔卜于先君也。""彻幕矣！"曰："将发命也。""甚嚣，且尘上

---

❶❷（汉）郑玄注，（唐）贾公彦疏：《周礼注疏》，上海古籍出版社1997年版，第838页。

矣！"曰："将塞井夷灶而为行也。""皆乘矣，左右执
兵而下矣！"曰："听誓也。""战乎？"曰："未可知
也。""乘而左右皆下矣！"曰："战祷也。"❶

"听誓"时兵车上的士兵都要下车以示对主誓者的恭
敬。战祷时，士兵和御者都要下车，以表达对神明的敬畏，
祈求战争的胜利。

"听誓"的地点，上古三代各有不同。《尚书》中的
"誓"体篇章时代跨度很长，涉及上古、夏商、西周乃至春
秋五个历史时期，这种情况是《尚书》中誓所特有的。《司
马法·天子之义》说："有虞氏戒于国中，欲民体其命也。
夏后氏誓于军中，欲民先成其虑也。殷誓于军门之外，欲民
先意以待事也。周将交刃而誓之，以致民志也。"❷由此可
知，《尚书》中的誓辞产生的地点各有不同，大禹之誓是在
出征前，对国中军民发表的战争言辞，重视对民众参与精神
的动员和调动；《甘誓》是夏启在军中所作的誓辞，重视战
争的谋略；《汤誓》是商汤在军门之外所作的誓辞，重视战
前的准备工作；《泰誓》《牧誓》所作的时间则是在即将与
敌人交战之时，重视对将士士气的鼓舞和对敌方气焰的压
制。周代的誓辞在发生时间、内容、修辞方法等方面更加接
近后世的檄文。三代誓体篇章虽然发生的地点有所不同，但

---

❶（晋）杜预注，（唐）孔颖达等正义：《春秋左传正义》，上海古籍出版社
1997年版，第1918页。
❷（周）孙武、吴起、司马穰苴、孙子、吴子：《司马法》，见（清）纪昀、
（清）永瑢等：《景印文渊阁四库全书》，台北商务印书馆2008年版，第66页。

是其在激励士气、同仇敌忾以夺取战争胜利的总体精神方面是一致的，这也是三代礼制有所损益的一个表现。

誓言的表达时间一般在战前，也有少数在战争之间或之后。《秦誓》属于战后之誓，讲的是秦穆公在战争失败之后，面对战败归来的秦军所作的战争总结和自我忏悔，誓辞中暗含秦穆公自我发誓以后要任人唯才，考虑长远的治军、治国理想。

根据上述资料可以看出，誓言的仪式非常讲究。正如贾公彦所说：

"群吏听誓於陈前"者，士卒皆於后表北面坐，群吏诸军帅皆在士卒前南面立，以听誓。云"斩牲以左右徇陈"者，从表左右向外以徇陈。云"群吏，诸军帅"者，从军将以至伍长，谓象军吏建旗者也。……云"斩牲"者，《小子职》云"凡师田，斩牲以左右徇陈"是也。❶

誓言在表达的时候，主誓者根据其内容有相应的动作配合，而不是简单的说完一段话了事。既然如此，誓言并不是随意为之，而是经过精心的构思和设计。

四、《尚书》"誓"体的文体形态

（一）庄重严谨的语言风格

关于《尚书》誓体的语言风格，已经有一些学者作出探讨。南宋陈骙从誓体语言的逻辑性出发，认为春秋八体，其

---

❶ （汉）郑玄注，（唐）贾公彦疏：《周礼注疏》，上海古籍出版社1997年版，第838页。

"二曰誓，谨而严"。❶明代吴讷从发誓者的身份地位出发探讨之，说："按三代王言，见于书者有三：曰诰、曰誓、曰命。"❷徐师曾则从誓体的文体功能角度探讨之，在《文体明辨序说》中云："按誓者，誓众之辞也。蔡沈云：'戒也。'军旅曰誓，古有誓师之辞，如《书》称禹征有苗誓于师，以及《甘誓》《汤誓》《泰誓》《牧誓》《费誓》是也。又有誓告群臣之辞，如《书》《秦誓》是也。"❸因为是国之大事，因此誓言风格庄严，文字严谨，内容清晰。由于是代天发言，奉辞伐罪，因此要求绝对服从，赏罚分明。《尚书》中的誓辞，除了《秦誓》以外，其他各篇皆体现出绝对强制性的特点：

《甘誓》：用命，赏于祖；弗用命，戮于社，予则孥戮汝。

《汤誓》：尔尚辅予一人，致天之罚，予其大赉汝！尔无不信，朕不食言。尔不从誓言，予则孥戮汝，罔有攸赦。

《泰誓（下）》：功多有厚赏，不迪有显戮。

《牧誓》：尔所弗勖，其于尔躬有戮！

《费誓》：敢不逮，汝则有大刑；……峙乃刍茭，无敢不多；汝则有大刑！

---

❶（宋）陈骙：《文则》，见（清）纪昀，（清）永瑢等编纂：《景印文渊阁四库全书》第1480册，台北商务印书馆2008年版，第702页。

❷（明）徐师曾著，罗根泽校点："文体明辨序说"，见郭绍虞主编：《中国古典文学理论批评专著选辑》，人民文学出版社1982年版，第35页。

❸ 同上书，第119~120页。

服从命令则受到奖赏，不服从命令不但自己甚至家人都要付出生命的代价，这里以听誓者及其家人的生命作条件进行命令，无疑是级别最高的命令，其强制性语气也不言自明。

（二）发誓者和听誓者身份上的不平等性

无论是战前演习的纪律宣讲，还是正式战争中的动员令，发誓者都是高高在上的君王或是军队的最高统帅，听誓者只能被动倾听和绝对服从，没有发表意见或改变命令的权力。这是誓体和谟、诰、训等文体之间最明显的区别。

《甘誓》：嗟！六事之人，予誓告汝。

《汤誓》：格尔众庶，悉听朕言。

《泰誓（上）》：嗟！我友邦冢君越我御事庶士，明听誓。

《泰誓（中）》：呜呼！西土有众，咸听朕言。

上面所列誓辞的开头，主誓者用"嗟""格""呜呼"等发语词，以一种毋庸置疑的口气将听誓者带进庄严肃穆的听命情境，为其后进一步展开命辞作好铺垫。

不仅现场的发誓者为身份、地位很高的君王或统帅，而且在言说过程中，这些言说者还往往采用神道设教的言说策略，假托上天和祖先的意志或卜筮的结果，来增强誓辞的说服力。如：

《甘誓》：天用剿绝其命，今予惟恭行天之罚。

《泰誓（中）》：天其以予乂民，朕梦协朕卜，袭于休祥，戎商必克。

《泰誓（下）》：上帝弗顺，祝降时丧。……惟我文考若日月之照临，光于四方，显于西土。

《牧誓》：今予发惟恭行天之罚。

以上这些誓辞，君王都采用"神道设教"的言说策略，其中既运用了现实世界中等级最高的王权，最具强制精神的军权，也运用了当时人们心目中最为崇拜和畏惧的神权，同时将对生人的奖赏和祖先的荣耀联系起来。这三种权力交汇在一起，增加了命令的宗教化色彩，激发官兵英勇杀敌、建功立业的人生信念，增强了部队的凝聚力和战斗力。邹文贵说："在这种强制性话语中，它交汇着神权、王权与军权。换言之，正是因为三权交汇，才生成并凸显出先秦誓体的强制性特征。"❶

（三）简要明晰的三段式结构

通过对《尚书》所载誓体篇章内容的考察，可以看出，《尚书》誓体的文本结构主要包括数责敌方罪状、作战要求和奖惩措施三大部分。首先是"数责敌方罪状"，为攻打对方寻找合法依据，在舆论和道义上占据制高点，在气势上压倒对方。如《汤誓》：

王曰："格尔众庶，悉听朕言，非台小子，敢行称乱！有夏多罪，天命殛之。今尔有众，汝曰：'我后不恤我众，舍我

---

❶ 邹文贵："先秦誓言体战争散文论析"，载《哈尔滨师范大学社会科学学报》2011年第2期，第72~76页。

穑事而割正夏？'予惟闻汝众言，夏氏有罪，予畏上帝，不敢不正。今汝其曰：'夏罪其如台？'夏王率遏众力，率割夏邑。有众率怠弗协，曰：'时日曷丧？予及汝皆亡。'夏德若兹，今朕必往。尔尚辅予一人，致天之罚，予其大赉汝！尔无不信，朕不食言。尔不从誓言，予则孥戮汝，罔有攸赦。"

这里的主誓人成汤数责夏桀的种种罪行以激起民愤，包括"不恤民众""舍其穑事""率遏众力""率割夏邑"等。

其次是下达作战命令，对我方军队战略战术进行布置和通告，让将士领会战役精神。夏、商时期誓体篇章对作战要求的描述都比较简单，周代誓体篇章对作战要求的记录则相对复杂，如《牧誓》对部队的战术和队列队形都有详细的布置和要求：

今日之事，不愆于六步、七步，乃止齐焉。夫子，勖哉！不愆于四伐、五伐、六伐、七伐，乃止齐焉。勖哉，夫子！尚桓桓。如虎、如貔、如熊、如罴，于商郊！弗迓克奔，以役西土。

有些学者认为这是战争之前的舞蹈，❶但是笔者认为，这是对部队作战之时队列队形的规定。

---

❶ 刘起釪：《古史续辨》，中国社会科学出版社1991年版，第289~302页；徐正英："甲骨刻辞中的文艺思想因素"，载《甘肃社会科学》2003年第2期，第36~41页。

《甘誓》和《汤誓》对于作战要求描述都很笼统，这说明当时部队的进攻队形等尚未成熟，军礼仪式也没有固定。而《泰誓》《牧誓》《费誓》则记载了更为明确详细的作战要求。一方面是君王誓众次数增多，纪律的要求也由简而繁。《甘誓》《汤誓》都只有一篇，而武王伐纣的誓言却有四篇：《泰誓》三篇和《牧誓》一篇。《费誓》中鲁公伯禽连续用了8个"无敢"强调部队的禁忌，又用了3个"常刑"，2个"大刑"，1个"无余刑"来对将士进行警告和恐吓，以保证部队纪律严明，征伐凯旋。由此可以推知，很多礼制在虞、夏、商时期尚处于简单的状态，但到了周代，这些礼制都被周人继承、发展并形成相对稳定的制度和体系。军队誓众之辞由最初的一次，到后来的再三命令和告诫，最终定型为三令五申。关于"三令五申"的制度，"三礼"中没有提到，但是从《泰誓》（三篇）中，已经看到这个制度的初始状态。最早提到"三令五申"的文献是《尹文子》："将战，有司读诰誓，三令五申之，既毕，然后即敌。"❶其次是《史记·孙子吴起列传》："约束既布，乃设铁钺，即三令五申之。"❷东汉张衡在《东京赋》说："三令五申，示戮斩牲。陈师鞠旅，教达禁成。"《文选》注云："陈师，犹列师众也。鞠之言告也。教达，谓三令五申，禁令已行。军法成也。"❸这说明，最迟在战国时期，军队的

---

❶ 《文选·东京赋》引用此语。但今本《尹文子》中未见此语。

❷ （汉）司马迁：《史记》，中华书局1963年版，第2161页。

❸ （南朝梁）萧统编，（唐）李善注：《文选》，中华书局1977年版，第62页。

誓命仪式就已经成熟并形成"三令五申"的固定礼仪形式，产生于这些礼仪形式的誓体自然随之成熟。

誓体篇章的最后一部分无一例外都是提出对参战人员的奖惩措施，以鞭策将士戮力同心，奋勇杀敌，最终取得战争的胜利。上古三代大战前夕的一个规定礼节就是听誓斩牲。《周礼·夏官·大司马》："群吏听誓于陈前。斩牲，以左右徇陈，曰：'不用命者斩之'"。郑玄注："群吏，诸军帅也。陈前，南面乡表也。……斩牲者，小子也。凡誓之大略，《甘誓》《汤誓》之属是也。"[1]奖罚分明是提高部队政令执行力的必要措施，所以在所有的誓辞中奖惩措施的力度都非常大，立下军功的将士将在祖庙中接受帝王的奖赏，违反纪律和军令者将被就地正法，付出自己甚至家人的生命。服从军令和违反军令带来的结果形成的巨大反差，以及在国家、祖先、个人荣誉感的共同感召下，将士们更加奋勇争先、同仇敌忾，最终取得胜利，凯旋故里。《诗经》里的很多诗歌就是将士这种心态的真实反映，如《秦风·无衣》《小雅·六月》等。

（四）体现公平正义，形成合力

听誓的人员情况很复杂，如《牧誓》中的听誓对象不仅有周人本族人，而且还有异族的"庸、蜀、羌、髳、微、卢、彭、濮"人，如何将这些异族之人团结起来，结成联盟，共同对付荒淫无道的商纣王呢？这需要政治智慧，周代统治者具体有三种方法。

---

[1]（汉）郑玄注，（唐）贾公彦疏：《周礼注疏》，上海古籍出版社1997年版，第838页。

第一，示之以德。《墨子·非命上》："昔者文王封于岐周，绝长继短，方地百里，与其百姓兼相爱，交相利则。是以近者安其政，远者归其德。闻文王者，皆起而趋之；罢不肖、股肱不利者，处而愿之，曰：'奈何乎使文王之地及我，吾则吾利，岂不亦犹文王之民也哉！是以天鬼富之，诸侯与之，百姓亲之，贤士归之。未殁其世而王天下，政诸侯。'"❶在周文王时期，周人就对本族人及其周围各族人示之以德，笼络人心，使他们归附并紧密团结在周人周围。当周武王对商纣发动战争时，周人便和这些异族人结成联盟，共同伐纣，最终一举推翻商朝统治。

第二，待之以礼。就整体看，誓言采用的都是软硬兼施的办法，但不分你我。如周武王在《泰誓》中说："天其以予乂民，朕梦协朕卜，袭于休祥，戎商必克。受有亿兆夷人，离心离德。予有乱臣十人，同心同德。虽有周亲，不如仁人。天视自我民视，天听自我民听。百姓有过，在予一人，今朕必往。我武维扬，侵于之疆，取彼凶残。我伐用张，于汤有光。勖哉夫子！罔或无畏，宁执非敌。百姓懔懔，若崩厥角。呜呼！乃一德一心，立定厥功，惟克永世。"这里周武王对听誓者采取的友善包容态度十分明显，在誓言开头就表明态度：如果战争胜利了是百姓的荣誉，如果战争失败了则自己一个人承担责任。这种彬彬有礼的态度，大大增强了周人与其结盟者的信任度和凝聚力。

第三，结之以义。《墨子·非命上》："乡者言曰：义

---

❶ （清）孙诒让撰，孙启治点校：《墨子间诂》，中华书局2001年版，第269页。

人在上，天下必治，上帝、山川、鬼神，必有干主，万民被其大利。吾用此知之。"❶墨子所说的"义"，具体包括在家孝顺父母，在外尊敬乡人，做事合乎礼节，并能做到赏罚分明和劝善止暴。在墨子心目中，周文王、周武王就是懂得"义"的圣王。只有这样的君主才能享有天命，成为天下主人。武王伐纣就是打着"有义"讨伐"无义"的大旗，才能团结西土贤能之人和"庸、蜀、羌、髳、微、卢、彭、濮"等异族盟友，在商郊牧野打败商纣，取得政权。

中华民族多民族和平共处、多元一体，其根本原因就在于各民族能够互相示之以德、以义，待之以礼、以诚，尊重彼此的信仰。舜帝修文德感化有苗，诸葛亮七擒孟获等都被传为历史佳话。这种精神将会世代相传，绵延不断。

上古到三代，誓言体既有相同点，也有变化。除了篇幅变长，修辞手法逐渐丰富以外，誓言体篇章最明显的变化就是听誓者成分的变化：《甘誓》时期是"六卿"，《汤誓》时期是"众庶"，《泰誓》时是"友邦冢君越我御事庶士"，《牧誓》时则更为复杂，包括"友邦冢君御事，司徒、司邓、司空、亚旅、师氏、千夫长、百夫长及庸、蜀、羌、髳、微、卢、彭、濮人"。这些变化表明，随着听誓者成分的增多和复杂，盟的因素已经在誓体之中悄悄孕育，到西周时期它已经成为一种新的言语表达方式和文体形式。

五、诰体与西周统治者稳固政权的措施

在中国历史上，每一个新政权在建立之初，都会采取

---

❶ （清）孙诒让撰，孙启治点校：《墨子间诂》，中华书局2001年版，第270页。

"休养生息"的政策，并提出勤勉为政、体恤百姓、减免税收等一系列开明的政治主张。西周统治者在建国之初也一再强调"敬天保民""明德慎罚"等思想。但是实际上这些话只对周王朝的子民适用，而对于殷朝遗民来说，周代统治者则有另外的措施，一方面对于殷遗民实施残酷镇压，并冠之以"明致天罚"的借口；另一方面，强调和宣传自己推翻殷王朝行为的合法性，并称自己是奉天之命，统治殷民。这两种措施的交替使用，使得周代统治者成功实现对殷遗民人身和意识的双重控制，从而实现周政权的巩固。这一点，在周初的诰文中有明显体现。

首先，周人对殷遗民交替使用"残酷镇压"与"政策宣传"两种手段。周初诰文基本上都是周代君主在推翻商王朝，夺得其政权后对其遗民发出的政治宣言，内容主要包括：批判前代君主的失道行为，赞扬本朝君主奉天承命、为民作主的担当精神，最后警告前代遗民遵纪守法，否则将受到严厉惩罚。这些诰文字里行间流露出周人对本族及其原来所管辖民众的宽厚温和以及对商代遗民的恐吓与奴役。《周书·梓材》云："先王既勤用明德，怀为夹，庶邦享作，兄弟方来。亦既用明德，后式典集，庶邦丕享"，孔安国传："言文、武勤用明德，怀远为近，汝治国当法之。众国明享于王，又亲仁善邻，为兄弟之国方皆来宾服，亦已奉用先王之明德。"❶这里可以看出周初文王、武王对邻国和诸侯国是"勤用明德""亲仁善邻"的，所以成王告诫康叔要以先

---

❶（汉）孔安国传，（唐）孔颖达正义：《尚书正义》，上海古籍出版社2007年版，第567页。

王的治国之法为榜样。但是这种方法指称的对象是周朝的庶邦、兄弟之国，即周人本族邦国和原来归顺其统治的邻邦。而对于殷朝遗民，表面上看周初统治者实行的也是"明德慎罚"的政策，实际上则是奴役和镇压。《周书·康诰》记载成王告诫康叔的话："呜呼！封，敬明乃罚。人有小罪，非眚，乃惟终自作不典；式尔，有厥罪小，乃不可不杀。乃有大罪，非终，乃惟眚灾：适尔，既道极厥辜，时乃不可杀。"这里成王强调殷民如果没有意识到自己的错误，即使犯小罪也要格杀勿论，如果他们能意识到自己的错误并能自我反省，即使犯下大罪也可以不杀。那么，这些罪行具体有哪些呢？从《康诰》里也能找到一些答案："凡民自得罪：寇攘奸宄，杀越人于货，暋不畏死，罔弗憝。……今惟民不静，未戾厥心，迪屡未同，爽惟天其罚殛我，我其不怨。惟厥罪无在大，亦无在多，矧曰其尚显闻于天。"从中可以看出，所谓的罪大概指的是殷民不服从于周人统治，敢于越轨的种种心理和行为。对于这种行为，不管大小都要打着"违抗天命"的旗号，予以坚决打击和消灭。虽然前面，成王告诫康叔对于殷民所犯罪行要区别对待，"敬明乃罚"，但是这应该是一个口号性质的幌子，因为"眚"与"不眚"是一个形而上的抽象概念，不可能用物化的东西来衡量，完全存在人心里，你说它有就有，说它没有就没有。而罪行是可以看得见的，如"寇攘奸宄""杀越人于货""不服从管理"等。这实际上是将对殷民生杀予夺的权力授予康叔，由他根据个人意愿任意处置。不仅如此，成王还为康叔即将在统治殷人过程中的杀罚行为寻找依据，他说："非汝封刑人杀人，无或刑人杀人。非汝封又曰劓刵人，无或劓刵人。"

孔颖达疏曰："以刑者政之助，不得已即用之，非情好杀害。"❶孙星衍《尚书今古文注疏》："刑人之刑，《说文》作刭，云刭也，字与荆不同。……刵者，《说文》云断耳也。言刑杀皆由天讨，非汝所得专，毋或擅刑杀人，又告之以虽轻刑如劓刵，毋或专之。"❷孙氏认为成王所言之本意是，刑杀是上天讨伐殷民的行为，康叔不能擅自做主施行之。言下之意是，如果康叔施行刑法，则是奉天命而动。这实际上是周人为随意处置殷遗民寻找借口。李民在《〈尚书〉与古史研究》中说："《康诰》的这一段话，必须予以认真分析，不能仅从表面文字上说解，因为它表面上是说不要擅刑擅杀，而它的背后却隐藏着一个实质性的问题，即奴隶主本来是可以对奴隶施以去鼻割耳等酷刑，甚至可以任意杀害奴隶的。"❸李氏的看法独到而深刻，他透过表象看到周代对殷民严酷镇压的实质。《康诰》反复申述的只有一件事，就是成王告诫康叔如何防范、管理和镇压殷遗民。可见，周初统治者为巩固自己的政权，在对付前朝遗民方面可谓煞费苦心。

另外，大肆进行舆论宣传，宣扬自己的行为符合天意，以占领道义制高点，这是周代统治者实现对殷民控制的又一策略。《大诰》："天休于宁王，兴我小邦周，宁王惟卜用，克绥受兹命。"《康诰》："我西土惟时怙，冒闻于上

---

❶（汉）孔安国传，（唐）孔颖达正义：《尚书正义》，上海古籍出版社2007年版，第537页。

❷（清）孙星衍：《尚书今古文注疏》，见王云五主编：《丛书集成》，商务印书馆1936年版，第270页。

❸ 李民：《〈尚书〉与古史研究》，中州书画社出版1983年第2版，第252页。

帝，帝休，天乃大命文王殪戎殷，诞受厥命越厥邦、厥民，惟时叙。乃寡兄勖，肆汝小子封在东土。"《召诰》："呜呼！皇天上帝，改厥元子兹大国殷之命。惟王受命，无疆惟休，亦无疆惟恤。"❶《酒诰》再次强调："庶群自酒，腥闻在上，故天降丧于殷，罔爱于殷，惟逸。天非虐，惟民自速辜。"《多士》："尔殷遗多士，弗吊旻天，大降丧于殷。我有周佑命，将天明威，致王罚，敕殷命，终于帝。"孔安国传："顺其事称以告殷遗余众士。"❷李民认为，"多士"指的是殷人原来的贵族，他们在入周以后大多数变成奴隶头目。❸这些殷代贵族和归降将士应该比殷代的普通民众更加仇恨周代统治者，"擒贼先擒王"，周代统治者敏锐地意识到这一问题，所以在讲话时不厌其烦地反复强调自己统治的合法性，这就将其统治披上了一层温情脉脉的宗教外衣，这是运用"神道设教"的方式，对殷遗民成功实现意识形态的渗透和控制，最终实现对殷人政权的顺利接管。

其次，周人实施分封诸侯，天下为家的统治策略。除了对殷遗民实施"残酷镇压"与"政策宣传"的措施以外，周人还探索出另一个行之有效的统治措施——分封制。分封制是建立在以血缘为纽带的宗法家长制基础之上的封建政权管理制度。

分封制的产生和实施，最初的目的就与周人对殷遗民的

---

❶（汉）孔安国传，（唐）孔颖达正义：《尚书正义》，上海古籍出版社2007年版，第579页。

❷ 同上书，第618页。

❸ 李民：《〈尚书〉与古史研究》，中州书画社出版1983年第2版，第247页。

统治策略有关。《尚书》特别是周初诰体篇章中有多处内容可以印证这一观点。武王打败商纣王，取得政权以后，为巩固政权，实施分封制，派周姓王室子弟去各地管理殷朝遗民。《尚书·大诰》序："武王崩，三监及淮夷叛，周公相成王，将黜殷，作大诰。"孔传："三监，管、蔡、商；淮夷，徐、奄之属；皆叛周。"❶即使是王室子弟也不能完全保证政权的稳固性，所以成王在重新委派康叔接替管、蔡二叔监管殷朝遗民时格外慎重，反复叮嘱他要警惕殷人暴乱，威胁新生政权。《康诰》《酒诰》《梓材》三篇诰体文章就是成王分封其贤母弟康叔时的叮嘱之词。《尚书·康诰》序："成王既伐管叔、蔡叔，以殷余民封康叔，作《康诰》《酒诰》《梓材》。"❷又《左传》定公四年对此有更为详细的说明：

　　昔武王克商，成王定之，选建明德，以蕃屏周。……分鲁公以大路、大旂，夏后氏之璜，封父之繁弱，殷民六族，条氏、徐氏、萧氏、索氏、长勺氏、尾勺氏，使帅其宗氏，辑其分族，将其类丑，以法则周公。用即命于周。是使之职事于鲁，以昭周公之明德。分之土田陪敦、祝、宗、卜、史，备物、典策，官司、彝器；因商奄之民，命以伯禽而封于少暤之虚。分康叔以大路、少帛、綪茷、旃旌、大吕，殷民七族，陶氏、施氏、繁氏、锜氏、樊氏、饥氏、终葵氏；封畛土略，

---

❶　（汉）孔安国传，（唐）孔颖达正义：《尚书正义》，上海古籍出版社2007年版，第504页。

❷　同上书，第529页。

自武父以南及圃田之北竟，取于有阎之土以共王职；取于相土之东都，以会王之东蒐。聃季授土，陶叔授民，命以《康诰》而封于殷虚。皆启以商政，疆以周索。分唐叔以大路、密须之鼓、阙鞏、沽洗、怀姓九宗，职官五正。命以《唐诰》而封於夏虚，启以夏政，疆以戎索。三者皆叔也，而有令德，故昭之以分物。不然，文、武、成、康之伯犹多，而不获是分也，唯不尚年也。❶

可见，周王将自己最信任的同族宗亲派到各地对殷遗民实施镇压和管理，周代初期政权的成功巩固说明分封制确实是一项行之有效的国家行政管理制度。《诗经》云："溥天之下莫非王土，率土之滨莫非王臣。"❷ "四海之内皆兄弟"❸以及"惟孝，友于兄弟，克施有政"（《尚书·君臣》）等说法，正是这一制度在文化领域和文学作品中留下的痕迹。

分封制在周初的政权巩固过程中确实发挥了极大的作用，但是由于这一制度缺少与之配套的制约诸侯权力的机制，往往容易导致王室权力被架空、诸侯各自为政的混乱局面，春秋五霸、战国七雄就是这一制度的产物。诸侯争霸，生灵涂炭，往往危及中央政权的稳定，因此这一制度后来逐

---

❶ （晋）杜预注，（唐）孔颖达等正义：《春秋左传正义》，上海古籍出版社1997年版，第2134~2135页。

❷ （汉）郑玄笺，（唐）孔颖达等正义：《毛诗正义》，上海古籍出版社1997年版，第463页。

❸ （魏）何晏等注，（宋）邢昺疏：《论语注疏》，上海古籍出版社1997年版，第2502页。

渐被中央集权制所取代。

六、命体与周人维护政权长治久安的政治理想

《周书·微子之命》中成王首先提出要维护周代政权国运昌盛，其次他称赞成汤功德广大，要求微子要向其祖成汤学习"惟稽古，崇德象贤"。文章的最后，成王以命令的口吻要求微子务必做到"弘乃烈祖，律乃有民，永绥厥位，毗予一人。世世享德，万邦作式，俾我有周无斁。呜呼！往哉惟休，无替朕命"。《周书·毕命》："公其惟时成周，建无穷之基，亦有无穷之闻。"由此可见，追求政权的长治久安是周王的最高理想，为达到此目的，周代的统治者提出一系列思想和主张，主要包括两点。

1. 以德治国的德政思想

殷商的灭亡给宗教神学带来了危机，它失去了往日无所不能的神奇力量，从此人们对天的意志，对君权神授思想产生了怀疑。《君奭》篇就有"天不可信"之说，而人民的伟大力量在这次运动中毫无疑问地显示了出来，它迫使统治者认识到这种力量并考虑用新的方式统治臣民。周代统治者修正传统宗教神学，明确提出"敬德保民"与"明德慎罚"等德治主张，并将其贯彻到治国、选官、教民的实践之中。王定璋认为推行德治是由"德教"与"德政"两个层面构成，主要是以德治官和以德治君。"以德治官"要求百官必须恪尽职守，为民办事；"以德治君"是对君主而言，要求君主要以德修身，以身作则，否则将会受到"天命"的谴责

及民众的抛弃。❶王氏分析得很深刻，但是还有一点需要补充，推行德治除了以德治官和以德治君，还应该包含以德教民。

首先，以德治国要做到"以德治君"。周人对高尚德行反复赞美，并将德行的好坏和政权的更替紧密联系起来。周代统治者从夏、商王朝灭亡的教训中，总结维护政权持久的经验。《尚书·毕命》说："惟德惟义，时乃大训。不由古训，于何其训。"周人认为王者是代上天在行使统治下民的权力，当统治者德行良好的时候，国运就会昌盛，反之，如果其道德沦丧，对百姓滥施刑罚，那么国家就离灭亡不远了。聂培德说："统治阶层的品行不端会直接反映到人民之中，因为统治者品行不端，没有统治的能力，整个国家不得不遭受苦难。……这种矫正行为的最终创造者是上天，它选择有德之人作为改革现世的工具。上天从前任的统治者手中夺走天命，赠与新的统治者。"❷这一政权更替规律也正是周人在政权建立初期就已经具备的历史意识，并以此教育后来的帝王、官员，甚至普通百姓。《周书·毕命》康王说："呜呼！父师，惟文王、武王敷大德于天下，用克受殷命。……惟公（周公）懋德，克勤小物，弼亮四世，正色率下，罔不祗师言。"这里康王将其先王取得政权的原因归结为能广布大德，而周公能够辅佐文、武、成、康四世并取

---

❶ 王定璋："'明德慎罚'——《尚书》的'以德治国'思想探析"，载《中华文化论坛》2003年第4期，第66—69页。

❷ ［芬兰］聂培德著，齐畅译、张继军校："从《尚书》看周代思想中的天与王朝更迭"，载《求是学刊》2009年第2期，第30—34页。

得佳绩的主要原因也在于其能"懋德"和"克勤"。德行，在周代被反复强调，商末统治者却持与此完全不同的观点。《商书·西伯戡黎》记载西伯（文王）打败商王的属国黎国时，其势力威胁到商纣王的统治，祖伊感到恐慌，告诫商纣王，纣王却说："呜呼！我生不有命在天？"显然，商纣王认为自己享受国家的命运是上天赐予的，并且会终身甚至世代享受这种恩赐，因此忽视了敬德、爱民、廉政等人事方面的努力。正是在这种天命观的影响下，商纣王荒淫无道，用乱败德，最终导致殷朝的灭亡。《周书·冏命》："今予命汝作大正，正于群仆侍御之臣，懋乃后德，交修不逮。……后德惟臣，不德惟臣。"孔安国传："侍御之臣无小大亲疏，皆当勉汝君为德，更代修进其所不及。……君之由德，惟臣成之，君之无德，惟臣误之。言君所行善恶，专在左右。"❶这是周穆王任命伯冏为周太仆正时，对他从事此官后为政职能的交代，要求他帮助帝王成就德行。从这里也可以看出，周代帝王左右的官员，最主要的职能之一就是监督君主的言行，使之符合道德标准。

其次，以德治国要做到"以德治官"。正因为周代统治者看到了天命、德行和国运之间的关系，所以他们在任官、行政等方面都把"德行"作为重要的参考条件。《周书·蔡仲之命》中，成王告诫蔡仲，上天对所有下民一视同仁，惟有德行高尚之人才能得到其眷顾："皇天无亲，惟德是辅；民心无常，惟惠之怀。为善不同，同归于治；为恶不同，

---

❶ （汉）孔安国传，（唐）孔颖达正义：《尚书正义》，上海古籍出版社2007年版，第766~767页。

同归于乱。尔其戒哉。"孔颖达疏曰："天之于人，无有亲疏，惟有德者则辅佑之。"❶

最后，以德治国还要做到"以德教民"。《尚书·毕命》："呜呼！父师，邦之安危，惟兹殷士。不刚不柔，厥德允修。"这里，康王不但要求毕公自己要有德行，还提醒他要重视对殷遗民道德修养方面的教育，这样才能让他们成为周代顺民，维护周政权的安定。这样的思想不仅在命体中有所体现，在诰体中也多有反映。《酒诰》是周代统治者施行的戒酒令，其重要内涵是强调德教。由于嗜酒之俗的流行，"我民用大乱丧德"，究其根由，"亦罔非酒惟行"。《酒诰》又云："文王诰教小子有正有事：无彝酒。越庶国：饮惟祀，德将无醉。惟曰我民迪小子惟土物爱，厥心臧。聪听祖考之遗训，越小大德。"这里，成王以文王的名义告诫民众不要沉溺于酒，即使在祭祀、庆典或欢庆丰收之际不得不饮酒时，也要时刻念念不忘德，因为"德将无醉"。

通观《尚书》，其中"德"字出现的频率很高，几乎每篇都有。但是每个时代"德"的内涵各有不同，《夏书》中的德主要是指统治者的美德、德行，属于伦理范畴。如"否德忝帝位""惇德允元"（《尧典》），"允迪厥德""天命有德"（《皋陶谟》）。《商书》中的德已含有恩惠、好处的意思，属于价值范畴，如"施实德于民""式敷民德"（《盘庚》），把给老百姓的实惠作为统治者的施政纲领，

---

❶ （汉）孔安国传，（唐）孔颖达正义：《尚书正义》，上海古籍出版社2007年版，第662页。

带有目的论色彩。但无论是《夏书》还是《商书》都只是把天与德或民与德联系起来，直到《周书》才把天、民和德三者真正联系在一起，把天与民放在同等重要的位置，要求统治者要敬天、明德、保民，在这三者之中敬天和明德都以保民为最终旨归。《周书》19篇，几乎篇篇讲到天、德、民及三者之间密不可分的关系。如《周书·泰誓》："无辜吁天，秽德彰闻。惟天惠民，惟辟奉天。有夏桀弗克若天，流毒下国。天乃佑命成汤，降黜夏命。"《周书·微子之命》："乃祖成汤克齐圣广渊，皇天眷佑，诞受厥命。抚民以宽，除其邪虐，功加于时，德垂后裔。"《周书·洛诰》："公称丕显德，以予小子扬文武烈，奉答天命，和恒四方民，居师；惇宗将礼，称秩元祀，咸秩无文。"《周书·君奭》："天休兹至，惟时二人弗戡。其汝克敬德，明我俊民，在让后人于丕时。"张幼良认为："这种把人民由国家的客体转到主体，从根本上改变人民地位的思想，具有划时代的意义。"❶ "以德治君""以德治官"和"以德教民"统治思想的提出，从根本上说就是统治者重视民众力量，关注民生的表现。

肇自《尚书》的德政思想具有深刻的历史意义和伟大的现实力量，作为一种牢不可破的传统文化精华，已经深深刻在历代统治者的思想深处，影响他们的执政方针和对民政策。考察中国封建社会的全部历史，可知，凡是推行德治的王朝，政治都比较清明，社会相对稳定，人民能够安居乐

❶ 张幼良："《尚书》德治思想探赜"，载《昆明师专学报（哲学社会科学版）》1993年第3期，第22~28页。

业。这其中难免有封建史学家的溢美成分，但《尚书》中"德治"思想的影响确实也不容忽视。

2. 以人为本的人本主义思想

夏商周时期，特别是殷商之际，是中国历史上第一个社会发生大变革的时期，王国维曾言："中国政治与文化之变革，莫剧于殷、周之际。"❶虽然天命神学思想依然占据主导地位，但周人已逐步从原始宗教的蒙昧中走出，他们理性思维的发展与自我意识的觉醒正呈现出加速状态。《尚书·泰誓上》提出："惟天地万物父母；惟人万物之灵。"言词虽然简短，然而身为人的优越性与自豪感显露无疑。由于人是万物中最尊贵者，故而对于生命的珍惜与尊重自是顺理成章，《尚书·大禹谟》载皋陶称赞帝舜云："与其杀不辜，宁失不经，好生之德，洽于民心。"这里，皋陶强调对于生命要珍惜与尊重，反对随意杀戮。《周书·君牙》："今命尔予翼，作股肱心膂，缵乃旧服。无忝祖考，弘敷五典，式和民则。尔身克正，罔敢弗正，民心罔中，惟尔之中。夏暑雨，小民惟曰怨咨；冬祁寒，小民亦惟曰怨咨。厥惟艰哉！思其艰以图其易，民乃宁。"穆王要求君牙牢记百姓艰辛，时刻关注民生，这样才能追配文、武二王之大命。

周人还强调轻神权，重人权。上古巫师与君王既为一体，巫术神权在国家政治生活中占有绝对权威，《左传》谓古代"国之大事，在祀与戎"，❷这说明那时除了战争，

---

❶ 王国维：《观堂集林》，中华书局1959年版，第451页。

❷ （晋）杜预注，（唐）孔颖达等正义：《春秋左传正义》，上海古籍出版社1997年版，第1911页。

国事的中心内容就是巫术和祭祀活动。《尚书》也多处反映出这种情况，《虞书·大禹谟》记载舜帝要禅帝位于大禹，就用"鬼神其依，龟筮协从"来说服大禹继承帝位，帝曰："禹！官占惟先蔽志，昆命于元龟。朕志先定，询谋佥同，鬼神其依，龟筮协从，卜不习吉。"禹于是在谦让后接受帝位。《周书·洪范》记载大禹时期的洪范九畴，其中第七畴就是考证疑事的办法："汝则有大疑，谋及乃心，谋及卿士，谋及庶人，谋及卜筮。汝则从，龟从，筮从，卿士从，庶民从，是之谓大同。身其康强，子孙其逢，汝则从，龟从，筮从，卿士逆，庶民逆吉。卿士从，龟从，筮从，汝则逆，庶民逆，吉。庶民从，龟从，筮从，汝则逆，卿士逆，吉。汝则从，龟从，筮逆，卿士逆，庶民逆，作内吉，作外凶。龟筮共违于人，用静吉，用作凶。"因大禹治理水土有功，天帝赐予他治理天下的大法，称为"洪范"。从上文考证疑事的做法可以看出，凡是"龟从""筮从"，不管"卿士""庶民"是逆还是从，形势都是吉利的；凡是龟、筮有一个"逆"的，形势都有不吉利的因素；龟、筮都逆，则说明行动都不吉利，不可轻举妄动。由此可以看出上古时期，相比人事来说，龟、筮的权威更大。

而与之相反，周代是一个重人事、重制度的时代，神灵的权威开始式微。叶新源说："作为神权对立面的人权就是要摆脱来源于普遍和永恒的神法或神意束缚，否定那种以为不对'神'顶礼膜拜，'个体'的人便会无法生存的愚昧思想。其主要表现就是尊敬人的自然属性，以人为中心，求得

生存权，重视人伦物理和人本身的尊严。"❶《尚书》中的
《周书》部分正反映了这种理念。从《虞书》到《周书》在
思想上有一个显著特点，就是由"天命神授"向"敬天保
民"的演变。《虞书·大禹谟》禅让帝位和任命官职首先要
问命于蓍、龟，《尚书·无逸》，却多讲"惠民、保民"，
维护庶民甚至弱势群体的权益。周公要求成王要能做到"保
惠于庶民，不敢侮鳏寡"。《尚书·康诰》云：王曰："呜
呼！肆汝小子封。惟命不于常，汝念哉！无我殄享，明乃服
命，高乃听，用康乂民。"在整个《周书》中，"天"讲得
少了，"庶民""小人"讲得多了，这说明人们考虑问题已
经能够更多地重视人的因素，不再对鬼、神盲目膜拜了，这
无疑是周代以来人们思想领域发生的重大变化。《尚书》中
的"民本"思想被后世儒家继承并发扬光大，孔子就提倡
"养民也惠，其使民也义"，❷孟子"民贵君轻"的说法，
后来唐太宗将君、民关系比喻成舟和水，认为"水能载舟，
水亦能覆舟"，等等。这些都是对民众力量重视的表现，也
说明《尚书》开创的"民惟邦本，本固邦宁"的民本主义思
想深入人心。

诰、誓、命这三种文体之间关系密切，在后世的流变轨
迹也很相近，故可以放在一起讨论。诰，《说文解字注》：
"诰，告也"，段注："以言告人。古用词字，今则用告

---

❶ 叶新源："从先秦史书、子书角度观照中国人权"，载《江西社会科学》
2005年第5期，第175~177页。
❷ （魏）何晏等注，（宋）邢昺疏：《论语注疏》，上海古籍出版社1997年
版，第2474页。

字。以此诰为上告下之字。又秦造诏字，惟天子独称之。《文选》注卅五引《独断》曰：'诏犹告也。三代无其文。秦汉有也。'据此可证，秦以前无诏字。"❶《文选》和《文心雕龙》未提到诰体，因为秦汉以后发明诏体代替三代的诰体，故诰体名称遂不列。誓，《说文解字注》："誓，约束也"，段注："《周礼》'五戒'，一曰誓，用之于军旅。按凡自表不食言之辞皆曰誓。亦约束之意也。"❷又《文心雕龙·祝盟》谈到："在昔三王，诅盟不及，时有要誓，结言而退。"❸《文心雕龙·史传》："古者，左史记事者，右史记言者。言经则《尚书》，事经则《春秋》。唐虞流于典谟，商夏被于诰誓。"❹可见誓、诰是夏商周主要的诏令类材料。当时誓的形式很简单，结言而退。对于命，《说文解字注》曰："命，使也，从口令"，段注："令者，发号也，君事也。非君而口使之，是亦令也。故曰：命者，天之令也。"❺命体结尾都有"对扬王休"之类的套语，表示不辜负帝王的美好期望，如《周书·君牙》："对扬文武光命，追配于前人。"《周书·毕命》："钦若先王成烈，以休于前政。"

诰、誓、命不见录于《文选》，主要原因是秦代以后，

诰、命二体之名统一称为诏，而"誓"则演变为檄文。据
《史记·秦始皇本纪》记载，秦始皇统一天下后，改"命
为制，令为诏"。❶汉代承其绪，将皇帝的文书定为四类：
策书、制书、诏书、戒敕。《文心雕龙·诏策》："秦并天
下，改命曰制。汉初定仪则，则命有四品：一曰策书，二曰
制书，三曰诏书，四曰戒敕。"❷蔡邕《独断》曰："汉天
子正号曰皇帝……其命令一曰策书，二曰制书，三曰诏书，
四曰戒书。"❸明吴讷："三代王言，见于书者有三：诰、
誓、命。至秦改为诏，历代因之。然唯两汉诏辞深厚尔雅，
尚为近古。至于偶俪之作兴，而去古远矣。"❹

　　刘勰认为檄文即由《尚书》中的誓体文章演变而来。
《文心雕龙·檄移》云："震雷始于曜电，出师先乎威声。
故观电而惧雷壮，听声而惧兵威。兵先乎声，其来已久。昔
有虞始戒于国，夏后初誓于军，殷誓军门之外，周将交刃
而誓之。故知帝世戒兵，三王誓师，宣训我众，未及敌人
也。至周穆西征，祭公谋父称'古有威让之令，令有文告
之辞'，即檄之本源也。"❺刘师培也持此观点："师旅能

---

❶ （汉）司马迁撰，（唐）张守节正义：《史记》，中华书局1982年第2版，
第236页。
❷ （南朝梁）刘勰著，范文澜注：《文心雕龙注》，人民文学出版社1958年
版，第358页。
❸ （汉）蔡邕：《独断（卷上）》，见（清）纪昀、（清）永瑢等编纂：《景
印文渊阁四库全书》第850册，台北商务印书馆2008年版，第78页。
❹ （明）吴讷著，于北山校点："文章辨体序说"，见郭绍虞主编：《中国古
典文学理论批评专著选辑》，人民文学出版社1982年版，第35页。
❺ （南朝梁）刘勰著，范文澜注：《文心雕龙注》，人民文学出版社1958年
版，第377页。

誓，为后世军檄之祖。"❶檄文和誓文的篇章结构一样，开始先陈述敌方罪不容诛，其次宣告己方奉天命讨伐，最后约束宣告赏罚政策。不同的是三代誓文都是帝王或统帅在战前对战士的讲话，而后世的檄文多出自文人之手。这些文人来自于一个特殊的阶层——记室。记室，设置于东汉初，诸王、三公及大将军都设记室令史，掌章、表、书、记、文、檄等。誓和檄文，在创作主体上的变化，体现了读书人渴望建功立业，实现人生政治抱负的普遍心态。文人参与创作的檄文，通常采用排比、反问、夸张等修辞手法，以达到先在气势上压倒对方的目的。"初唐四杰"之一的骆宾王起草的《代李敬业传檄天下文》就是这样一篇声情并茂的优秀檄文。其辞云："伪临朝武氏者，人非温顺，地实寒微……入门见嫉，蛾眉不肯让人；掩袖工谗，狐媚偏能惑主……神人之所共疾，天地之所不容。犹复包藏祸心，窥窃神器。"❷文章采用当时流行的骈俪文句式，将武则天工于心计，意欲窃国的行径刻画得入骨三分，很有宣传功效。檄文同时动之以情，激励唐朝旧臣用对高宗李治的君臣父子之情，去清算武则天："言犹在耳，忠岂忘心？一抔之土未干，六尺之孤何托？"其具有很强的宣传功效和煽动性。据《新唐书》说，就是武则天读到这里，也发出了"宰相安得失此人"❸的慨叹。可见文人创作的檄文较之三代誓文，在写作技巧方

---

❶ 刘师培："论文杂记"，见《刘申叔遗书》，江苏古籍出版社1997年版，第719页。

❷ 钱伯城主编：《古文观止新编（上册）》，上海古籍出版社1988年版，第515~518页。

❸ （宋）欧阳修、宋祁撰：《新唐书》，中华书局1975年版，第5742页。

面更加丰富成熟，因此后世的很多檄文都是情理兼具，集功用性与欣赏性于一体的优秀篇章。

学者多将诰、誓、命放在一起讨论，说明这三者之间有密切关系。《甘誓》孔疏曰："将战而誓，是誓之大者，……马融云：'军旅曰誓，会同曰诰。'诰、誓俱是号令之辞，意小异耳。"由此看来，诰、誓和命三种文体皆有号令之义，誓是在更加严肃、重要，甚至涉及国家生死存亡的会同场合下的号令，如《甘誓》《汤誓》《泰誓》等均是在重大战争中的誓辞。而普通场合的会同约信辞令则多用诰，如《仲虺之诰》《汤诰》《洛诰》等皆是在大战胜利之后，为处理战争遗留问题举行会同发布的辞令。命体篇章主要与任官选贤内容相关。今本《尚书》中以誓和命命名的篇章各有8篇，以诰命名的篇章共有7篇，三者相加的总数量在《尚书》各体中所占的篇幅最多，这说明《尚书》实际上是一部关于如何打天下和治理天下的书籍，这也是历代统治者对《尚书》推崇备至的根本原因。

第四节　贡、范、刑、训与上古三代的文化观念

贡、范、刑这三种文体，在今本《尚书》中数量很少，各只有一篇文章，分别为《禹贡》《洪范》和《吕刑》。这三篇文章体例相似，不以记言为主，而倾向于对具体制度的记录或概念的说明，皆含有法或规范的意思。《禹贡》主要通过对夏代的地理区域、物产、贡赋制度和水利等情况的客观记录和描述，歌颂大禹平治水土的功绩。《洪范》开篇

表述禹得天道，得赐大法，自然、人伦常道得以次序。大法内容包括五行、五事、八政、五纪、皇极、三德、稽疑、庶征、五福六极等9个方面。文章的主体部分便是对这9个方面的详细描述和说明。《吕刑》包括三大部分，首先是回顾前代的刑法制度，其次是对本朝刑法的具体内容和施行要求作了详细说明，最后是当政者对子孙提出"立德于民为之中正"的要求。这三篇文章内容涉及当时社会生活的方方面面，三者的共同点在于都与民生有密切关系，体现了古代贤人在治理国家过程中运用的方法和理念。同样，《尚书》中以训命名的篇章也只有一篇，但是《尚书》多次提到训，这表明中国古人重视先人经验的文化观念。

一、《禹贡》与中国古代人、地相关的文化生态观

中国古代的人们已经意识到人和自然的密切关系，认为自然是人类深厚仁慈的地母，"财用于是乎出""衣食于是乎生"。因此，人们对大自然充满了感恩和敬意。他们主张了解、遵循天地自然的性情，按其生态特性与规律办事，"子钓而不纲，弋不射宿"，邢昺疏曰："此章言孔子仁心也。……孔子但钓而不纲，是其仁也……夫子虽为弋射，但昼日为之，不夜射栖鸟也。为其欺暗必中，且惊众也。"❶孔子就有很强的生态保护观念，这体现了古人科学的生态观和社会发展观，体现了古人与自然和谐共处的生存智慧。又《国语》记载太子晋谏周灵王曰："闻古之长民者，不堕山，不崇薮，不防川，不窦泽。夫山，土之聚也；薮，物之归

---

❶ （魏）何晏等注，（宋）邢昺疏：《论语注疏》，上海古籍出版社1997年版，第2483页。

也；川，气之导也；泽，水之钟也。……故上下能相固，以待不虞，古之圣王，唯此为慎。"❶古代的帝王不破坏山川水泽的自然属性，这样才能"上下相顾"，防范风险，让江山社稷长治久安下去。同时，人又可以通过自己的行动，反作用于山川土地，因势利导，让其为人类服务。这是中华民族对待人与自然关系的传统观念，《禹贡》对土地山川的记述，也向后人展示了中国古人这种人与自然和谐共处的文化生态观。

首先，《禹贡》表达了"人地相关"的文化地理观念。古人认为民族文化、民族性格是水土与政令教化整合而成的产物。因此，中国先人对人、地关系十分重视。《管子·水地篇》："地者，万物之本原，诸生之根菀也，美恶、贤不肖、愚俊之所生也。……水者，地之血气，如筋脉之通流者也。"❷《汉书·地理志》："凡民函五常之性，而其刚柔缓急，音声不同，系水土之风气，故谓之风；好恶取舍，动静亡常，随君上之情欲，故谓之俗。"❸这些典籍均认识到水土性质与民性、民风的密切关系。更可贵的是中国古人在重视人地关系的基础上，还充分发挥人的主观能动性，改造自然，营造适合人们生活的美好家园。《禹贡》正是这样一部描述水土之性与物产、民风之间关系的"地理志"，它是中国古人将主观能动性和自然之性相结合的人文生态观念的

---

❶ 徐元诰撰，王树民、沈长云点校：《国语集解》，中华书局2002年版，第92~93页。

❷ 姜涛：《管子新注》，齐鲁书社2009年版，第312页。

❸ （汉）班固撰，（唐）颜师古注：《汉书》，中华书局1962年版，第1640页。

结晶。

水的治理是平原农业社会发展的需要，治理之法是因势利导，不违背自然规律。《禹贡》序言："禹别九州，随山浚川，任土作贡"。交代了《禹贡》的写作目的。"任土作贡"，指的是"水害既除，地复本性，任其土地所有，定其贡赋之差"。在冀州"厥土惟白壤"下，孔安国注曰："水去，土复其性，色白而壤"。❶这充分显示了我国古代先民在处理人与自然关系时善于观察，因地制宜的生存智慧。张碧波认为这一行为在中华民族人文地理史上具有重要意义："蕴涵着夏人的主动性与创造性，改变被动地位，去认识自然，改造自然的愿望与作用，容纳地理生态为文化生态机制的一个组成部分，表达了中华先民'九州攸同''四海会同'的人地同构的新的人文地理观念。"❷

大禹总结了前人的经验和教训，认识到面对洪水带来的自然灾害，堵是违背自然规律的，而疏导才是顺乎自然的方案。于是，禹发挥聪明才智，划分九州，分别治理："禹别九州，随山浚川，任土作贡。"（《夏书·禹贡》）根据九州不同的地理风貌，禹采取了治、修、覃、道、会、降等多种措施，其中对河流的疏导是其最主要的功劳和创造。在此过程中，大禹历经千难万险，终于成功。关于大禹治水的事迹，古代典籍多有记载，据《吕氏春秋》记载，他到处勘察

---

❶ （汉）孔安国传，（唐）孔颖达正义：《尚书正义》，上海古籍出版社2007年版，第194页。

❷ 张碧波："人文地理学与文明中心观之始原——读《尚书·禹贡》"，载《黑龙江社会科学》2006年第1期，第102~105页。

河道、地形，皮肤被晒得黝黑，辛劳至极。在治水过程中，"禹八年于外，三过其门而不入"，❶"股无胈，胫无毛，手足胼胝，面目黎黑，遂以死于外"，❷真可谓历经千辛万苦。对于大禹治水的成果，《禹贡》结尾总结道："东渐于海，西被于流沙，朔、南暨声教。讫于四海"，孔颖达疏曰："言五服之外又东渐入于海，西被于流沙。其北与南虽在服外，皆与闻天子威声文教，时来朝见。"❸因为大禹治理水土的成功，使得舜帝的德教广播四海。这体现了人对地理环境的改造和人化了的地理环境对人类文明的反作用。

其次，《禹贡》奠定了中华民族"多元一体"的政治地理观。从《禹贡》结尾关于"五服"的划分来看，大禹治理水土的过程实际上是一个文明传播的过程。"五服"从内到外依次为甸服、侯服、绥服、要服、荒服；孔安国传："规方千里之内谓之甸服，为天子服治田，去王城面五百里。……（侯服）甸服外五百里。……（绥服）侯服外五百里，安服王者政教。……（要服）绥服外五百里，要束以文教。……（荒服）要服外五百里，言荒，又简略"，孔颖达疏："服名'荒'者，王肃云：'政教荒忽，因其故俗而治之。'"❹"五服"这种内、中、外三大圈的分布格局，就

---

❶（汉）赵岐注，（宋）孙奭疏：《孟子注疏》，上海古籍出版社1997年版，第2705页。

❷（汉）司马迁撰，（唐）张守节正义：《史记》，中华书局1982年第2版，第2553页。

❸（汉）孔安国传，（唐）孔颖达正义：《尚书正义》，上海古籍出版社2007年版，第246~247页。

❹ 同上书，第240~245页。

是对我国远古时期国家夏、商、周处理中央与地方及周边国家的政治、经济、军事及文化教育的相互关系的具体记载。正如《禹贡》篇最后结语所说："东渐于海，西被于流沙，朔、南暨声教，讫于四海。"这里可以看出，通过对远离京畿的要服、荒服等地区自然环境的改造，加快对当地人的征服和教化，使之臣服于中央，并根据地理、物产情况向中央贡赋。这也是中国早期文化和文明传播的一个基本方式。顾颉刚认为："至于要服的'夷''蛮'，只须每年来进贡一次，荒服的'戎''狄'更只须每一世里来朝见一次，像《逸周书·王会篇》似的用了'万国来朝'的盛仪来渲染当时帝王的场面，剥削的意义并不重。"❶刘盛佳的观点是："《禹贡》的作者出于民族的融洽，用华夏族繁荣的经济、灿烂的文化、强大的国力去吸附、影响周围的民族，使他们心甘情愿地和华夏族一道，共同建立多民族的繁荣富强的国家……《禹贡》从综合的国土整治开发总体规划角度，它的近期目标是通过甸、侯、绥三服的整治、开发、建设，建成一个华夏族的繁荣富强的国家；它的远期目标则是地域辽阔、政治安定、经济繁荣、军事强大、文化发达的多民族统一国家，这个国家应该是国家中的楷模。"❷刘氏的观点极具洞察力，这也表明我国古代祖先在治理国家和处理周边关系方面的远见卓识和伟大智慧。中国先民们实践过的深刻的

---

❶ 侯仁之主编：《中国古代地理名著选读（第一辑）》，科学出版1959年版，第3页。

❷ 刘盛佳："《禹贡》——世界上最早的区域人文地理学著作"，载《地理学报》1990年第4期，第421~429页。

政治理念，数千年之后被美国著名地理学家詹姆斯（Preston E.Jame）写进他的名著中："地理学一向具有一种整体高于局部的传统信念，因此它去研究不同来源事物中相互联系与相互依存的部分的系统，这在哲理上是不足为奇的。"❶这正是《禹贡》留给全人类的传统信念。可以说，今天中华民族多元一体的政治文化格局在4 000年前就已经由《禹贡》奠定了雏形框架。张碧波说："从《尧典》到《禹贡》，可以看到中华早期文明的发生、发展的演进过程。由部落联盟酋长而为国王与群巫之长——政治权力与宗教权力于一身，以氏族血缘为纽带的宗族制度进而为宗法制度；部落酋长的更迭制——王位禅让制进而为家天下；以人文地理的行政区划构成社会结构，以贡赋制为基本形式构成以中央王朝为中心的国家政治（统治）体系，以"赐土、姓"——赏赐土地、分封诸侯（构成大宗、小宗的姓氏谱系与等级秩序）、建立官僚制度，构成王国政治结构，取代部落酋长议事制及其残余；以天人同构、人地同构，构成宇宙空间认知体系——宇宙观。这当是由于中华社会文明的早熟性所形成的中华早期文明的基本形态，也当是中华早期文明的基本特征，它们成为定式，决定性地影响着古代中国文明史的发展道路。"❷《禹贡》的结尾写道："东渐于海，西被于流沙，朔、南暨声教。讫于四海。禹锡玄圭，告厥成功。"《虞书·益稷》

---

❶ （美）普雷斯顿·詹姆斯著，李旭旦译：《地理学思想史》，商务印书馆1982年版，第11页。

❷ 张碧波："人文地理学与文明中心观之始原——读《尚书·禹贡》"，载《黑龙江社会科学》2006年第1期，第102~105页。

中大禹的自述也与此相照应："俞哉！帝：光天之下，至于海隅苍生，万邦黎献，共惟帝臣，惟帝时举。敷纳以言，明庶以功，车服以庸。谁敢不让，敢不敬应？帝不时，敷同日奏罔功。"这些文献皆表达了"四海攸同，多元一体"的大中国气魄和理念。在辽阔的华夏大地上的数十个民族构成一个和睦的大家庭——多民族的统一国家，形成各个民族平等、友爱、团结、融洽、生死与共的"多元一体"的文化和政治关系，这正是《禹贡》留给中华民族的极为宝贵的传统。

二、《洪范》与中国古人注重经验的政治哲学观

《尚书》是我国最古老的著作之一，集上古三代政治哲学思想、统治经验和行政经验之大成。《洪范》是《尚书》中一篇非常重要的历史文献，它是夏商时期社会行政经验的总结，同时又被自周代以来历代王朝奉为政府管理的"统治大法"和"行政大法"。"洪者，大也；范者，规则也，法也。""洪范"即"大法"。

根据《洪范》中箕子所叙述，大法是远古圣王大禹治水成功后首先从天帝那里得到的，后成为夏、殷两代统治者的行政原则和依据。在商周革命的历史场景中，周武王向前朝遗臣箕子询问政治大法，后者陈述"洪范"九畴，大法才得以流传于后世。因此，《洪范》的主要内容是前代贤人向王者叙述前代执政经验的陈述之词。周人在执行的过程中，又根据周代情况，有所损益。

《洪范》"九畴"条目内容如下：（1）五行；（2）五事；（3）八政；（4）五纪；（5）皇极；（6）三德；

（7）稽疑；（8）庶征；（9）五福、六极。"九畴"标题
共20个字，加序数"初一曰""次二曰"等27字，再加修
饰语"敬用""农用"等18字，合计65字。《汉书·五行
志》说："凡此六十五字，皆《洛书》本文。所谓天乃赐禹
大法九章常事所次者也。"❶旧注解说天赐《洛书》原只有
20字，大禹加了27字与18字，才有了65字。由此可见，《洪
范》在产生之后也处于不断损益之中，大禹所加的字一定是
他自己治理国家的经验总结。孔子说："殷因于夏礼，所损
益可知也；周因于殷礼，所损益可知也。其或继周者，虽百
世可知也。"❷这正说出了中国古代社会统治政策和制度的
沿革性，每一个朝代在建立之初，总是从旧朝代的执政行为
中吸取经验和教训。作为自夏商以来，周代乃至春秋战国时
期正统精英文化的代表，《洪范》在中国文化史及哲学史上
具有极为重要的意义和地位，充分体现了中国古代执政者注
重吸取前代政治经验的政治哲学观。具体表现在以下两个
方面。

首先，《洪范》在形式上采用"我闻在昔"的叙述方
式。《洪范》在内容上主要阐发了"天乃锡禹《洪范》九
畴"："五行"言自然之本，"五事"论五种行为品德，
"八政"论分官守职，"五纪"论天象授时，"皇极"论为
政之道和君民关系，"三德"论性情修养和君臣之道，"稽

---

❶ （汉）班固撰，（唐）颜师古注：《汉书》，中华书局1962年版，第
1316页。
❷ （魏）何晏等注，（宋）邢昺疏：《论语注疏》，上海古籍出版社1997年
版，第2463页。

疑"论占卜决事之法，"庶征"论天象时令的政治象征意义，"五福"为人生幸福的五种形态，"六极"指的是人生不幸的六种形式。由此看来，《洪范》是对中国上古政治意识形态全面而系统的总结，因此被后人称为"统治大法"。《洪范》的开篇周武王访问箕子，问曰："呜呼！箕子。惟天阴骘下民，相协厥居，我不知其彝伦攸叙。"这里周武王完全不是以一个新生政权的国君身份命令箕子回答问题，而是以一个无知者的身份，虔诚谦虚地向箕子寻求治理国家大法。接着箕子回答武王说："我闻在昔，鲧堙洪水，汩陈其五行。帝乃震怒，不畀'洪范'九畴，彝伦攸斁。鲧则殛死，禹乃嗣兴，天乃锡禹'洪范'九畴，彝伦攸叙。"箕子的回答是，从前有一个圣王大禹因治理水土有功，从天帝那里得到"洪范"九畴，帮助大禹理顺各种政治秩序和关系，使之成为受臣民和后代尊敬的圣王。这里值得注意的是"我闻在昔"四个字，类似的发端语在《尚书》中还有很多，如《尧典》《舜典》《大禹谟》等篇开头的"曰若稽古"，《无逸》周公所说的"我闻曰昔"，《吕刑》周穆王说的"若古有训"，等等。这样的发端语暗示其后的内容不是史官当时的记录，而是后代史官根据前代历史史实或传说而进行的追忆；或者是言说者转述前代文献。《尚书》中这些发端语后面的内容都是用前代贤能君主政治成功的经验教导当代或后代君主，这些经验都是经过前代社会实践验证过为科学可行的法则或规范。《尚书·多士》有"惟殷先人，有典有册"。前代圣贤君主的经验和事迹可能就是记载于这些殷人的典、册之中，周人在推翻殷政权后，就从殷人手里接管这些典、册，目的是学习前代圣主明君的治国经验，以确保周代政权平稳过渡及其统治的长久。从前代贤人成功事迹中寻找统治经验这种经验主义的政治哲学观虽然是自古以来就有的传统，但是其在周代被更加突出地强调出来。居于西方的小邦周打败了东方大邦殷，他们在执政之初并不那么自信，需要向前代贤君圣王寻求治国安邦的经验和依据。周公"朝读书百篇"，可谓勤劳至极。他这样做的目的主要是从前代圣王那里学习经验，协助周王执政。如传说中的"三皇五帝"，在中国的史书里，他们是王者的模范，其所作所为可为千秋万代传颂和学习。以往学者往往认为"三皇五帝"是儒家创造出来的，实际上应该说"三皇五帝"是西周史官、儒家及其后学和历代执政者在远古传说基础上，结合前代相关材料创造出来的，这是他们执政心理的需要。经验就是权威，经验就是法律，这是中国古人的思维哲学。

其次，《洪范》在内容上都是前代统治者政治成功的经验性条款。从《洪范》文本结构看，篇首交代周武王访问箕子事宜，然后引出全文即箕子所讲关于"洪范九畴"的一篇大文字。《洪范》大法内容由纲目与条文两个部分组成，共九畴，内容包含9个方面的治国大纲。《洪范》"九畴"纲目标题是：初一曰五行，次二曰敬用五事，次三曰农用八政，次四曰协用五纪，次五曰建用皇极，次六曰乂用三德，次七曰明用稽疑，次八曰念用庶征，次九曰向用五福，威用六极。

《洪范》"九畴"的具体内容如下：第一条，五行，水、火、木、金、土。行，运行，指万事万物生生不息的运行状态。"五行"把人类赖以生存的自然界，概括为五大类物质，并记录此五类物质的属性，以备后人之用。第二条，五事。五事为"貌、言、视、听、思",要向着"恭、从、明、聪、睿"方向发展,达到"肃、乂、哲、谋、圣"的品德境界。第三条,八政。君王设官分职,要管理好八大政务:一曰食,二曰货,三曰祀,四曰司空,五曰司徒,六曰司寇,七曰宾,八曰师。在农业、财贸、祭祀、工程、教育、司法、礼宾、军事等方面为后代帝王传授经验。第四条,五纪。五种天象时令的计时方法:"一曰岁,二曰月,三曰日,四曰星辰,五曰历数。"本条强调国君要重视天象观测,按时颁布历法,保证老百姓正常从事农业生产。观象授历,既是君王的权力,也是君王服务于民的义务。要做一个合格的君王就要做好观象授历工作,《尧典》所记尧在执政之初就命羲、和,"钦若昊天,历象日月星辰,敬授民时"。道理即在于此。第五条,皇极。这两个字字面具有双关意义,一个是指君王的权力至高无上,另一个是指君王的法则至高无上。权力与法则两者不可分。皇,有两个意义,一训为大,一训为王。极,亦有两义。《说文》:"极,栋也",段注:"凡至高至远皆谓之极。"❶栋居屋之正中,因此极之本义为正中,简训为中。正中,可引申为法则、榜样。就"皇极"一项所言内容来说,核心是严格规定君民、君臣关系所应遵循的基本准则。箕子作为殷商旧臣,其言论代表的是从上古至殷商以来的政治统治传统及经验。武王向箕子请教的行为,表明其对传统经验的重视。"皇建其有极",意味着国君要建立治国的规范,

---

❶ (汉)许慎撰,(清)段玉裁注:《说文解字注》,上海古籍出版社,1988年第2版,第253页。

这个典范就是"王道"。在世袭君主制度下，要求国君实行
"王道"，就是当时社会有识之士和百姓的最高理想。所
谓实行"王道"，即上面所引的"遵王之道、遵王之路和
遵王之义"。箕子最后总结说，上面所说的王道，是本于
上帝的千古不易的常规大道，你一定要率先敬事上帝，谨
遵王道，并且按照王道的精神教育和引领你的臣民。只有这
样，你才能得到人民的拥护，成为一个真正的王。"皇极"
的最后几句"会其有极，归其有极，曰皇极之敷言，是彝是
训，于帝其训，凡厥庶民，极之敷言，是训是行，以近天子
之光……"，其中要注意的是"训"与"帝"，孙星衍等注
家均释"训"为"顺"；"帝"，《尚书今古文注疏》云：
"'训'作'顺'。马融曰：'是大中之道，而常行之，
用是教训天下，于天为顺也。'……云'于天为顺'者，
《易》曰：'天且不违，而况于人乎'"。❶这里除"大中
之道"外，对"帝"一字解释十分恰当。看起来，"皇极"
最终要强调的是天子对天的"是顺是行"，臣民对天子的
"是顺是行"，所以，"惟皇作极"的本义正在于此。另
外，《洪范》"稽疑"中也体现了这种思想："汝则从，龟
从，筮从，卿士从，庶民从，是之谓大同。"《史记·周本
纪》："武王已克殷，后二年，问箕子殷所以亡。箕子不忍
言殷恶，以存亡国宜告。武王亦丑，问以天道。"❷此天道

---

❶（清）孙星衍撰：《尚书今古文注疏》，见王云五主编：《丛书集成》，商
务印书馆1936年版，第226页。

❷（汉）司马迁撰，（唐）张守节正义：《史记》，中华书局1982年第2版，
第131页。

包括天地自然之理，还包括"天意""天降福祸"之意。第六条，三德。本条讲国君要具有正直、刚、柔三种品德，施之于政就是治理臣民的三种德教方式。"一曰正直，二曰刚克，三曰柔克"。第七条，稽疑。本条讲国君五谋决疑的决策程序："谋及乃心，谋及卿士，谋及庶人，谋及卜筮。"第八条，庶征。雨、旸（晴）、燠（暖）、寒、风，五种气象是否按规律发生，决定年成的丰歉，也是检验国君政治得失的征兆。第九条，五福、六极。长寿、财富、康宁、美德、善终，是五种幸福。短命、疾病、忧愁、贫穷、丑恶、衰弱，是六种不幸。上述九畴内容，可以说全面概括了自大禹，经夏商到西周时期国家的政治制度和法则。全文简洁明快，组织严密，条理清楚，操作性强，给国君以及臣民以明确的指导。

此"九畴"的名称和内容应该和大禹时期的"九歌"有关系，实际上是大禹时代统治方法和经验的继承和发展。《虞书·大禹谟》：禹曰："於！帝念哉！德惟善政，政在养民。水、火、金、木、土、谷，惟修；正德、利用、厚生、惟和。九功惟叙，九叙惟歌。戒之用休，董之用威，劝之以九歌俾勿坏。"帝曰："俞！地平天成，六府三事允治，万世永赖，时乃功。"这里"德惟善政，政在养民"概括了君王执政的根本原则，将"水、火、金、木、土、谷"和"正德、利用、厚生"称为"九功"，九功做好后就要创作《九歌》，对这些成果进行记录和歌颂。这说明夏禹时代，人们崇尚"九"这个数字，"九畴"的内容也和"九功"内容相似，只是更加完备、详细。因此，可以推测，《洪范》"九畴"起初应该就是对大禹政治成功经验的记录，后经过商、周等代的损益，成为今天看到的文本形式和内容。

陈声柏说："就'洪范九畴'的思维方法而言，其表现了经验性、比附、天人感应的特色。由此，通过'洪范九畴'的思维分析，我们看到：'洪范九畴'是针对社会政治秩序问题提出的实用性的经验知识的分类。它的获得方法是自发的经验积累和天人之间的比附。"❶

在这里，我们感受到的是它与现实生活的亲近。就方法而言，它表现得极为显著的一点就是"比附"思维的运用，而"念用庶征"一目中的"天人感应"思想则将这一思维方式展现到了极致。刘起釪说："这一思想后来发展成为中国思维方式的主导形式。以至'五行''五纪'等后来也发展成为与人事比附的'天人相应'思想。"❷在文学中则表现为赋、比、兴写作手法的总结，比德说、物感说等。

三、《吕刑》与周人"明德慎罚"的厚生爱民意识

西周初期，"明德慎刑"的思想在《康诰》中被周公首次提出来。他援引文王、武王的相关教导，分析了夏商以来正反两方面的历史经验教训，提炼出"明德慎罚"的政治思想。在《康诰》中，周公一再强调康叔要以文王、武王以及殷先哲王为榜样，学习他们"用康保民""敬明乃罚"的开明做法。但是此时，周公只是要求康叔将"明德慎刑"的理

---

❶ 陈声柏："'洪范九畴'的思维方式——从'范畴'的角度看"，载《甘肃联合大学学报（社会科学版）》2005年第1期，第13~16页。

❷ 刘起釪："《洪范》成书时代考"，载《中国社会科学》1980年第3期，第155~170页。

念贯彻到对殷遗民的治理之中，而真正地把这一思想作为周代的治国主张来强调的则是西周中期的《吕刑》。这是一篇比较系统的关于刑律及其执行原则的文章。该文第一次明确阐明了刑与德的关系，即"惟敬五刑，以成三德"。文中所说治狱用刑之事，贯彻了厚生爱民的民本意识，德教领先、刑典助成、"罪疑从轻"的立法原理，其关于司法人员"五过之疵，惟官、惟反、惟内、惟货、惟来""狱货非宝，惟府辜功"之类的道德要求，都是上古三代以来政治实践经验的积累和总结，对后代的立法、司法和执法都产生了深远影响。

首先，《吕刑》提倡宽刑，重视德教亲民。从刑罚理念来说，《吕刑》提倡德教为先，刑为德辅的精神，体现了厚生爱民的民本精神。《吕刑》包括标题共有30次提到"刑"，有9次提到"德"，其中将二者同时对举的有5次，"上帝监民，罔有馨香德，刑发闻惟腥。皇帝哀矜庶戮之不辜，报虐以威，遏绝苗民，无世在下。"当统治者只对百姓实施刑罚，而不讲究德行的时候，就是虐政的时候，就会遭到上天的谴责和惩罚。《吕刑》认为，德和刑不是对立的两种东西，而是相辅相成的，二者的共同目的是惩恶扬善，实现社会的公平与正义。"罔不惟德之勤，故乃明于刑之中，率乂于民棐彝""朕敬于刑，有德惟刑"，从这两句中可以看出，在治理国家过程中高尚的德行是公正"刑罚"的前提和保障，也是"刑罚"所追求的终极目的。"惟敬五刑，以成三德"，"刑罚"是德行的辅助手段，只有当"德教"失去效力的时候才起用"刑罚"的手段。"士制百姓于刑之中，以教祗德"，"刑罚"所起的作用是保障德的实际落实。正如陈伯礼、王哲民所说："仅有德是无法维系天命的，德还须辅以刑，才有可能产生现实的统治效力，刑因此成为一切政治运作的基础。刑的存在，使德不再是一种观念的构想，而是可以在现实层面上加以把握的治理方式，内化在人们的日用人伦当中。"❶

从刑罚对象来说，《吕刑》还提倡刑法从宽的原则，重点强调"罪疑惟轻，功疑惟重"（《尚书·大禹谟》）的民本思想，提出"五刑之疑，有赦；五罚之疑，有赦，其审克之"的思想，主张对于有疑问的罪行，进行处罚即可，对于有疑问的处罚可以直接赦免，执法者应该想尽一切办法调查清楚，避免冤假错案的出现，处分体现执法的清明。

从刑罚程度来说，《吕刑》中将周初2 500条中的"宫罪五百""杀罪五百"改为"宫罚之属三百，大辟之罚其属二百"，共减少重刑500条。对于两种罪行，只罚其中一种，"其刑上备，有并两刑"。

从刑罚原则来说，罪疑从轻从赦。《吕刑》："墨辟疑赦，其罚百锾，阅实其罪。劓辟疑赦，其罚惟倍，阅实其罪。剕辟疑赦，其罚倍差，阅实其罪。宫辟疑赦，其罚六百锾，阅实其罪。大辟疑赦，其罚千锾，阅实其罪。"又："五刑之疑有赦，五罚之疑有赦，其审克之。""两造具备，师听五辞。五辞简孚，正于五刑。五刑不简，正于五罚。五罚不服，正于五过。"这些都体现了疑罪从轻从赦的司法原则。

---

❶ 陈伯礼、王哲民："周人观念中的天、德、刑——对《尚书·周书》的法伦理解读"，载《求索》2011年第2期，第144~146页。

　　《吕刑》的这些要求和《尚书》其他篇章表现出的基本刑罚精神是一致的。《周书·梓材》就特别强调要对两类人从宽、从轻处理。一类是对于过去犯有各种罪行的人给予宽大处理。周公告诫康叔："亦厥君先敬劳，肆徂厥敬劳肆往，奸宄、杀人、历人，宥；肆亦见厥君事、戕败人，宥。"另一类就是对于弱势群体要宽容以待，不要戕害、虐待他们，如鳏寡老人、孕妇。"无胥戕，无胥虐，至于敬寡，至于属妇，合由以容。"这些都体现了周代统治者"明德慎罚"的治国思想。

　　其次，《吕刑》强调司法人员的道德责任，主张清廉正直。《吕刑》对执法人员有着严格的规范和要求。《吕刑》提出要任用心地善良的人办案，"非佞折狱，惟良折狱"。《吕刑》还要求办案人员具备从供词的错乱中明察案情的辨别力，同时要怀着哀怜之心审理案件，"察辞于差，非从惟从。哀敬折狱，明启刑书胥占，咸庶中正"。《吕刑》对司法过程中的腐败行为进行梳理和鞭挞，将其称为办案过程中的瑕疵，"惟官，惟反，惟内，惟货，惟来"，即畏权势，报恩怨，向内亲，索贿赂，受请求，法官若审理狱讼时存在以上情况，当与犯人同罪。这段文字虽然是在谈具体的司法问题，但贯彻始终的都是一个"德"字，由此可知"德"在当时司法中的主导作用还是显而易见的。

　　《吕刑》还要求办案人员做到公正断案，要做到这一点，就要"中听狱之两辞"。在具体司法中，法官要"简孚有众，惟貌有稽。无简不听，具严天威"；还要多方核实，仔细验证，"上下比罪，勿僭乱辞"，没有核实清楚之前就不能随便定罪。

以上这些刑罚思想继承了三代以来的"刑为德辅"的思想，始终把生命的尊严放在至高无上的地位，正如大禹所说"正德、利用、厚生、惟和"（《尚书·大禹谟》）。除了大禹以外，上古的其他圣明君主也都善于将德教与法制相结合来治理天下，收到了很好的效果。舜帝以德教配合刑法，使用刑罚是希望达到不用刑罚的目的："明于五刑，以弼五教……刑期于无刑"（《尚书·大禹谟》）。皋陶赞扬舜"临下以简，御众以宽；罚弗及嗣，赏延于世；宥过无大，刑故无小……好生之德，洽于民心"（《尚书·大禹谟》）。

当然，也有一些问题是德教解决不了的，这时候只能用强制性的刑罚，舜帝就依法惩处过四个犯有不同罪错的大臣和诸侯国国君："流共工于幽州，放欢兜于崇山，窜三苗于三危，殛鲧于羽山"，因而"天下咸服"（《尚书·舜典》）。夏朝的羲氏、和氏二人擅离职守，"沉乱于酒"，搞混了天文历法，弄错了日蚀的预报，导致群众慌乱。胤侯奉君命去讨伐他们，其根据就是"政典"中的条例："先时者杀无赦，不及时者杀无赦"（《尚书·胤征》）。可见，广泛深入的德教和惩罚分明的刑制是治理天下不可或缺的两把抓手，德教为主，刑罚为辅是最为有效的操作方法。这是一个被历代统治者的政治实践证明了的真理，对于今天治理国家仍有很大的启发意义。

四、贡、范、刑的文体特征及其流变

贡、范、刑三种文体在《尚书》中虽然各只有一个篇目，但是其在文体特征上有着非常鲜明的特色，其在后代的流变也体现了中国古代文体增生消长的普遍规律。

　　首先，这三种文体都是为某一特定目的而作，显示出较强的功利性。《禹贡》序言："禹别九州，随山浚川，任土作贡"，交代了《禹贡》的写作目的"任其土地所有，定其贡赋之差"。《尚书·禹贡》是我国最早的一篇全面系统地记载古代地理风貌、疆土、物产的专著，它按自然风貌把中国疆土分为九个州，较详细地记录了每个州的水土治理，土壤、草木、矿产状况，并介绍了远古时期国家制定赋税的条件依据及其具体等级。如兖州"桑土既蚕，是降丘宅土……厥田惟中下，厥赋贞"。这里可以看出，土田的好坏直接决定了贡赋的多少，可以说《禹贡》记录的这些内容就是朝廷征收税赋的参照。因此，"贡"体存在的原因与国家记载其经济命脉的主要来源之一的贡赋制度有着密切关系。

　　同时，《禹贡》篇能够产生并留存至今的另一个主要原因是其详细记载和赞美了历史上治水英雄大禹的功业。《禹贡》开头和结尾都着重强调大禹的不朽功绩。开头写道："禹别九州，随山浚川，任土作贡。禹敷土，随山刊木，奠高山大川。"在结尾，文章再一次强调："九州攸同，四隩既宅，九州刊旅，九川涤源，九泽既陂，四海会同，六府孔修。庶土交正，厎慎财赋，咸则三壤，成赋中邦。锡土姓，祗台德先，不距朕行。……东渐于海，西被于流沙，朔南暨声教，讫于四海。禹锡玄圭，告厥成功"，孔颖达在"正义"中解释结尾这段话说："此一经皆史美禹功，言九州风俗既同，可以施其教化，天子惟当择任其贤者，相与共治之。选有德之人，赐与所生之土为姓，既能尊贤如是，又天子立意，常自以敬我德为先，则天下之民无有距违我天子所行者。皆禹之使然，故叙而美之。"❶以上所述说明《禹贡》的创作具有鲜明的功利性，即"记功立体"，这是中国古代文体产生的原因之一。禹的突出历史功绩受到如此颂扬，这也是完全可以理解的，因为在当时洪水是关系到整个民族生死存亡的大事，而大禹治水的成功，无疑是挽救了整个民族。所以，其功绩无论怎样记载和歌颂都不为过。

另外，《洪范》也体现了这一点，《洪范》开头说："惟十有三祀，王访于箕子。王乃言曰：'呜呼！箕子。惟天阴骘下民，相协厥居，我不知其彝伦攸叙。'""彝伦"过去解释为常理，这里具体指社会政治秩序。武王在攻克殷之后，面临的首要任务就是如何建立稳定和谐的社会秩序，为此，他向箕子请教治国安民的政治方略，箕子便把天赐大禹的"洪范九畴"讲出来以答武王问。"洪范九畴"实际上包含两个体系，一个是五行、五事、八政、五纪、皇极、三德、稽疑、庶征、五福及六极；另一个就是顺用、敬用、农用、协用、建用、乂用、明用、念用、享用和威用。陈声柏说："这九个方面的实用目的实则是从社会政治秩序角度出发，对君王统治行为的经验总结。可见，洪范九畴的这一'用'字更加鲜明地表达了其内容的实践意义及其目的的实用性。"❷《洪范》不但内容上具有很强的目的性，而且在标题上已经表明其目的性和功利性了。《洪范》的"范"

---

❶（汉）孔安国传，（唐）孔颖达正义：《尚书正义》，上海古籍出版社2007年版，第240页。

❷陈声柏："'洪范九畴'的思维方式——从'范畴'的角度看"，载《甘肃联合大学学报（社会科学版）》2005年第1期，第13~16页。

就是"法"之意，目的是留给后人参照、学习和模仿，所以"范"之体裁得以流传至今。

其次，这三种文体都具有"法"的作用。从社会作用和内容上说，这三篇文章在当时皆是社会之法。《禹贡》为国家贡赋之大法，《洪范》为国家统治大法，《吕刑》则是古代比较完备的刑法；从文化、文学角度说，这三种文体不但为《尚书》中后出之文体提供借鉴，还为后世地志类文献提供了写作的模板。王柏说："《尧典》之后当次《禹贡》，《禹贡》之书，文势开阖，法度森严，一句之中各有纪律，一篇之内纲领粲然。《尧典》是叙舜一代之始终，《禹贡》是叙禹一事之始终。禹之位司空宅百揆，皆在告厥成功之后。二谟又当次之，典、贡叙事体也，二谟叙言体也。此四篇者，实训、诰、誓、命之祖也。百篇之义皆从此出，百篇虽亡而四篇独存，不害其为全书，四篇或亡而百篇存无益也。"❶《史记·夏本纪》《汉书·地理志》都全文载录《禹贡》内容。《汉书》所载"十志"中，除了《礼乐志》和《艺文志》以外，其他"八志"皆和《尚书》中的《禹贡》《洪范》《吕刑》有一定关联，《汉书·地理志》甚至录载《禹贡》全文。❷《史记·货殖列传》《汉书·地理

---

❶ （宋）王柏撰：《书疑》，见四库全书存目丛书编纂委员会编：《四库全书存目丛书》经部第49册，齐鲁书社1997年版，第166页。

❷ 《汉书·地理志》甚至录载《禹贡》全文，和《史记·夏本纪》所录《禹贡》全文内容有所出入，这说明西汉中期和东汉初期存在至少两个《尚书》或《禹贡》的本子，对二者进行比较分析将有利于对《禹贡》反映的社会政治情况进行深入研究，也有利于对于《尚书》版本在周秦之间的流变情况进行再讨论，这一问题留待日后再深入探讨；内容见（汉）班固撰，（唐）颜师古注：《汉书》，中华书局1962年版，第1524~1537页。

志》对各地区的文化类型、文化习俗的论述显然是前中华多元一体文明格局的新发展。从这一点来看，《禹贡》开了后代史书书写人文地理的先河。

《尚书》范体仅《洪范》一篇，"洪范"就是大法的意思。在体例上，《洪范》是《尚书》里最有代表性的论述文体，主要表现在：第一，《洪范》首次用"一""二""三""四"等系列数字把要说的内容分别标列，使得文章非常严谨、清晰；第二，先秦的说理文喜欢列举古代史实说明问题，而《洪范》则不列举历史事例，只是纯粹说理。《洪范》哲学论文的论述形式对于后代史书开辟的五行、灾异等专题产生了先导性影响。

范、贡在后世文体学著作中没有著录，大概是因为其在《尚书》中只有单篇，不足以立体之故。然而它们所确立的文体样式和写作精神被其他种类的文体继承下来。后世的议论文实以《洪范》为源，曾国藩的《经史百家杂钞·叙例》将文体分为十三类，"每类必以六经冠其端"，第一类为论著类，以《洪范》为首，并认为："涓涓之水，以海为归，无所于让也"❶。曾氏的评价，充分肯定了《洪范》在文体学方面的价值。《禹贡》则成为《汉书·地理志》《水经注》等著作模仿的对象。陈柱说："《禹贡》一篇，实后世一切地理书、水道志之所本，而未有及其工丽者，唯《周礼·职方氏》仿其文而变化之。"❷

最后，这三种文体都具有征实性。关于"大禹治水"的

---

❶ （清）曾国藩纂：《经史百家杂钞》，岳麓书社2009年版，第1页。

❷ 陈柱：《中国散文史》，商务印书馆1937年版，第14页。

传说，在古代非常盛行。传说极富神话的成分，例如说上帝怎样发怒降下洪水，大禹怎样在茫茫的洪水之中填进息壤，并且变成动物来治水，大禹和各处水神如何斗争获得胜利，等等。这些传说杂见于《诗经》《山海经》《楚辞》《淮南子》等书，但是《禹贡》的作者却没有像这些书籍一样，热衷于记录大禹治水传说中的神话部分，而是专就其中人类可能做到的平治水土的方面来叙述。作者在《禹贡》中暗示洪水发生的原因是山洪暴发和河道不修，平治水土应该从山和川两方面下手。因此，他在叙述九州之后，便谈到了"道山"和"道水"，并指出把主要的山岳和河流修好是治水的最关键问题。在 2 000 多年前，交通不发达，巫风盛行的社会，《禹贡》的作者能用征实的态度联系实际，作出客观、全面的地理记述，更注重对真实的自然风貌以及各地的土壤、草木、矿产的记载，致力于弄清地理环境（包括自然环境和人文环境）的结构、特点、分布和对治理水土规律的探寻。这体现了作者强烈的科学精神，也为后人留下了考察当时社会历史、地理的宝贵资料。顾颉刚、刘起釪说："我们古代地理学书——《山海经》开了幻想的一派，后来衍化为《穆天子传》《淮南子·坠形训》《神异经》《十洲记》《博物志》等书，而极于《西游记》《三宝太监下西洋》《镜花缘》等演义；因为人们的实际知识继长增高，所以这些东西只供闲暇谈笑的资料。《禹贡》篇开了征实的一派，后来班固作《汉书·地理志》、郦道元作《水经注》以及唐宋以下的许多地理专著，没有不把《禹贡》作为主要的引申和发展的对象，人们都用了严肃和尊敬的态度对待它，因此，《禹贡》的地位越高，《山海经》的地位就越低

落。"❶

要之，贡、范、刑这三类文体虽然后世已经不再沿用，但在写作方法和内容上为后代地志类文章树立了文体典范。范文澜、聂石樵等学者就曾将后世的书志体例溯源到古代典志及《尚书》各体。范文澜说："《史记》八书，实取则《尚书》，故名曰之'书'。《尚书·尧典》《禹贡》，后世史官所记，略去小事，综括大典，追述而成。故如'乃命羲和，钦若昊天，历象日月星辰，敬授人时。……以闰月定四时成岁。'即《律书》《历书》《天官书》所由昉也。……'帝曰，夔，命汝典乐。百兽率舞。'《乐书》所由昉也。……《禹贡》一篇，《河渠书》所由昉也。"❷聂石樵的观点同于范氏，认为："'书'之体例当源于《尚书》"。❸

在《汉书》的8种志类篇章中，也至少有5类在文体形式和内容上与《禹贡》《洪范》及《吕刑》关系密切，它们分别为：《刑法志》《食货志》《五行志》《地理志》《沟洫志》。班固在这些篇章中，多次提到《禹贡》《洪范》《吕刑》。《汉书·刑法志》："《洪范》曰：'天子作民父母，为天下王。'圣人取类以正名，而谓群为父母，明仁、爱、德、让，王道之本也。爱待敬而不败，德

---

❶ 顾颉刚、刘起釪：《尚书校释译论》，中华书局2005年版，第846页。
❷ （南朝梁）刘勰著，范文澜注：《文心雕龙注》，人民文学出版社1958年版，第293页。
❸ 聂石樵：《先秦两汉文学史稿》，北京师范大学出版社1994年版，第95页。

须威而久立，故制礼以崇敬，作刑以明威也。"❶《地理志（上）》的前半部分基本上是对《禹贡》内容的翻译和抄录。❷

这三种文体在后世文体学著作中很少再作为文体类型单独列出，其主要原因有两个，一是这些文体在《尚书》中的篇章数量较少，有的只有一篇，后世作者继续以此文体名称作文者很少，不符合"因文立体"的要求；二是这些文体在演变过程中，文体名称发生变化，贡、范、刑则为后来史书中的"志""制"等新的文体名称所替代，这是古今文体的差异。

第五节　训与中国人的思维方式

《尚书》多处提到训这种文体。《太甲（上）》："营于桐宫，密迩先王，其训，无俾世迷。"《酒诰》："聪听祖考之彝训，越小大德，小子惟一。"《顾命》："嗣守文武大训。"《毕命》："惟德惟义，时乃大训。不由古训，于何为训？"这里的训皆与先王先帝有关。但今本《尚书》中直接以训命名的完整篇章只有《伊训》一篇："伊尹乃明言烈祖成德，以训于王"，孔安国传曰："作训以教导太甲"。❸《伊训》主要内容是伊尹教导太甲，恪守先王成

---

❶ （汉）班固撰，（唐）颜师古注：《汉书》，中华书局1962年版，第1079页。

❷ 同上书，第1528~1542页。

❸ （汉）孔安国传，（唐）孔颖达正义：《尚书正义》，上海古籍出版社2007年版，第302页。

德，励精图治，做贤明的帝王。

《说文解字》："训，说教也"，段玉裁注："说教者，说释而教之，必顺其理。"❶由此可见，训体大致有两种意思，其一为记录下来的古代圣王、祖先的事迹或遗训，如"祖考之彝训""文武大训"等；其二为依照圣王遗训而作的训导辞令。今本《尚书》中《伊训》《太甲》《君臣》《无逸》，与《逸周书》里的《度训》《命训》《常训》《时训》，内容和《伊训》相似，即借先王事迹以及遗训，教导时王或百官，告诫他们恪守祖训，敬德修身。训发生的场合一般在祭祀先祖的时候，在祖先的灵位之前，面对参与祭祀的群后百官，由德高望重之贤臣对帝王进行开导和教诲。如《伊训》：

惟元祀十有二月乙丑，伊尹祠于先王。奉嗣王祗见厥祖，侯、甸群后咸在，百官总己以听冢宰。伊尹乃明言烈祖之成德，以训于王。

孔安国传曰：

此汤崩逾月，太甲即位，奠殡而告。❷

---

❶（汉）许慎撰，（清）段玉裁注：《说文解字注》，上海古籍出版社1988年第2版，第91页。

❷（汉）孔安国传，（唐）孔颖达正义：《尚书正义》，上海古籍出版社2007年版，第301页。

以上文字就是伊尹在成汤的灵位前面，对太甲进行的训话。

从《尚书》所记"训"体篇章来看，训的文体结构一般分为三大部分，首先追述先王或先祖德行，其次引述先王或先祖古训以教导时王或时人，最后以提出希望和告诫结束。如《伊训》：

> 呜呼！古有夏先后，方懋厥德，罔有天灾。山川鬼神，亦莫不宁。暨鸟兽、鱼鳖、咸若。……惟我商王布昭圣武，代虐以宽，兆民允怀。今王嗣厥德，罔不在初。立爱惟亲，立敬惟长；始于家、邦，终于四海。呜呼！先王肇修人纪，从谏弗咈，先民时若。居上克明，为下克忠，与人不求备，检身若不及，以至于有万邦。兹惟艰哉！敷求哲人，俾辅于尔后嗣，制官刑，儆于有位。曰："敢有恒舞于宫，酣歌于室，时谓巫风；敢有殉于货色，恒于游畋，时谓淫风；敢有侮圣言、逆忠直、远耆德、比顽童，时谓乱风。惟兹三风十愆，卿士有一于身，家必丧；邦君有一于身，国必亡。臣下不匡，其刑墨，具训于蒙士。"呜呼！嗣王祗厥身，念哉！圣谟洋洋，嘉言孔彰。惟上帝不常，作善，降之百祥，作不善，降之百殃。尔惟德罔小，万邦惟庆；尔惟不德罔大，坠厥宗。

这里伊尹首先陈述商之先祖成汤的德行"布昭圣武，代虐以宽，兆民允怀"，接着以成汤留下的古训"三风十愆"申告太甲并告知其违反古训的危害；最后，伊尹告诫新王太甲要遵循祖先大训，多积善道，多累德行，这样才能确保商朝长久繁荣昌盛。

　　训体篇章产生和存在的根本原因在于中国人自古以来尊老崇贤的思维传统。上文所录《伊训》中"远耆德"是成汤留下的古训，是君子和邦君都要杜绝的"十愆"之一。对于"远耆德"，孔颖达疏曰："疏远耆德有年。"❶这正好印证了《礼记》中一段话，《礼记·内则》云："凡三王养老，皆引年。……三王有乞言。五帝宪，养气体而不乞言。有善则记之为惇史。三王亦宪，既养老而后乞言，亦征其礼，皆有惇史。"❷这些文献的相关记载都说明，在上古三代中国人对于年长者的尊重。古代国家针对年长者的"乞言制度"就是这种尊老意识在国家政治领域里的反映。关于"乞言"制度的具体情况，已经有过详细论述，此不赘述。

　　遵循古训的思维方式还催生了中国社会明道、征圣、宗经的道统精神，这一精神在中国古代的文学、文化、思想、政治等诸多领域都产生了深远的影响。所谓的"道"就是这些经世致用，对现实生活具有指导意义的文辞，这些文辞也就被称为"训""大训"或"宝训"，被历代统治者和普通百姓奉为至宝。《荀子·儒效》说："圣人也者，道之管也。天下之道管是矣，百王之道一是矣，故《诗》《书》《礼》《乐》之归是矣。《诗》言是，其志也；《书》言是，其事也；《礼》言是，其行也；《乐》言是，

---

　　❶（汉）孔安国传，（唐）孔颖达正义：《尚书正义》，上海古籍出版社2007年版，第305页。

　　❷（汉）郑玄注，（唐）孔颖达等正义：《礼记正义》，上海古籍出版社1997年版，第1468页。

其和也；《春秋》言是，其微也。"❶《汉书·董仲舒传》载董仲舒言曰："道者，所由适于治之路也，仁义礼乐皆其具也。"❷扬雄《法言·问道》："适尧、舜、文王者为正道，非尧、舜、文王者为它道，君子正而不它。"❸韩愈《原道》："博爱之谓仁，行而宜之之谓义，由是而之焉之谓道，足乎己无待于外之谓德。"❹"尧以是传之舜，舜以是传之禹，禹以是传之汤，汤以是传之文、武、周公，文、武、周公传之孔子，孔子传之孟轲。轲之死，不得其传焉。"❺董芬芬认为："儒家的'明道'就是强调文辞的经世致用，对为政治国，为人处世，生产生活等现实问题有积极的指导作用。"❻

可见，尧、舜、禹、汤等圣王是道的主体，他们的言、行皆称为道。而《墨子·非命篇》所说的："上本之于古者圣王之事"，❼就是征圣的要求。

刘勰云："三极彝训，其书言'经'。'经'也者，恒久之至道，不刊之鸿教也。"❽"经"是训的载体，是训的

---

❶（清）王先谦撰，沈啸寰、王星贤点校：《荀子集解》，中华书局1988年版，第133页。

❷（汉）班固撰，（唐）颜师古注：《汉书》，中华书局1962年版，第2499页。

❸ 汪荣宝撰，陈仲夫点校：《法言义疏》，中华书局1987年版，第109页。

❹（清）曾国藩纂：《经史百家杂钞》，岳麓书社2009年版，第55页。

❺ 同上书，第57页。

❻ 董芬芬：《春秋辞令文体研究》，上海古籍出版社2012年版，第314页。

❼（清）孙诒让撰，孙启治点校：《墨子闲诂》，中华书局2001年版，第266页。

❽（南朝梁）刘勰著，范文澜注：《文心雕龙注》，人民文学出版社1958年版，第21页。

书面化表现。道、圣、经在中国社会的神圣地位，是训体产生的基本前提，也是训体篇章受历代人们尊崇的重要原因。

虽然后世的公文文体不再以训命名，但是训体的基本精神长盛不衰，后人衡量君主的历史功绩，总是以前代圣王的言行为参照。每一个朝代的宗庙中也总是悬挂着前代圣王的遗训，以示自己政出有道。至今故宫的墙壁上还悬挂着许多《尚书》中的嘉言懿句，可见《尚书》在历代统治者心中的崇高地位。而获得这样崇高地位的根本原因就在于其记录了圣主贤臣的历史事迹和大训，对后世具有普遍的指导意义，为他们提供了咨政和学习的典范。在私人著作中，训体篇章历代皆有继作，如各种家训。其中著名的有《颜氏家训》《朱子治家格言》等，皆成为后代子孙"修身""齐家"参考的典范，至今脍炙人口。

训的思维方式对于中国人来说是一把双刃剑，有利亦有弊。一方面它让中国人在优秀传统文化中浸润了温良恭俭让的良好品质，并始终怀着"有容乃大"的精神和信念，谦虚地接纳前人的经验、教训和实践智慧，让自己少走了很多弯路。另一方面，遵循古训的思维方式也让中国人养成了因循守旧、陈陈相因的思维模式，这不利于整个民族的创新和进步。董芬芬说："春秋时代所举先王圣贤，除了儒家'道统'系列的尧、舜、禹、汤、文、武、周公、孔子外，还包括更古老的神话传说中造福人类的圣王以及后世在'立德、立功、立言'系列中有建树的先王先贤。他们的治国方略，为政措施，德行举止，都成了春秋时代人们赞扬、效仿的对象，他们的所作所为，就是标准，后人与之相符，则是正确的，与之不符，则必定有不当之处。"❶先王先贤古训固然是其智慧的结晶，且经过历史实践的检验，具有莫大的指导意义。但是凡事过犹不及，在一切皆以"道""圣""经"为唯一标准的情况下，人们的思想无疑会陷入教条主义的泥淖，变得顽固和僵化，从而不利于社会的整体进步。如"女子无才便是德"的古训，便将中国数千年来妇女的活动范围框定在闺房之内，剥夺了女子受教育的机会，这是男女极度不平等的表现，应该抛弃。在文学上，孔子"述而不作"的主张，虽然让很多经典得到充分详尽的阐释，甚至直接催生了序、传、笺等文体，但它也给文学创作带来了不良的影响。在这种学术思想的引导下，很多满腹经纶的一流学者甘愿皓首穷经，把解释经书作为终生的事业，而缺少自主创作文学作品的精神，这直接导致中国文学史上"为文学而文学"时代的姗姗来迟。所以，在中国历代历史上皆不乏挑战权威的"异端分子"，战国时的庄子，东汉的王充，魏晋的竹林七贤，明朝的李贽、徐渭等皆是具有"独立之精神，自由之意志"的反道统战士，留下了大量充满才气与灵性的言论、篇章或论著。但是遗憾的是，这样的声音总是被强大的"正统""道统"所淹没。直到近代，以鲁迅、钱玄同、胡适等为首的知识分子，提出"打倒孔家店"的口号以后，重新审视传统，极具怀疑精神的"求新、求变"意识才在中国文学史和文化史上形成一股思潮。鲁迅先生曾经在《呐喊·自序》里形容国人是昏睡在"铁的黑屋子"里的人，❷

---

❶ 董芬芬：《春秋辞令文体研究》，上海古籍出版社2012年版，第315页。

❷ 鲁迅：《鲁迅全集（第一卷）》，人民文学出版社1981年版，第419页。

并且在《狂人日记》中发出了"从来如此，便对么"这样振聋发聩的千古疑问，❶这对于唤醒国人冲破祖训陈规，独立思考、创新进取的意识意义重大。五四时期的人们虽然做到了打碎旧世界，但将建立新世界的难题留给后人。历史的车轮滚滚向前，该如何看待先贤在2000年前的文化历史背景下总结的经验和教训呢？在今天的文学创作中是否还应该坚持训体的创作呢？笔者的看法肯定的。具体的做法是对于古训和经验我们要怀着敬仰的心态给予大度的传承与尊重，同时也要与时俱进，努力挖掘经典之训蕴涵的具有普世价值和当代意义的人文精神，在扬弃中继承并发展之。因为它们是个体乃至国家、民族安身立命之本，也是每一个中华儿女栖居于大地的精神家园。

第六节　征与誓之辨别

征和誓是《尚书》中两种重要的文体类型，誓体篇章的情况及其文体特征在第三节已经作过探讨，此不赘述。《尚书》中直接以"征"命名的篇章共有两篇：《胤征》和《汤征》，后者原文已佚，仅存其序。征和誓二体都与战争有关，都是对战事发起者在战争之前讲话的记录。如《胤征》，其主要内容是掌管天地四时之官羲、和，沉湎酒色，荒废其职，胤后承夏王仲康之命前往征讨。史官将胤后征讨前所作的言辞记录下来，就成为今天的文本形式。《甘誓》

---

❶　鲁迅：《鲁迅全集（第一卷）》，人民文学出版社1981年版，第428页。

则是对启讨伐有扈氏时所做的鼓舞将士言论的记录。因此，有的学者认为征和誓是一回事，❶但是实际上二者并不完全相同。在仔细阅读这两种文体的相关篇章后，发现它们之间既有联系也有区别。

征和誓之间存在一定的关联性。从发布时间上说，二者都是在战争开始之前由战争的领帅发布。如《甘誓》就是启在即将与有扈氏大战之前所做的誓师辞，《汤征》也是汤在征伐葛伯之前所做的动员令。从讨伐对方的理由上看，二者都是因为讨伐对象犯下违反天道、背弃人道的重大罪行，而实施讨伐行动。如《牧誓》中武王讨伐商纣王的理由是其荒淫无道，暴虐百姓，众叛亲离；《汤征》中葛伯也是因为滥杀无辜和弃绝祭祀而成为汤首先讨伐的对象。

二者之间虽然有一定的联系，但是其区别也是明显的，下面就从三个方面来具体阐释之。

首先，二者的行为状态不同。征是一个过程，包含长途跋涉作战，或者是比较艰难的斡旋状态，其可能是针对某一个大事件或国家发起的征伐行动，也可能是对某一个个体发起的讨伐行为。如《尚书》"武成""大诰"等篇所记，❷周代的史官把武王伐纣的整个事件过程称为"征"。而"誓"则是一次动作，是战争首领针对某一次具体战役而作的战前动员令或巡视辞，这些动员令可能只对当次战争有用。如

---

❶ 陈荣昌鉴定，张鸿范讲述，遗史氏辑：《书经讲义》，文听阁图书有限公司2009年版，第8页。

❷ 《尚书·武成》："越翼日，癸巳，王朝步自周，于征伐商。……恭天成命，肆予东征，绥厥士女。"《尚书·大诰》："肆朕诞以尔东征。"

《甘誓》，书序曰：

> 启与有扈战于甘之野，作《甘誓》。

又《泰誓》序曰：

> 惟十有一年，武王伐殷。一月戊午，师渡孟津，作《泰誓》三篇。

又《汤誓》序曰：

> 伊尹相汤伐桀，升自陑，遂与桀战于鸣条之野，作《汤誓》。

从上面说明誓辞发布背景和原因的书序文字可以看出，以上各篇誓师辞皆是就某一次具体战役而发。而征则不同，如《武成》所记：

> 惟一月壬辰，旁死魄。越翼日，癸巳，王朝步自周，于征伐商。……恭天成命，肆予东征，绥厥士女。惟其士女，篚厥玄黄，昭我周王。

可见，武王征商从"十有一年"酝酿讨伐到最后在商郊牧野和商纣决战，时间跨度很大，至少经历两年。从地点上讲，周人从孟津到河朔，一路急行军，艰难长途跋涉最终来到商郊牧野，与商纣王决战，一举制胜。在此过程中，武王至少面对西土将士及友军做过四次战争动员：孟津一次，河朔两次，牧野一次。而以上整个过程就被周朝史官描述为"征"。

其次，二者的终极目的不同。征含有"正"之义，只要对方臣服于自己，改过自新，实施德政即可，并不以推翻其政权为目的。而誓则是以推翻对方政权，取而代之为目的。为详细说明这一点，可以比较一下《胤征》《大禹谟》《甘誓》《甘誓》和《牧誓》5篇文章。具体摘录如下。

惟仲康肇位四海，胤侯命掌六师。羲和废厥职，酒荒于厥邑，胤后承王命徂征。……羲、和尸厥官，罔闻知。昏迷于天象，以干先王之诛。《政典》曰："先时者杀无赦，不及时者杀无赦。"今予以尔有众，奉将天罚。……歼厥渠魁，胁从罔治，旧染污俗，咸与维新。

《胤征》

孔颖达疏曰：

奉责让之辞，伐不恭之罪，名之曰征。征者，正也，伐之以正其罪。❶

帝曰："咨！禹：惟时有苗弗率，汝徂征。"禹乃会群后，誓于师曰："济济有众，咸听朕命。蠢兹有苗，昏迷不恭，侮慢自贤，反道败德。君子在野，小人在位。民弃不保，

---

❶ （汉）孔安国传，（唐）孔颖达正义：《尚书正义》，上海古籍出版社2007年版，第269页。

天降之咎。肆予以尔众士奉辞罚罪。尔尚一乃心力，其克有勋。……帝乃诞敷文德，舞干、羽于两阶，七旬，有苗格。"

《大禹谟》

王曰："嗟！六事之人，予誓告汝：有扈氏威侮五行，怠弃三正，天用剿绝其命。今予惟恭行天之罚。……用命，赏于祖；弗用命，戮于社，予则孥戮汝。"

《甘誓》

王曰："格，尔众庶，悉听朕言：非台小子，敢行称乱，有夏多罪，天命殛之。……尔尚辅予一人致天之罚，予其大赉汝。尔无不信，朕不食言。尔不从誓言，予则孥戮汝，罔有攸赦。"

《甘誓》

王曰："古人有言曰：'牝鸡无晨。牝鸡之晨，惟家之索。'今商王受惟妇言是用，昏弃厥肆祀弗答，昏弃厥遗王父母弟不迪。乃惟四方之多罪逋逃是崇、是长、是信、是使，是以为大夫、卿士，俾暴虐于百姓，以奸宄于商邑。今予发惟恭行天之罚。……勖哉，夫子！尚桓桓。如虎如貔，如熊如罴，于商郊！弗迓克奔，以役西土。勖哉，夫子！尔所弗勖，其于尔躬有戮！"

《牧誓》

从上面所列内容来看，誓之后的行为都是战争武力，而征除了武力征服外，有时还通过修文德感化的方式，让对方改邪归正或归顺我方，如《尚书·大禹谟》中帝舜最终通过"诞敷文德"，让有苗来臣服。可见，与誓相比，征的含义更为宽泛，也更适合周代一贯提倡的实行德政的治国理念，所以周代的史官将其推翻商代政权的过程也称为"征"。证之金文，确实如此，如《利簋》："武征商，唯甲子朝，岁鼎克闻（昏），夙又（有）商，辛未，王在阑（管）师（次）。"（《殷周金文集成》04131）"誓"的目的则只有一个，就是要彻底推翻对方政权，并取而代之。与征体篇章中所含有的脉脉温情不同，誓体篇章中充满凛凛的杀气，在行文中往往用"剿绝其命""天命殛之"之类语句。立誓之后的战争是你死我活的战争，统治者为了取得战争的胜利，往往夸大对方的罪行，甚至不惜以威胁己方将士生命作为鞭策和恐吓的手段，不可不谓之残忍。从上引的誓辞来看，几乎每一篇最后都有类似"孥戮汝""尔躬有戮"等字眼，读后让人心生恐惧，如临深渊，如履薄冰。

征和誓的终极目的不同，直接导致二者在文本结构上的差别。如第三节所论述，誓体篇章一般都包括三个部分：列举对立方罪行、奉天讨伐和宣布奖惩措施。与之相比，征体篇章则只有列举战争对立方罪行这一部分，而大大弱化了后面两个部分的描写和渲染。造成这一差别的原因如下：誓体篇章发布的目的是彻底消灭对方，建立新兴政权，既需要打着替天行道的旗号占领舆论高地，也需要全体将士同仇敌忾，与敌人战斗到底的决心；征体篇章的目的则只是以法（当时称为政典或诅盟、盟誓）办事，让被讨伐者改正错误，回归正道或臣服自己即可，所以往往篇章结尾的措辞比较温和，甚至偃武修文。内容决定形式，形式辅助内容，二者的最佳结合才能更好地帮助行为主体实现自己的目的。《尚书》中征、誓二体在形式和内容上的消长离合正说明了这个道理。

再次，二者的征伐对象有差别。誓的动作指向全部是外族或外邦，且这些外邦和动作实施者的关系是平等的，如启与有扈氏、汤与夏桀、周武王与商纣王。而征的动作指向则可能是内部的氏族、职官，也可能是外部的氏族或邦国，但是总体来说，被征讨的外族或异邦的实力和级别要低于征讨者。《孟子》云："征者，上伐下也，敌国不相征也。"❶孟子所言不差，《尚书》中被征对象的级别基本上都低于征讨者，如《胤征》中的羲、和，《大禹谟》中被大禹率舜命前往征伐的"有苗"，❷《汤征》中的葛伯等。

综上可知，从文本内容上看，征和誓虽然都是战争之前所作的誓众之辞，但是二者有根本不同。征是奉君主之命去讨伐有罪之人，誓则是君主亲自出征讨伐敌方。从征伐对象上看，誓一般发生在地位相当的两个敌国之间，征则是在同一个国家内部，奉君主之命，以正统名义讨伐有罪之人，或

---

❶ （汉）赵岐注，（宋）孙奭疏：《孟子注疏（卷十四）》，上海古籍出版社1997年版，第2773页。

❷ 《尚书·舜典》："流共工于幽州，放欢兜于崇山，窜三苗于三危，殛鲧于羽山，四罪而天下咸服。"这里三苗和共工、欢兜、鲧一样，都是舜的臣下，有苗则是舜的臣属国；《尚书·大禹谟》："三旬，苗民逆命。……七旬有苗格"，这里"苗民逆命"暗含一个前提就是苗民应该听命于舜，而经过武力的征讨和文德的教化，苗民最终再次臣服于舜；《尚书·吕刑》："皇帝清问下民鳏寡有辞于苗。德威惟畏，德明惟明。"在本书第三章第五节，笔者已经论述过《尚书》中的"辞"有三种含义，其中一个就是"诉讼文书"之义，这里有苗首领因为滥施刑罚，杀戮无辜，百姓无奈只好向周朝诉讼。这说明周朝对有苗具有管理的义务和制裁的权力。

者是违背盟约的附属国。二者的关系并不对等。从征伐方式上看，征除了武力征服，有时还带着温情的面纱，通过修文德感化让对方改邪归正或归顺我方。而誓则为了夺得政权，不惜采取一切手段和付出任何代价，言辞激烈，充满杀气，让人听而生畏。这样看来，在先秦时期，征和誓的区别还是很大的。但是汉代以后这两种文体的区分就不是那么明显了，二者功能渐渐趋于统一，文体名称也逐渐被新的文体檄文所代替。这也符合古今文体演变的规律。赵逵夫说："文体是随着社会的发展而发展，反映着一个社会的文化状况。但每一个时代的文体都是由过去的文体发展演变而来的，有变革，也有继承。"❶变革、继承或消亡都是文体演变的自然规律，正是在扬与弃的周而复始的运动中，文体家族才不断得以创新、发展和繁荣。

第七节 歌与歌行体

《说文解字注》："歌，咏也。"段注："言部曰咏，歌也。二字为转注。"❷《尚书》两次提到"歌"这种文体，一次是在《五子之歌》的标题，另一次是在《尚书·尧典》。《尧典》云："诗言志，歌永言，声依永，律和声。八音克谐，无相夺伦。""诗言志"一语最早出自《尚

---

❶ 赵逵夫："先秦文体分类与古代文章分类学"，见孙以昭、陶新民主编：《中国古代散文研究》，安徽大学出版社2001年版，第3页。

❷ （汉）许慎撰，（清）段玉裁注：《说文解字注》，上海古籍出版社1988年第2版，第411页。

书·尧典》："诗言志，歌永言，声依永，律和声。"方
玉润在《诗经原始》对"诗言志"作如下解释："此千古
说诗之祖。开口即提志字，贯彻始终，中间纬以声律，末
归重神人以和。诗之体用，尽于是也。"❶"诗言志，歌永
言，声依永，律和声"，此四句讲乐的组成和机制。按古代
的乐为歌、乐、舞三位一体的文化形态，它的完整形式是
歌唱、奏乐和舞蹈的配合。所谓"诗言志"之"诗"是所唱
之歌的歌词；"志"为心意情感，意谓歌者所唱的歌词是心
中情志的语言表现。"歌永言"，是说人们所唱的歌声是语
言的延长。永，长也。《礼记·乐记》："歌之为言也，
长言之也。说之故言之，言之不足，故长言之。"❷《急
就篇》云："长言谓之歌，齐歌谓之讴"，王应麟注曰：
"《舜典》歌永言，《楚辞》吴歈蔡吟，歌，咏也，讴，吟
也。"❸《毛诗·郑风·子衿》孔疏"歌之，谓引声而长咏
之"，❹说的就是这个意思。"声依永，律和声"是说乐器
为声音伴奏，"律和声"指的是律吕调节音乐，使之与声音
和谐一致。李壮鹰说："'声依永'的'声'字，甲骨文为
击悬磬状，故其古义可讲成乐器之声。'依永'的'依'，
即后世所谓'倚声''倚曲'的'倚'，合腔、伴奏之谓

❶ （清）方玉润撰，李先耕点校：《诗经原始（上册）》，中华书局1986年版，第42页。
❷ （汉）郑玄注，（唐）孔颖达等正义：《礼记正义》，上海古籍出版社1997年版，第1545页。
❸ （汉）史游撰，（唐）颜师古注，（宋）王应麟补注，（清）钱保塘补音：《急就篇》，商务印书馆1936年版，第199页。
❹ （汉）郑玄笺，（唐）孔颖达等正义：《毛诗正义》，上海古籍出版社1997年版，第345页。

也。声依永，是说乐器之音是对歌者引声之伴奏。'律和声'，'律'指律吕，为调声之器，它能使声音相和。"❶

又《诗大序》云："情动于中而形于言，言之不足故嗟叹之；嗟叹之不足故咏歌之；咏歌之不足；不知手之舞之足之蹈之也。"❷从《尧典》到《诗大序》，描述的是一个从志到诗的发生过程，具体情况如下：情（志）→言→嗟叹→咏歌→诗。"志"是蕴藏在人心中的感情或政治抱负，"言"是将心中的情或志口头表达出来，基本上是散文体形式，像《尚书》里的文字一样。"嗟叹"是在表达的时候带上语气词加强表达情感的力度；"咏歌"则追求言辞的押韵，声调抑扬顿挫，对于字数和句数没有特别要求，最后形成"诗"，要求押韵，音节顿挫，句式整齐，字数、句数相当。从中可见，我们的祖先对语言形式的探讨和追求在三代以前就已经开始，他们根据表达情感的需要而选择相应的文体形式。如上所述，当需要表达强烈的情感时，古人便会选择言辞押韵，声调顿挫的诗歌体。关于声律，南朝沈约曾有一个著名的论断："自《骚》人以来，而此秘未睹。至于高言妙句，音韵天成，皆暗与理合，匪由思至。"❸现在看来，这一观点着实片面。《尚书》中的《五子之歌》便是早期押韵的歌体篇章，朗读起来和谐优美。为方便论述，把《五子之歌》文字摘录于下：

---

❶ 李壮鹰："《尚书·尧典》论乐辨证"，载《安徽大学学报（哲学社会科学版）》2010年第4期，第41~47页。

❷ （汉）郑玄笺，（唐）孔颖达疏：《毛诗正义》，上海古籍出版社1997年版，第270页。

❸ （梁）沈约：《宋书》，中华书局1974年版，第1779页。

其一曰："皇祖有训：民可近，不可下；民惟邦本，本固邦宁。予视天下愚夫、愚妇，一能胜予。一人三失，怨岂在明？不见是图。予临兆民，懔乎若朽索之驭六马。为人上者，奈何不敬？"（14句）

其二曰："训有之：内作色荒，外作禽荒。甘酒嗜音，峻宇雕墙。有一于此，未或不亡。"（6句）

其三曰："惟彼陶唐，有此冀方。今失厥道，乱其纪纲，乃厎灭亡。"（5句）

其四曰："明明我祖，万邦之君。有典有则，贻厥子孙。开石和钧，王府则有。荒坠厥绪，覆宗绝祀！"（8句）

其五曰："呜呼！曷归？予怀之悲。万姓仇予，予将畴依？郁陶乎予心，颜厚有忸怩。弗慎厥德，虽悔可追？"（9句）

从中可以看出早期歌体的基本特征，采用组歌形式，表达深沉回环的感情，给人留下深刻印象；句式尚未固定，五首歌句数各不相同，分别为14句、6句、5句、8句、9句。对同一首歌而言，每句的字数也不尽相同；在文体内涵上借古诫今，表现了以史为鉴的精神；在修辞上以押韵为主，并通过运用一些语气词来增强篇章的感情色彩。有先贤认为《五子之歌》为伪作，夏朝不可能有如此成熟之诗歌。笔者认为歌体在三代时期已经存在，《五子之歌》体现了在成熟的诗歌总集《诗经》出现之前，中国古代诗歌的最初形态。首先，从《五子之歌》本身的体式来讲，五首诗歌体制形式各不相同，押韵也无规律可循。这体现了早期歌谣因事而歌，随歌成文的产生事实。贾海生通过将今本《尚书》的

《五子之歌》与《墨子》记录的《武观》以及《离骚》中的"五子用失乎家巷"句进行对比、分析，认为《夏书》中的《五子之歌》就是《墨子》书中记录的《武观》，这同时说明了《五子之歌》确实产生于夏代的历史事实。❶其次，在其产生之前已经有较多艺术性很强的歌谣流传下来。《弹歌》、❷帝尧时期的《击壤歌》、❸夏禹时期的《九歌》，❹今天虽然已经无法看见夏禹《九歌》的原文，但是《尚书》和《楚辞》中多次提到它，屈原也把自己的一组作品命名为《九歌》，这几种关于《九歌》的记录和改编与夏禹《九歌》之间一定存在某种联系，这还有待于进一步思考和论证。《尚书·皋陶谟》还保存了《元首歌》《股肱歌》等三首珍贵的古歌，这是我国历史上现存最早的抒情乐歌。

据《皋陶谟》记载，舜帝与大臣们在一次议政会议结束后的庆功乐舞中，共同唱和了三章乐歌。《益稷》载：

帝庸作歌。曰："敕天之命，惟时惟几。"乃歌曰"股肱喜哉，元首起哉，百工熙哉！"

皋陶拜手稽首，飏言曰："念哉！率作兴事，慎乃宪，钦哉！屡省乃成，钦哉！"

乃赓载歌曰："元首明哉，股肱良哉，庶事康哉！"

又歌曰："元首丛脞哉，股肱惰哉，万事堕哉！"

---

❶ 贾海生："《武观》《五子之歌》与《离骚》"，载《中国典籍与文化》2001年第38期，第31~36页。

❷ 逯钦立辑校：《先秦汉魏晋南北朝诗》，中华书局1983年版，第1页。

❸ 同上书，第48页。

❹ （宋）洪兴祖撰：《楚辞补注》，中华书局1983年版，第21页，第98~99页。

帝拜曰："俞，往钦哉！"

于文哲认为："这三首古歌开创了'九歌体'，对后世诗歌的体制特征产生了影响。"❶正是在这些诗歌情感的积累和技巧的探索基础之上，周代才能产生一部艺术水平很高的诗歌总集《诗经》。据司马迁《史记》记载，古代诗歌数量要远远多于《诗经》所选："古者诗三千余篇，及至孔子，去其重，取可施于礼义，上采契、后稷，中述殷周之盛，至幽、厉之缺。"❷综上所述，可以认为歌体三代以前就已经产生，《五子之歌》创作于夏朝是极有可能的。

《尚书》中的《五子之歌》是早期歌体文学的代表，对后来的诗体和歌行体都有一定影响。明人胡应麟说："余漫考之，歌之名义，由来远矣。《南风》《击壤》，兴于三代之前；《易水》《越人》，作于七雄之世；而篇什之盛，无如骚之《九歌》，皆七言古所自始也。……孝武以还，乐府大演，《陇西》《豫章》《长安》《京洛》《东西门行》等，不可胜数，而行之名，于是著焉。较之歌曲，名虽小异，体实大同。至《长》《短》《燕》《鞠》诸篇，合而一之，不复分别。……则知歌者曲调之总名，原于上古；行者歌中之一体，创自汉人明矣。"❸胡应麟认为，"歌"和"行"二者的合称而有"歌行"之名，实际上肯定了"歌

---

❶ 于文哲："《尚书·皋陶谟》古歌解读"，载《名作欣赏》2011年第20期，第4~5页。

❷ （汉）司马迁撰，（唐）张守节正义：《史记》，中华书局1982年第2版，第1936页。

❸ （明）胡应麟撰：《诗薮》，中华书局1958年版，第41页。

行"体与上古三代古歌之间的渊源关系。《书经讲义》云："歌者，文辞之有韵者也，古与今同焉者也（如诗家歌行之类）。"❶薛天纬："最原始的歌行，乃是传唱于百姓口头的七言民歌。"❷这些看法是有道理的，当然早期歌行不一定都是在七言民歌基础上发展起来，非七言民歌对歌行体的产生也有重大影响，如《五子之歌》。实际上唐代以前的歌行并非专指七言长短句，胡应麟云："今人例以七言长短句为歌行，汉、魏殊不尔也。"❸另一个事实就是，《宋书》中，被沈约称为"歌行"的那些乐府"舞曲歌辞"，有通篇五言，有通篇四言，有杂言的。❹这进一步证实了《五子之歌》之类的歌体与歌行体有着很深的渊源关系。

❶ 陈荣昌鉴定，张鸿范讲述，遗史氏辑：《书经讲义》，文听阁图书有限公司2009年版，第7~9页。
❷ 薛天纬："歌行诗体论"，载《文学评论》2007年第6期，第5~12页。
❸ （明）胡应麟：《诗薮》，中华书局1958年版，第39页。
❹ （梁）沈约：《宋书》，中华书局1974年版，第539页。

第三章 《尚书》涉及的文体

《尚书》中提到的文体类型有诗、箴、盟、辞、谚语、册等6种，这些文体上古以来就已经存在，在《尚书》中被直接作为文体概念使用。从《尚书》对这些文体概念娴熟使用的情况来看，在三代以前，我国文体就已经十分丰富。下面就这些文体在《尚书》中的使用情况及其文化内涵作详细分析。

第一节 "作诗言志"与"赋诗言志"

《说文解字》云："诗，志也，"段注："《毛诗序》曰：'诗者，志之所之也。在心为志，发言为诗'。……诗犹承也。谓奉纳之怀中。内则诗负之注。"❶但是《尚书》中提到的诗，泛指一切诗歌，是一种用来抒情言志的文学样式。"诗三百"编订以后，"诗"逐渐成为《诗经》的固定称谓。《尚书·尧典》云："帝曰：夔！命汝典乐，教胄子，直而温，宽而栗，刚而无虐，简而无傲。诗言志，歌咏言，声依咏，律和声，八音克谐，无相夺伦"。孔安国

---

❶ （汉）许慎撰，（清）段玉裁注：《说文解字注》，上海古籍出版社1988年第2版，第90页。

传："以歌诗道之舞之，教长国子中、和、祇、庸、孝、友。……诗言志以道之，歌咏其义以长其言"。孔颖达疏曰："帝呼夔曰：我今命汝典掌乐事，当以诗、乐教训适长子，使此长子正直而温和，宽宏而庄栗，刚毅而不苛虐，简易而不傲慢。教之诗、乐，所以然者，诗言人之志意，歌咏其义以长其言。乐声依此长歌为节，律吕和此长歌为声，八音皆能和谐，无令相夺。道理如此，则神、人以此和矣。"❶从中可以看出，诗、歌、乐、舞在早期是四位一体的，其作用是寓教于乐，在音乐、舞蹈的感发下，用吟诵和歌唱的形式，抒发心中情感志意和理想抱负。由于诗与歌具有即兴而作的特点，所以在从政与交流中作用比较大。在早期的诗教中，乐官除了教给国子们现成的诗歌外，还要交给他们作诗特别是即兴作诗的技巧和能力，以及用"击石拊石""八音克谐"的方式感发国子的诗情。

这是"作诗以言志"的发生原理，但是春秋之后，"作诗以言志"的行为逐渐向"赋诗以言志"的行为转变。关于转变的原因，刘丽文是这样描述的："春秋时期礼崩乐坏，礼仪多被僭越，乐章之义失落了，于是燕享礼仪中诗经历了一个从取乐章之义到取词章之义又到'点歌'即赋诗言志、断章取义的演变。"❷这是从"作诗以言志"和"赋诗以言志"这两种行为中诗歌的存在状态出发，解释二者发生转变

---

❶ （汉）孔安国传，（唐）孔颖达正义：《尚书正义》，上海古籍出版社2007年版，第106页。

❷ 刘丽文："春秋时期赋诗言志的礼学渊源及形成的机制原理"，载《文学遗产》2004年第1期，第33~43页。

的原因。若从物质和意识的存在关系来看，二者转变的根本原因还在于社会生活的变化。春秋以后，随着社会的发展，生活节奏的加快，行政外交事务逐渐繁琐，公卿士大夫们作诗的速度远远不能满足现实政治生活的用诗要求。同时，在之前的政治生活中产生了大量的言志诗篇，随着这些诗篇的文本化和《诗经》的最终编订，公卿大夫找到一条"言志"的捷径，即通过学诗以增强自身言说的技巧和从政修养，并在相似场合通过象征性地背诗来达到政治或外交的目的。这就是由春秋时期人们从"作诗以言志"向"赋诗以言志"行为转变的根本原因。

为什么早期诗歌要配乐呢？笔者认为音乐和舞蹈的主要作用是感发意志。高华平结合出土竹简中相关资料，认为："诗乐的产生，不是一个纯粹的诗、言、志的关系问题，而是一个风（气）动物，物感人，再动人心志，发为言咏的文艺发生过程。"[1]这是诗、歌、乐、舞四位一体的根本原因。在春秋战国特别是文学进入"为文学而文学"的阶段以后，诗歌等文学活动的职能逐渐由贵族参政议政转变为文人抒情表意的工具，诗歌技巧、声律、语言等也在不断发展变化并日趋成熟，但是音乐的变化始终是诗歌形式和内容变化的一个重要原因。汉乐府的《鼓吹铙歌》十八曲，便是其中的代表。萧涤非说："吾国之有杂言，当断自汉《铙歌》始。以十八曲者无一而非长短句，其格调实为前此诗歌之所未有也。《诗经》中虽间有其体，然以较《铙歌》之变化无

---

[1] 高华平："诗言志续辨——结合新近出土竹简的探讨"，载《文学评论》2008年第1期，第106~112页。

常，不可方物，乃如小巫之见大巫焉。此当由于《铙歌》北
狄西域之新声，故与当时楚声之《安世》《郊祀》二歌全然
异其面目。而音乐对于诗歌之影响，亦即此可见。"❶直到
唐代诗、乐相合的传统还保留着，唐代格律诗的广泛传播与
其可以歌唱的音乐性是分不开的。

第二节　箴与中国人的内省精神

箴在《尚书》里共出现两次，皆以名词形式出现。《盘
庚（上）》："无或敢伏小人之攸箴"。孔安国传："言无
有敢伏小人之所欲箴规上者。戒朝臣。箴，之林反，马云：
'谏也。'"❷《盘庚（上）》："相时憸民，犹胥顾于箴
言"。孔颖达疏："我视彼憸利小民，犹尚相顾于箴规之
言，恐其发举有过口之患，故以言相规。"❸

由上可见，《尚书》是直接将箴作为一种文体看待的，
就《盘庚》说话的具体语境可以作如下两点推测：第一，
箴在商代以前就已经出现，并且为老百姓熟悉和运用。刘
勰《文心雕龙·铭箴》云："斯文之兴，盛于三代。夏商
二箴，余句颇存。及周之辛甲百官箴一篇，体义备焉。"❹
就《盘庚》篇中提到的箴体情况来看，刘勰所言不差。来裕

---

❶ 萧涤非：《汉魏六朝乐府文学史》，人民文学出版社1984年版，第59页。
❷ （汉）孔安国传，（唐）孔颖达正义：《尚书正义》，上海古籍出版社2007
年版，第340页。
❸ 同上书，第344页。
❹ （南朝梁）刘勰著，范文澜注：《文心雕龙注》，人民文学出版社1958年
版，第194页。

恂《汉文典》将箴铭文统称之为箴规类文体，他说："箴规类者，圣贤所以自警、警人之义，其辞质而意深，盖自古有此文体矣。"❶第二，箴的文体功能用于警戒、察省，其警戒对象可以是帝王，也可以是普通人，即如《盘庚》中所言的"小人之攸箴"和"胥顾于箴言"。《说文解字注》："箴，缀衣箴也"，段注："缀衣，联缀之也渭鉞之使不散。若用以缝则从金之针也。……引申之义为箴规。"❷明徐师曾《文体明辨序说》："盖医者以箴石刺病，故有所讽刺而救其失者谓之箴，喻箴石也。"《盘庚》篇没有谈及箴的具体内容，关于早期箴的形制，我们只能从其他典籍中探知。考察《全上古三代秦汉六朝文》收录的上古三代箴文，从体制上看，这些早期的箴文篇幅大都简短，没有固定的句式要求，多的有十几句，少的只有一句，每句字数从三言到七言不等，但以四言为主，如《虞箴》通篇皆用四言；所用修辞手法比较丰富，有排比、对偶、比喻等，如《夏箴》就用排比的手法，增强文章的气势和感染力；早期的箴有散文有韵文，但以韵文居多，故《文心雕龙》将"箴"归于"有韵之文"。

唐代之前的箴绝大部分是针对帝王提出劝诫。周太史辛甲的《百官箴》即是命百官箴王阙，如《虞箴》称引大禹

---

❶（清）来裕恂著，高维国、张格注释：《汉文典注释》，南开大学出版社1993年版，第321页。

❷（明）徐师曾著，罗根泽校点："文体明辨序说"，见郭绍虞主编：《中国古典文学理论批评专著选辑》，人民文学出版社1982年版，第140页。

和帝羿的典故，❶并将其进行对比，劝诫帝王不要沉迷于狩猎。汉代扬雄仿《虞箴》而作的《十二州箴》和《二十五官箴》等皆为"官箴"。因为官箴的警诫对象是帝王，所以为了表示臣子的谦卑，一般在官箴的末尾都有"敢告某某"的字样，"某某"指的是箴规的提出者，通常是一些地位较低之人。如《虞箴》："兽臣司原，敢告仆夫。"❷扬雄《冀州牧箴》："牧臣司冀，敢告。"❸潘尼《乘舆箴》："有皇司国，敢告纳言。"❹仆夫、纳言皆指帝王身边的侍者或仆从，这里用来指代作箴者，表明对帝王的恭敬。这是官箴文体的标志性话语。

唐代以后，箴可用于自我反省，检讨自己的言行并提出警示。如韩愈有《五箴》，分别是关于"游""言""行""好恶""知名"的箴文，其序文说："人患不知其过，既知之不能改，是无勇也。余生三十有八年，发之短者日益白，齿之摇者日益脱，聪明不及于前时，道德日负于初心，其不至于君子，而卒为小人也昭昭矣。作《五箴》以讼其恶云。"❺还有元结的《自箴》、柳宗元的《忧箴》，等等。由于私箴的规诲对象是自己或周围之人，写作者没有等级尊卑的顾虑，故文本结构呈现多样化，文章也更加生动、

---

❶❷（晋）杜预注，（唐）孔颖达等正义：《春秋左传正义》，上海古籍出版社1997年版，第1933页。

❸（清）姚鼐集，胡士民、李祚唐标校：《古文辞类纂》，上海古籍出版社1998年版，第655页。

❹（清）曾国藩纂：《经史百家杂钞》，岳麓书社2009年版，第248页。

❺（清）姚鼐集，胡士民、李祚唐标校：《古文辞类纂》，上海古籍出版社1998年版，第659页。

有趣。

历代文学总集皆收有箴类著作，这说明箴这种文体一直受到历代文学家的青睐。这与中国人自古以来善于自省的精神有很大关系。子曰："内省不疚，夫何忧何惧？"❶荀子云："君子博学而日参省乎己，则知明而行无过矣。"❷《文选序》曰："箴兴于补阙。"❸中国人谦逊的做人处事态度，总是认为自己的人生不够完美，期望在不断的自我反省与批评中获得道德和人格的完善，所以称为"修身"。箴体正适应了人们的这种需要，因此箴体篇章世代继作者不绝于缕。

第三节 盟与周代的"司盟"制度

《尚书·吕刑》云："民兴胥渐，泯泯棼棼，罔中于信，以覆诅盟。虐威庶戮，方告无辜于上，上帝监民，罔有馨香，德刑发闻惟腥。皇帝哀矜庶戮之不辜，报虐以威，遏绝苗民，无世在下。"孔安国传曰："三苗之民渍于乱政，起相渐化，泯泯为乱，棼棼同恶，皆无忠于信义，以反背诅盟之约。"❹《尚书·大禹谟》云："禹乃会群后，誓于师

---

❶ （魏）何晏等注，（宋）邢昺疏：《论语注疏》，上海古籍出版社1997年版，第2503页。

❷ （清）王先谦撰，沈啸寰、王星贤点校：《荀子集解》，中华书局1988年版，第2页。

❸ （南朝梁）萧统编，（唐）李善注：《文选（第一册）》，中华书局1977年版，第2页。

❹ （汉）孔安国传，（唐）孔颖达正义：《尚书正义》，上海古籍出版社2007年版，第771~772页。

曰：'济济有众，咸听朕命'。孔颖达疏曰："据此文，五帝之世有誓。周礼立司盟之官，三王之世有盟也。"❶其实，从《尚书》的记载来看，三代以前不仅存在誓，而且已经存在盟。《尚书》有四篇文章涉及"三苗"，分别为《尧典》《舜典》《大禹谟》和《吕刑》。我们可以根据这四篇文章涉及三苗的内容，来还原一下帝舜诛戮三苗整个事件的经过：帝舜与诸侯国三苗立有盟约，但苗民违背盟约，滥制刑法，虐威百姓，德行败坏，帝舜奉上帝的旨意讨伐之，结果是"遏绝苗民，无世在下"（《周书·吕刑》）。在帝舜确定禹为继承人之后，命禹徂征三苗，禹在益的启发下，修阐文教最终征服有苗。从中大约可以推知帝舜与三苗盟誓的主要内容和作用，即在刑法方面对附属国进行约束，要求参盟国施行德政，从轻刑罚，否则就将遭到"无世在下"的诅咒与惩罚。当时的盟誓应该还只是口头形式，没有留下书面记录，内容上也不会太繁复。所以吴承学推测："最早的盟誓自然只能是口头形式，文字产生以后盟誓才逐渐发展成比较完整的文本。"❷帝舜与三苗之间所立的盟誓可能就是口头盟誓，故《尚书》中史官没有记录具体盟誓的仪式和内容。

到了周代，盟誓则发展成重要的国家礼仪制度，还设有专门的操作人员，负责盟誓之辞的草拟、宣读和记载。《周礼·诅祝》："诅祝掌盟、诅、类、造、攻、说、禬、祟之

---

❶ （汉）孔安国传，（唐）孔颖达正义：《尚书正义》，上海古籍出版社2007年版，第137~139页。

❷ 吴承学："先秦盟誓及其文化意蕴"，载《文学评论》2001年第1期，第102~111页。

祝号。作盟诅之载辞，以叙国之信用，以质邦国之剂信。"
郑玄注："八者之辞，皆所以告神明也。盟诅主于要誓，大
事曰盟，小事曰诅。载辞，为辞而载之于策。"贾公彦疏
曰："秋官自有司盟之官，此诅祝兼言之者，司盟直掌盟
载之法，不掌祝号与载辞，故使诅祝掌之。"❶同时又设有
专门人员，对盟誓之辞的文书副本进行处理。《周礼·秋
官·大司寇》："凡邦之大盟约，莅其盟书，而登之于天
府，大史、内史、司会及六官，皆受其贰而藏之。"❷孙诒
让说："盖凡盟书，皆为数本，一本埋于坎，盟者各以一本
归，而盟官复书其辞二藏之。其正本藏天府及司盟之府，副
本又别授六官，以防遗失，备检勘，慎重之至也。"❸

周代的盟誓除了协调周王和诸侯国之间以及诸侯国相互
之间的关系，同时也用于普通百姓的狱讼之中，这和后世各
种法律条文的作用相似。《周礼·司盟》云："司盟，掌盟
载之法。凡邦国有疑会同，则掌其盟约之载，及其礼仪，北
面谓明神。既盟，则贰之。盟万民之犯命者，诅其不信者亦
如之。凡民之有约剂者，其贰在司盟。有狱讼者，则使之盟
诅。"郑玄注云："有疑，不协也。明神，神之明察者，谓
日月山川也。"❹

---

❶ （汉）郑玄注，（唐）贾公彦疏：《周礼注疏》，上海古籍出版社1997年
版，第816页。

❷ 同上书，第871页。

❸ （清）孙诒让撰，王文锦、陈玉霞点校：《周礼正义》，中华书局1987年
版，第2855页。

❹ （汉）郑玄注，（唐）贾公彦疏：《周礼注疏》，上海古籍出版社1997年
版，第881页。

　　盟誓是神权至上，社会意识处于原始蒙昧时期的必然产物。三代以前，人们信鬼好巫，对自然山川、祖宗神灵既崇拜备至又充满恐惧。因此，借助这些超自然的东西对社会成员进行约束和规范，便是他们的必然选择，而盟誓仪式便是约束他们的具体形式。吕静说："在当时的条件下尚没有出现可以凌驾于双方或各方的超权力者来审判是非的时候，双方或者各方就通过盟誓来达到制约各方行为的目的，而同时把监督当事人的行为，或者一旦某一方违约以后降临灾难性惩罚的角色，托付于各方共同崇拜的神灵。"❶可以说这些盟誓仪式上的诅辞，是后来法律条文的滥觞。董芬芬说："这些盟书档案，在春秋时代起着类似国际公约或法律的作用，在许多场合，都被当作法律条文来援引。"❷《尚书·吕刑》中帝尧在诛戮三苗时一个重要理由就是三苗"罔中于信，以覆诅盟"，这正说明"诅盟"在参加盟誓者之间所起的类似国际公约的约束作用。摩尔根在《古代社会》中说："在文明社会开始之后，希腊、罗马和希伯来的最早的法律，只不过是他们前代体现在风俗习惯中的经验的成果变为法律条文而已。"❸吴承学说："随着社会的发展，社会契约和法律的作用越来越大，人与人、族与族、国与国之间的关系，逐渐由法律与契约来协调和制约。当然，实际上就是强权与实力起着主导地位，强权取代了神权。秦汉以后，

---

❶　吕静：《春秋时期盟誓研究》，上海古籍出版社2007年版，第4页。

❷　董芬芬：《春秋辞令文体研究》，上海古籍出版社2012年版，第8页。

❸　(美)路易斯·亨利·摩尔根著，杨东莼等译：《古代社会》，商务印书馆1977年版，第547页。

官方的盟誓大致流为形式，而不具备巨大的威慑力，盟誓在政治与外交中的作用明显弱化了。"❶但是在民间社会，盟誓行为一直存在，比如民间的结义拜盟、一些秘密社团的盟约等。

第四节 谚与"雅俗之辨"的文学现象

《尚书》中4次引用谚语，表达言说者某种特定情感。原文及经学家的注解如下。《盘庚（上）》："迟任有言曰：'人惟求旧，器非求旧，惟新'。"孔颖达疏曰："其人已没，其言立于后世，知是古贤人也。"❷《泰誓》："古人有言曰：'抚我则后，虐我则雠'。"孔安国传曰："武王述古言以明义。"❸《牧誓》："古人有言曰：'牝鸡无晨，牝鸡之晨，惟家之索'。"孔安国传曰："喻妇人知外事，雌代雄鸣则家尽，妇夺夫政则国亡。"孔颖达疏曰："此以牝鸡之鸣喻妇人知外事，故重申喻意云：'喻妇人知外事，雌代雄鸣则家尽，妇夺夫政则国亡。'家总贵贱为文，言家以封国耳。将陈纣用妇言，故举此古人之语。"❹《秦誓》："古人有言曰：'民讫自若，是多盘'。"孔安国传曰："言民之行己尽用顺道，是多乐。称古人言，悔前

---

❶ 吴承学："先秦盟誓及其文化意蕴"，载《文学评论》2001年第1期，第102~111页。

❷ （汉）孔安国传，（唐）孔颖达正义：《尚书正义》，上海古籍出版社2007年版，第345~346页。

❸ 同上书，第416页。

❹ 同上书，第422~423页。

不顺忠臣。"孔颖达疏曰:"称'古人言'者,悔前不用古人言,不顺忠臣之谋故也。"❶

《尚书》中引用的谚语,有的是人们的经验之谈,有的是古贤人的政治隽语,有的是表达对人生的美好愿望,虽然各条谚语的句式不尽相同,但是总体来说它们的体制都很简短,说明谚语的文体要求言简意赅。

对于谚语的内涵,前贤也多有解释。《说文解字注》:"谚,传言也。"段注:"传言者,古语也。古字从十口识前言。凡经传所称之谚,无非前代故训,而宋人作注乃以俗语俗论当之,误矣。"❷刘勰《文心雕龙·书记》曰:"谚者,直语也。丧言亦不及文,故吊亦称谚。廛路浅言,有实无华。邹穆公云:囊满储中,皆其类也。《太誓》曰:'古人有言,牝鸡无晨。'《大雅》云:'人亦有言,惟忧用老'。并上古遗谚,《诗》《书》可引者也。至于陈琳谏辞,称掩目捕雀,潘岳哀辞,称掌珠伉俪:并引俗说而为文辞者也。夫文辞鄙俚,莫过于谚,而圣贤诗书,采以为谈,况蹻于此,岂可忽哉?"❸刘勰认为谚语"文辞鄙俚"。谚语在形式上的特点是,体式简短,表达直接,不事雕琢,不以文采取胜,注重内容的哲理性和丰富性。明代徐师曾认为谚语是"诗之流",他在《文体明辨序说》,将谚归入古歌

---

❶ (汉)孔安国传,(唐)孔颖达正义:《尚书正义》,上海古籍出版社2007年版,第814~815页。

❷ (汉)许慎撰,(清)段玉裁注:《说文解字注》,上海古籍出版社1988年第2版,第95页。

❸ (南朝梁)刘勰著,范文澜注:《文心雕龙注》,人民文学出版社1958年版,第460页。

谣辞："至如夏谚、齐语，皆有音韵，亦诗之流也，虽古集不列，而近时谈诗者往往取之，故亦附焉。"❶由此可以推测，谚语在明代比较受文人的重视，这和宋代以后俗文学发展的潮流有关。中国古代文体发展存在互渗性，其中雅俗互渗性便是一个重要方面。袁行霈在《中国文学史》中说："在中国文学的演进过程中，有一些相反相成的因素，它们的互动值得注意。……雅俗之间的互动，使文学的长河陆续得到新鲜活水的补充和激荡，而保持着它的长清。"❷王齐洲说："雅俗观念是中国文学的重要观念，它的演进与中国文化和中国文学的发展是同步的。以音声为表征的政治雅俗观是与政教合一、学在王官的礼乐文化相伴生的。它所凸显的是宗法伦理和等级秩序，其文学形态是诗书礼乐等反映礼乐文化的贵族文学。以学术为表征的文化雅俗观是与政教分离、学在四夷的道德文化相伴生的，它所张扬的是中国早期知识分子的文化理想和文化精神，其文学形态是反映知识分子文化人格的论、说、记、传、辞、赋等精英文学。"❸无论是贵族文化还是精英文学，都属于雅文学。宋代以前，雅文学占据中国文坛主流，小说、戏曲、谚语、民歌等俗文学则不被文人重视。宋代以后，话本、戏曲、小说等俗文学开始受到文人青睐，并给予很高的社会评价。这种时代文化思

---

❶ （明）徐师曾著，罗根泽校点："文体明辨序说"，见郭绍虞主编：《中国古典文学理论批评专著选辑》，人民文学出版社1962年版，第98页。

❷ 袁行霈主编：《中国文学史（第一卷）》，高等教育出版社2005年版，第9页。

❸ 王齐洲："雅俗观念的演进与文学形态的发展"，载《中国社会科学》2005年第3期，第151~164页。

潮是谚语为"谈诗者往往取之"的重要原因。

与一般文体不同的是，谚语的创作者多是广大人民群众。乡人即哲人，老百姓在长期社会生活和生产实践中总结出来的经验，总是以最准确到位的言辞，表达最深刻丰富的内涵。故谚语虽然文辞鄙俚，但常常被文人引入诗、文，用以增加抒情言理的力度。谚语具有很强的生命力，一般采用韵语形式，每句字数长短不一。文人采用谚语说理或抒情，使得作品富有活力而不刻板，收到亦庄亦谐、雅俗共赏的艺术效果。雅俗互渗性是中国古代文学演变的一条基本规律。雅俗互渗性的过程如下，雅文学通过引入俗文学的因素，使作品更加贴近生活，为更多人所喜闻乐见，俗文学则通过对雅文学因素的接纳提升其文化品位，为社会上层所接受，提高创作者的社会地位和影响力。这就是雅、俗之间的辩证统一关系。《论语·述而》云："子所雅言，《诗》《书》执礼，皆雅言也。"刘宝楠云："夫子凡读《易》及《诗》《书》，执礼，皆用雅言，然后辞义明达，故郑以为义全也。后世人作诗用官韵，又居官临民，必说官话，即雅言矣。"❶王齐洲说："孔子生活在鲁国，其日常生活语言当然是鲁地方方言，但其诵《诗》、读《书》、执礼，则用周室西都和王畿一带的官话，以便更准确地领会和传达《诗》《书》、执礼中的文化精神。"❷由此可见，《尚书》庄重

---

❶ （清）刘宝楠撰，高流水点校：《论语正义》，中华书局1990年版，第269页。

❷ 王齐洲："雅俗观念的演进与文学形态的发展"，载《中国社会科学》2005年第3期，第151~164页。

典雅，和《诗经》一样，是当时雅文学的代表。《尚书》
多处引用谚语，这可以说是中国文学雅俗互渗规律的一个
体现。

古今学者对谚语的意见不同，有的学者将谚语看成文
体，有的学者未将谚语纳入文体之列，原因大概在于谚语体
制短小，一般以散句格言形式存在，不能构成完整意义的篇
章。笔者认为，谚语虽然体制短小，但是由于其直接来自于
老百姓的日常生活，通常蕴藏其他文体所没有的社会生活真
理和内涵，实在是众多文体形式中的一朵不可缺少的奇葩，
应该继承并发扬光大。

第五节 辞与"万物有灵"的宗教观念

"辞"在《尚书》中出现的次数较多，归纳起来大约有
两种意思。第一种是表达对社稷、人民长治久安的祝颂辞。
如《太甲（上）》："惟朕以怿，万世有辞。"《君陈》：
"其尔之休，终有辞于永世。"第二种是"舌上之辞"，包
括外交辞令和诉讼文书。如《吕刑》："察辞于差，非从惟
从。在今尔安百姓，何择非人？何敬非刑？何度非及？两造
具备，师听五辞。"《周书·毕命》云："辞尚体要，弗惟
好异。"《说文解字注》："辞，说也。辞，犹理辜也。
辞，籀文辞从司。"段注："今本说为讼。……言部说
者，释也。"❶许慎对辞的解释与《尚书》中第二类辞的含

---

❶ （汉）许慎撰，（清）段玉裁注：《说文解字注》，上海古籍出版社1988年
第2版，第742页。

义是一致的。

后世的辞体大致沿着这样两个方向发展。

第一是表达对自然或社会美好愿望的祝辞，一般采用韵文形式。这类辞一般都与宗教祭祀活动紧密相关，在形式上具有诗的节奏和韵律，句式整齐、音节流畅。故《文心雕龙》将这类辞收入"祝盟"之中，归入韵文之列。前面总结的《尚书》中的第一种辞大概属于此类。这类祝辞的典型代表就是《礼记·郊特牲》记录的《伊耆氏蜡辞》，其内容如下："土反其宅。水归其壑。昆虫勿作。草木归其泽。" ❶这首祝祷辞虽然只有短短16个字，但表达了丰富的文化内涵。郑玄曰："万物有功加于民者，神使为之也，祭之以报焉。" ❷蜡辞主要是为了报答保佑大地丰收的神灵，同时表达期望未来风调雨顺的美好愿望。先秦还有很多类似对自然表达感谢与祈愿的辞，大约有十多首被收入《先秦汉魏晋南北朝诗》。这类辞，有传为舜的《祠田辞》、商汤的《祷雨辞》、周之太祝的《叚辞》，还有《仪礼》记录的《祭侯辞》、《史记》引的《禳田辞》、《文心雕龙》引的《祭辞》等。甲骨卜辞中与祭祀仪式相关的辞也属于此类。这些辞以及相应的祭祀活动，是农业社会靠天吃饭的传统生产生活方式在文学上和文化上的体现。

自然以外，人类本身举行的一些礼节也要用辞，以表达对生人的美好祝愿。如《成王冠辞》说："令月吉日，王

---

❶ （汉）郑玄注，（唐）孔颖达等正义：《礼记正义》，上海古籍出版社1997年版，第1454页。

❷ 同上书，第1453页。

始加元服。去王幼志服衮职。钦若昊天，六合是式。率尔祖考，永永无极。"❶周武王崩，成王年幼，所以周公摄政，成王长大以后亲政，这是当时祭拜祖先时候的祝辞，无非是希望祖宗保佑，江山万年。不仅君主，一般士人也有冠辞，《仪礼》曰："令月吉日，始加元服。弃尔幼志，顺尔成德。寿考惟祺，介尔景福。……吉月令辰，乃申尔服。敬尔威仪，淑慎尔德。眉寿万年，永受胡福。"❷这里同样表达的是对未来的美好愿望。这类与祝颂仪式相关的辞，在后代划分越来越细，有哀辞，祝辞等。明代徐师曾《文体明辨序说》云："按哀辞者，哀死之文也，故或称文。夫哀之为言依也，悲依于心，故曰哀；以辞遣哀，故谓之哀辞也。昔班固初作《梁氏哀辞》，后人因之，代有撰著。或以有才而伤其不用，或以有德而痛其不寿。幼未成德，则誉止于察惠；弱不胜务，则悼加乎肤色。此哀辞之大略也。其文皆用韵语，而四言骚体，惟意所之，则与诔体异矣。"❸哀辞中也表达着对描写对象的赞美，而且这种赞美要用韵语，在赞美内容方面也有约定俗成的模式。

第二是外交辞令或诉讼文书。这类辞的产生与生人之事密切相连，实用性大于仪式性，一般采用散文的创作手法。甲骨卜辞中与田猎、战争等相关的文辞、《尚书》中的"讼辞"即是这个系统的主要源头。《文心雕龙》云：

---

❶ 逯钦立辑校：《先秦汉魏晋南北朝诗》，中华书局1983年版，第48页。
❷ （汉）郑玄注，（唐）贾公彦疏：《仪礼注疏》，上海古籍出版社1997年版，第957页。
❸ （明）徐师曾著，罗根泽校点："文体明辨序说"，见郭绍虞主编：《中国古典文学理论批评专著选辑》，人民文学出版社1962年版，第153页。

"辞者，舌端之文，通己于人。子产有辞，诸侯所赖，不可已也。"❶范文澜注曰："《说文》：辞，讼也。辞之本训为狱讼之辞，通用为言说之词。"❷这正说明后世的辞体与《尚书》中"辞"之间的密切关系。刘勰将这类辞放在"书记"里面论述，说明这类词随事为文，不讲究押韵。后世的文人辞体作品，大多沿着这条线路而作。

此外，还有一些文人创作的表达盛世危言和美好愿望的文字，也称为辞。如《吕氏春秋·贵直》篇记载狐援的《投壶辞》，运用哭辞的方式表达对齐国亡国的哀矜与悲痛，希望自己像比干、伍子胥一样以言辞救国。与此相似的还有荀子的《成相》，又称《成相杂辞》，也是一篇以史为鉴的危言之作。正是从辞体的这个内涵出发，汉代人才把屈原抒发爱国爱民思想、渴望以言救世的作品，称为《楚辞》。后来的文人辞作，大多沿着这条思路向前发展。

第六节　册与册命礼

册在《尚书》中指的是帝王对臣下或后代的册赏或册命新君的文书。《尚书·金縢》："史乃册祝曰：惟尔元孙某，遘厉疟疾……"孔安国："史为册书祝辞也。"❸《洛诰》："戊辰，王在新邑，烝祭岁，文王骍牛一，武王骍牛

---

❶ （南朝梁）刘勰著，范文澜注：《文心雕龙注》，人民文学出版社1958年版，第460页。

❷ 同上书，第490页。

❸ （汉）孔安国传，（唐）孔颖达正义：《尚书正义》，上海古籍出版社2007年版，第495页。

一。王命作册逸祝册，惟告周公其后。王宾，杀、禋，咸格，王入太室祼。王命周公后，作册逸告诰。"孔安国传："古者褒德赏功，必于祭日，示不专也。"孔颖达疏："王命有司作策书，乃使史官名逸者祝读此册。"❶《顾命》："越翼日乙丑，王崩。……丁卯，命作册度，"孔安国传："三日命史为册书法度，传顾命于康王。"❷《顾命》："太史秉书，由宾阶隮，御王册命。"孔安国传："太史持册书《顾命》进康王。"孔颖达疏："太史之职掌册书，此礼主以为册命，太史所掌事重，故先言之。"❸

命体中所见的册命仪式内容主要涉及分封诸侯、加冕新王、戡乱、命官、行赏等5个方面。其中，《洛诰》《文侯之命》清晰再现了册命功臣的文辞内容，《顾命》则记录了册命仪式的完整过程。综合考察二者，就能够全面了解古代册命文体的文辞特征和功能内涵。《尚书·文侯之命》是一篇完整的册命文书，如下：

王若曰："父义和：丕显文、武，克慎明德，昭升于上，敷闻在下。惟时，上帝集厥命于文王。亦惟先正，克左右昭事厥辟。越小大谋猷，罔不率从，肆先祖怀在位。呜呼！闵予小子嗣，造天丕愆。殄资泽于下民，侵戎我国、家纯。即我御事，罔或耆、寿、俊在厥服，予则罔克。"曰："惟祖惟父，其伊恤朕躬。呜呼！有绩，予一人永绥在位。父义和：汝克昭

---

❶❷ （汉）孔安国传，（唐）孔颖达正义：《尚书正义》，上海古籍出版社2007年版，第610页。

❸ 同上书，第737页。

乃显祖，汝肇刑文、武，用会绍乃辟，追孝于前文人，汝多修，扞我于艰，若汝予嘉。"

王曰："父义和：其归视尔师，宁尔邦。用赉尔秬鬯一卣，彤弓一，彤矢百，卢弓一，卢矢百，马四匹。父往哉！柔远能迩，惠康小民，无荒宁！简恤尔都，用成尔显德。"

又《顾命》中涉及册命的仪式和内容的文字如下：

丁卯，命作册度。

越七日癸酉，伯相命士须材。狄设黼扆、缀衣。牖间南向，敷重篾席，黼纯，华玉仍几。西序东向，敷重底席，缀纯，文贝仍几。东序西向，敷重丰席，画纯，雕玉仍几。西夹南向，敷重笋席，玄纷纯，漆仍几。越玉五重，陈宝，赤刀、大训、弘璧、琬琰在西序，大玉、夷玉、天球、河图在东序，胤之舞衣、大贝、鼖鼓，在西房，兑之戈、和之弓、垂之竹矢在东房。大辂在宾阶面，缀辂在阼阶面，先辂在左塾之前，次辂在右塾之前。

二人雀弁，执惠，立于毕门之内。四人綦弁，执戈上刃，夹两阶戺。一人冕，执刘，立于东堂；一人冕，执钺，立于西堂。一人冕，执戣，立于东垂；一人冕，执瞿，立于西垂。一人冕，执锐，立于侧阶。

王麻冕黼裳，由宾阶隮。卿士、邦君麻冕蚁裳，入即位。太保、太史、太宗皆麻冕彤裳。太保承介圭，上宗奉同、瑁，由阼阶隮。太史秉书，由宾阶隮，御王册命。曰："皇后凭玉几，道扬末命，命汝嗣训，临君周邦，率循大卞，燮和天下，用答扬文、武之光训。"王再拜，兴，答曰："眇眇予末小子，其能而乱四方，以敬忌天威？"乃受同、瑁，王三宿，三祭，三咤。上宗曰："飨！"太保受同，降，盥以异同，秉璋以酢。授宗人同拜。王答拜。太保受同，祭，哜，宅授宗人同，拜。王答拜。太保降，收。

　　诸侯出庙门，俟。

　　从以上册命文字可以看出，册书是史官根据册命内容而创作的文辞，篇幅多少不限，但因为要在祭祀仪式上面对祖先念出来，一般篇幅不会太长。册命仪式举行的地点一般在宗庙太室中，册命文书由史官宣读，受命者要再拜稽首。

　　又《礼记·祭统》云：

　　古者明君爵有德而禄有功，必赐爵禄于太庙，示不敢专也。故祭之日，一献，君降立于阼阶之南，南乡，所命北面，史由君右执策命之，再拜稽首，受书以归，而舍奠于其庙。此爵赏之施也。❶

　　陈梦家说："周王策命的地点，虽亦行于宗庙，而常常行于王宫或臣工之宫的太室，太室应当是天子与臣工治事之所。"❷据董芬芬考证"太庙"和"太室"其实是同一个场所的不同说法，都指的是宗庙。❸册命仪式主要包括册命

---

　　❶　（汉）郑玄注，（唐）孔颖达等正义：《礼记正义》，上海古籍出版社1997年版，第1605页。

　　❷　陈梦家：《尚书通论》，中华书局1985年版，第155页。

　　❸　董芬芬：《春秋辞令文体研究》，上海古籍出版社2012年版，第154页。

者、册命对象、主持者和册命文书的宣读者以及参加册命仪式的公卿大臣。册命者一般是帝王，册命对象是建立功勋的臣下，主持者称为"傧"，负责引导来宾。"傧"的搭档则是史官，负责宣读册命文书。册命礼仪上的傧者，往往是当时的执政公卿，在朝廷享有很高的政治地位，如《顾命》中的太保。董芬芬说："傧者的意义不在于他做什么，而是傧者本身的身份地位。德高望重、地位显赫的人物为傧，受命者会倍感荣耀。"❶而宣读册命文书的史官则为内史，考之《周礼·大宗伯》：

> 傧，进之也。王将出命，假祖庙，立依前南乡。傧者进当命者，延之，命使登。内史由王右以策命之。降，再拜稽首；登，受策以出，此其略也。诸侯爵禄其臣，则于祭焉。

金文也证实此点：

> 唯王九月丁亥，王客于般宫，井（邢）白（伯）内（入）右（佑）利，立中庭，北乡（向）。王乎（呼）乍（作）命内史册命利。（《殷周金文集成》02804）
> 唯三月，王才（在）宗周，戊寅，王各（格）于大（太）朝（庙），密叔又（右）𧻚，即立（位），内史即命。（《殷周金文集成》04266）

内史宣读的内容见上录《文侯之命》中"王若曰""王

---

❶　董芬芬：《春秋辞令文体研究》，上海古籍出版社2012年版，第154页。

曰"之后的话语。册命文书的开始一般由内史以第三人称的语气对祖先介绍册封对象受封的原因、具体的封赏，册命的结尾是对受命者的教导和勉励并表达希望其再次建立功勋，造福于国家、人民的美好愿望。在《文侯之命》中，文侯受封的原因是"汝多修，扞我于艰"，周平王时，屡遭祸乱，正是在父義和的辅助和保卫下，才能够使得自己久安王位。具体的封赏是"秬鬯一卣，彤弓一，彤矢百，卢弓一，卢矢百，马四匹"，董芬芬说："西周天子赐给诸侯什么器具物品，诸侯才拥有该器具物品代表的权力。赐弓矢，代表赐给其专征伐之权，可以对不尊王命的诸侯进行征伐，以维护周王室的地位权威。"❶可见，晋国在东周初期就得到周王室的特别青睐与倚重，这为其后来称霸诸侯提供了有利的政治因素。册命的最后部分是对受命对象的教导和勉励。《尚书》中的《微子之命》《蔡仲之命》《毕命》《冏命》等篇章都涉及这样的内容，如《微子之命》说："往敷乃训，慎乃服命，率由典常，以蕃王室。弘乃烈祖，律乃有民，永绥厥位，毗予一人。"成王希望微子启恭听成命，遵循常法，辅佐周王室，并弘扬其祖宗功业，管理好人民，永远协助并忠心于周王。早期的册书，是祭祀祖先仪式中必不可少的一部分。君王对臣下发布策书时，由内史宣读，但是君王加冕的册书则由太史来宣读，《顾命》中"秉书而读"的正是太史。太史在周代史官中级别最高，是其他各类史官的总领，加冕国君时由太史宣读册命文书是册命仪式的最高规格，也体现了周代君王与臣下之间森严的等级关系。但是在册命文

---

❶　董芬芬：《春秋辞令文体研究》，上海古籍出版社2012年版，第168页。

辞方面，册命君主的文辞显然要更简略一些，原因是其省略了一般册命体包含的受封原因、具体的封赏、对受命者的教导等部分，只要宣布新王承天命，成为国主即可，然后新王再拜稽首作出简短的答谢，仪式结束。因此，帝王加冕的册命更注重仪式性和象征性，而其他册命则更注重文辞的教导性内容，有时候教导之语几乎充满整个篇章，目的是通过奖赏和反复说教拉拢人心，同心同德辅佐周室。

册命体篇章一般显示出雍容典雅、华丽质朴的特点。册命的前提都是册命对象建功立业或树德，故在册命文书中充满了对册命对象的褒奖和赞美之语，这些语词不仅能让受封者感到无比荣耀和温暖，也让倾听者如沐春风，感受到浩荡的君恩。由于册命仪式在宗庙中举行，为配合这一特殊场合的需要，册命文书在语词的选择和句式的运用等方面也颇为考究，"庄严肃穆中透出祥和、快乐、和谐、融洽的氛围"，散发出"贵族们的雍容典雅"。❶

册命文书的形制，也有一定的讲究。《说文解字注》："册，符命也。诸侯进受于王者也。象其札一长一短中有二编之形。"段注："《尚书》王命周公后作册逸诰、《左传》命尹氏及王子虎、内史叔兴父册命晋侯为侯伯、王使刘定公赐齐侯命及三王世家策文皆是也。后人多假策为之。"❷汉代将国家行政文书统一规定为四类，册命不在其中，蔡邕云："策者，简也。汉制命令，其一曰策书，长

---

❶ 董芬芬：《春秋辞令文体研究》，上海古籍出版社2012年版，第174页。
❷ （汉）许慎撰，（清）段玉裁注：《说文解字注》，上海古籍出版社1988年第2版，第85页。

二尺，短者半之；其次一长一短两编，下附篆书，以命诸
侯王三公，亦以诔谥；而三公以罪免，则一木两行隶书而
赐之，其长一尺。"❶刘熙《释名·释书契》："策，书教
令于上，所以驱策诸下也。""汉制：约敕封侯曰'册'。
册，赜也，敕使整赜不犯之也。"任继昉注曰："'册'、
'策'字通，固当合并。"❷以此看来汉代以后册书名称已
经被策书所代替，在功能上也有所扩大，由三代时期的专
用于册命，到兼用于册命、诔谥和敕免三公。具体用途的不
同主要通过木简的形制和字数的排列方式及多少来体现。唐
代以后，册文名称重新被启用，而且样式越来越繁多。明徐
师曾《文体明辨序说》："至于唐人，逮下之制有六，其三
曰册，字始作'册'，盖以金玉为之，《说文》所谓'诸
侯进受于王者也。象其札一长一短中有二编之形'者，是
也。"❸说明唐代又恢复上古三代的古制。册文在唐代重新
被启用，这大概与北朝以来，上层统治者和文人一直提倡并
积极实践的古文运动有关系。在这股复古思潮的影响下，很
多古制也重新受到统治者和文人的青睐。

---

❶ （汉）蔡邕撰：《独断（卷上）》，见（清）纪昀、永瑢等编纂：《景印文
渊阁四库全书》第850册，台北商务印书馆2008年版，第78页。

❷ 任继昉纂：《释名汇校》，齐鲁书社2006年版，第331~332页。

❸ （明）徐师曾著，罗根泽校点："文体明辨序说"，见郭绍虞主编：《中国
古典文学理论批评专著选辑》，人民文学出版社1962年版，第116页。

第四章 《尚书》影响形成的文体

受《尚书》中行为影响而形成的文体类型有赞、言、规、戒等4种，这些文体在《尚书》文本中还只是以一种行为方式的形态存在，尚未形成固定的文体类别。因为行为的实用性和往复性，后代作家借鉴其行为的意义而进行创作，并将创作出来的作品以此种行为方式的名称命名，最终形成一种新的文体。下文将详细介绍这4种文体类别。

第一节 赞与"掌书以赞治"的史官职能

《大禹谟》："益赞于禹曰惟德动天，无远弗届。"《皋陶谟》："皋陶曰：'予未有知思，日赞赞襄哉'。"郑玄云："赞，明也。襄之言扬。言我未有所知所思，徒赞明帝德，扬我忠言而已，谦也。"❶赞在《尚书》中是一种言辞方式，指臣子辅佐君王成就王道之业的美好言论。赞的另一个意思是一种行为方式，其功能是协助君王完成一定的礼节仪式。《说文解字注》："赞，见也。"段注："疑当作所以见也。谓彼此相见必资赞者。《士冠礼》赞冠

---

❶ （汉）孔安国传，（唐）孔颖达正义：《尚书正义》，上海古籍出版社2007年版，第153~154页。

者，《士昏礼》赞者，注皆曰：赞，佐也。《周礼·大宰》注曰：赞，助也。是则凡行礼必有赞，非独相见也。"❶《周礼·大宰》："及纳享，赞王牲事。及祀之日，赞玉币爵之事。祀大神示，亦如是。享先王，亦如之，赞玉几玉爵。大朝觐会同，赞玉币、玉献、玉几、玉爵。大丧，赞赠玉、含玉。大事，则戒于百官，赞王命。王眡治朝，则赞听治。"❷赞，郑玄皆注曰"助"，可见，在君王参加的纳享、祭祀、享先王、会同、大丧、大事、治朝这些重要的礼仪，都需要大宰协助才能完成。考之《周礼》，段氏所言不误，古代不仅相见之时，互相资赞，一切行礼场合都必有赞。

赞在《尚书》中作为一种行为方式，已经产生相应的篇章，只是还没有以"赞"命名。《咸乂》："伊陟相太戊，亳有祥，桑、谷共生于朝，伊陟赞于巫咸，作《咸乂》四篇。""太戊赞于伊陟，作《伊陟》《原命》"。这里提到的《咸乂》《伊陟》《原命》当是赞体作品，可惜这些篇章的经文已经散失，我们不能看到它们的具体样式，但是可以据序文推想，这些篇章表达的基本内涵当是对忠臣辅佐君王言论的记载。

"掌书以赞治"的传统为后代的史官所继承，《史记》在每篇的最后通过"赞曰"或"太史公曰"的形式，表达对

---

❶ （汉）许慎撰，（清）段玉裁注：《说文解字注》，上海古籍出版社1988年第2版，第280页。

❷ （汉）郑玄注，（唐）贾公彦疏：《周礼注疏》，上海古籍出版社1997年版，第650页。

历史事件的品鉴和看法。《文心雕龙·颂赞》："赞者，明也，助也。昔虞舜之祀，乐正重赞，盖唱发之辞也。及益赞于禹，伊陟赞于巫咸，并飏言以明事，嗟叹以助辞也。故汉置鸿胪，以唱拜为赞，即古之遗语也。至相如属笔，始赞荆轲。及迁《史》固《书》，托赞褒贬，约文以总录，颂体以论辞，又纪传后评，亦同其名。而仲洽《流别》，谬称为述，失之远矣。及景纯注《雅》，动植必赞，义兼美恶，亦犹颂之变耳。然本其为义，事生奖叹，所以古来篇体，促而不广；必结言于四字之句，盘桓乎数韵之辞；约举以尽情，昭灼以送文，此其体也。发源虽远，而致用盖寡，大抵所归，其颂家之细条乎！"❶可见赞语多在文章末尾，用简洁的语言对全文叙述的内容加以概括，表明作者的思想倾向。赞以四言为正体，早期的赞与政治言论相关，是政治性文体。后来在一些文人手里赞则发展成为一种文学文体。刘勰的《文心雕龙》每一篇后面都有一段优美流畅的赞词，这实际上已经是文人对史赞体的模仿和创新。

汉代以后，赞体有所变化，除了史赞，还有画赞。《文选》❷即收录了两篇赞体文章，分别为《夏侯孝若东方朔画赞》和《班孟坚汉书述高祖纪赞》，前者是画赞，后者是史赞。唐代以后，赞体文章描写的内容更加丰富，涉及社会、

---

❶ （南朝梁）刘勰著，范文澜注：《文心雕龙注》，人民文学出版社1958年版，第158页。

❷ （南朝梁）萧统编，（唐）李善注：《文选（第一册）》，中华书局1977年版。

自然的方方面面。《唐文粹》❶收录赞体文章题材包括帝王、将相功臣、庶官、孝子、名臣、浮屠、图画、鸳鸟、绝艺、雅乐、桥梁等11类，每类都有相当数量的作品。这说明赞体在后世不断有文人模仿和创作，这有利于该种文体保持长久的生命力。

第二节　言与周代贵族的礼乐教育

"言"在《尚书》中多次出现，与今天的言语之"言"比较，具有更加丰富的文化内涵，概括起来大致有四层意思。

第一，指君王发布的政治教令。《说命（上）》云：

> 王宅忧，亮阴三祀。既免丧，其惟弗言。群臣咸谏于王曰："呜呼！知之曰明哲，明哲实作则。天子惟君万邦，百官承式。王言惟作命；不言，臣下罔攸禀令。"王庸作书以诰曰："以台正于四方，台恐德弗类，兹故弗言。恭默思道，梦帝赉予良弼，其代予言。"

帝王的言论相当于政治命令，所以高宗武丁非常慎重，不敢轻易发言，后来，高宗以先帝的名义，寻找贤能的辅弼大臣代替其发布政治教令。《洪范》："皇极之敷言，是彝是训，于帝其训。凡厥庶民极之敷言，是训是行，以近

---

❶ （宋）姚铉编：《唐文萃》，见（清）纪昀、永瑢等编纂：《景印文渊阁四库全书》第1343册，台北商务印书馆2008年版。

天子之光。"《大禹谟》："嘉言罔攸伏，野无遗贤，万
邦咸宁。"孔安国传："善言无所伏，言必用。"❶又《诗
经·公刘》云："于时言言，于时语语。"毛传云："直言
曰言，论难曰语。"郑笺："言其所当言，语其所当语，谓
安民馆客施教令也。"孔疏："既立都邑，乃宣布教令，公
刘于是言其所当言，语其所当语，谓施政教于民也。"❷

第二，贵族礼乐教育的重要内容，是以言从政的必要准
备。言是周代对国子进行礼乐教育的一项重要内容。《周
礼·大司乐》云：

大司乐掌成均之法，以治建国之学政，而合国之子弟焉。
凡有道者，有德者，使教焉。死则以为乐祖，祭于瞽宗。以乐
德教国子：中、和、祇、庸、孝、友。以乐语教国子：兴、
道、讽、诵、言、语，以乐舞教国子：舞云门、大卷、大咸、
大韶、大夏、大濩、大武。以六律六同、五声、八音、六舞、
大合乐以致鬼神示，以和邦国，以谐万民，以安宾客，以说
远人，以作动物，乃分乐而序之，以祭，以享，以祀。乃奏黄
钟、歌大吕、舞云门，以祀天神。乃奏大蔟、歌应钟、舞咸
池，以祭地示。乃奏姑洗，歌南吕，舞大韶，以祀四望。乃奏
蕤宾，歌函钟，舞大夏，以祭山川。乃奏夷则、歌小吕、舞大
濩，以享先妣。乃奏无射、歌夹钟、舞大武，以享先祖。凡六

❶（汉）孔安国传，（唐）孔颖达正义：《尚书正义》，上海古籍出版社2007
年版，第123页。
❷（汉）郑玄笺，（唐）孔颖达疏：《毛诗正义》，上海古籍出版社1997年
版，第542页。

乐者，文之以五声，播之以八音。❶

郑注云：

兴者，以善物喻善事，道，读曰导。导者言古以切今也。倍文曰讽，以声节之曰诵，发端曰言，答述曰语。❷

从以上资料可以看出，言是周代的乐语，乐语就是徒歌，其目的和功能是用来教育国子和有德之人，最后参政。

第三，天子对诸侯执政业绩的考核方式之一，相当于今天的述职报告。周代天子巡狩之时，首先要让诸侯官员陈言其施政情况，然后根据所言应验与否，作出对诸侯以及官员的黜陟决定。《舜典》："敷奏以言，明试以功，车服以庸。"孔安国传："诸侯四朝，各使陈进治礼之言，明试其言以要其功，功成，则赐车服，以表显其能用。"孔颖达疏曰："其巡狩之年，诸侯群后，四方各朝天子于方岳之下。其朝之时，各使自陈进其所以治化之言。天子明试其言，以考其功，功成有验，则赐之车服，以表显其有功能用事。"❸

第四，臣子对君王的一种劝诫方法，具体而言是直抒己意、直奔主题。这是言和兴、道、讽、诵、语等五种乐语

---

❶❷（汉）郑玄注，（唐）贾公彦疏：《周礼注疏》，上海古籍出版社1997年版，第787页。
❸（汉）孔安国传，（唐）孔颖达正义：《尚书正义》，上海古籍出版社2007年版，第82~83页。

的不同之处。《蔡仲之命》："详乃视听，罔以侧言改厥度。"古代还有专门负责政治言论的上传下达的官职——纳言。《舜典》："帝曰：'龙，朕疾邪说殄行，震惊朕师。命汝作纳言，夙夜出纳朕命，惟允'。"孔安国传："纳言，喉舌之官，听下言纳于上、受上言宣于下，必以信。"孔颖达疏："喉舌者，宣出王命，如王咽喉口舌，故纳言为'喉舌之官'也。此官主听下言纳于上，故以'纳言'为名。……'必以信'者，不妄传下言，不妄宣帝命，出纳皆以信也。"❶《说命（中）》："王曰：'旨哉！说，乃言惟服。乃不良于言，予罔闻于行。'说拜稽首曰：'非知之艰，行之惟艰。王忱不艰，允协于先王之成德。惟说不言，有厥疾。'"《洛诰》有："（成王）拜手稽首诲言。"诲言的内容应该与训不同，除了借古贤人之事迹、经验陈谏，也包括很多时事内容。

纳言这种官职一般都是由乐官来担当。《益稷》："书用识哉，欲并生哉！工以纳言，时而飏之，格则承之、用之，否则威之。"孔安国传："工乐之官，以纳谏言于上，当是正其义而显扬之，使我自知得失也。"❷

"纳言"这种政治化的言说方式对文学领域也产生了重要影响。庄子"三言"的言说方式就与"纳言"的行为及其文化内涵息息相关。其中，"重言"是"三言"的重要组成部分。宣英认为"重言"即是"引用和反复，是对中国'记

---

❶ （汉）孔安国传，（唐）孔颖达正义：《尚书正义》，上海古籍出版社2007年版，第109页。

❷ 同上书，第167页。

言'传统的承传和创新，是庄子时代理性思维的产物。……
对于引用可理解为引用'重要之言'和'重要者之言'，也
就是指为人所重之言和为人所重者之言两种。……庄子采用
援引名人和历史故事的手法来说明自己的观点，实际上是借
重那些历史名人的威望来道己之欲道，说己之欲说，增强自
己观点的正确性，增加文章的权威性。"❶

中国人以言进谏的传统悠久。《管子·桓公问》称：
"黄帝立明台之议者，上观于贤也；尧有衢室之问者，下听
于人也；舜有告善之旌，而主不蔽也；禹立谏鼓于朝，而备
讯也；汤有总街之庭，以观人诽；武王有灵台之复，而贤
者进也。"❷《吕氏春秋·自知篇》说："人主欲自知，则
必直士。故天子立辅弼，设师保，所以举过也。夫人故不
能自知，人主犹其。……尧有欲谏之鼓，舜有诽谤之木，
汤有司过之士，武王有戒慎之鞀，犹恐不能自知。"❸《三
国志·魏文帝纪》也说："轩辕有明台之议，放勋有衢室之
问，皆所以广询于下也。"❹又《路史》卷二十二说禹"立
谏幡陈建鼓"，下引《太公金匮》注云："禹居人上，慄慄
如不满日，乃立建鼓"。❺上博简《容成氏》第22简也说：

---

❶ 宣英："中国'记言'传统的承传与创新——浅析'重言'在《庄子》中的运用"，载《学术交流》2010年第11期，第146~148页。

❷ 姜涛：《管子新注》，齐鲁书社2009年版，第398页。

❸ 许维遹撰，梁运华整理：《吕氏春秋集释》，中华书局2009年版，第647页。

❹ （晋）陈寿撰，（南朝宋）裴松之注：《三国志》，中华书局1982年第2版，第60页。

❺ （宋）罗泌撰：《路史》，见（清）纪昀、永瑢等编纂：《景印文渊阁四库全书》第385册，台北商务印书馆2008年版，第223页。

"禹乃建鼓于廷，以为民之又（有）讼告者鼓焉。撞鼓，禹必速出，冬不敢以苍辞，夏不敢以暑辞。"❶《尚书·商书·说命上》载傅说回复武丁曰："惟木从绳则正，后从谏则圣。后克圣，臣不命其承，畴敢不祗，若王之休命？"其中的"后从谏则圣"，表现了对"谏"高度的重视。《国语·楚语上》载白公子张谏楚灵王，也以武丁得傅说为辅，要求他"朝夕规谏"，❷把武丁作为善于纳谏、神明睿智的君主代表，让楚灵王学习。

《国语·晋语六》载范文子语："故兴王赏谏臣，逸王罚之。吾闻古之言王者，政德既成，又听于民。于是乎使工诵谏于朝，在列者献诗，使勿兜，风听胪言于市，辨袄祥于谣，考百事于朝，问谤誉于路，有邪而正之，尽戒之术也。"❸范文子明确指出，这是"古之王者"在"政德既成"之后所采取的一种措施，是由来已久的一种政治文明传统。《左传·襄公十四年》师旷对晋悼公问，也对古代进谏制度做了详细的描述："是故天子有公，诸侯有卿，卿置侧室，大夫有贰宗，士有朋友，庶人、工、商、皂、隶、牧、圉皆有亲昵，以相辅佐也。善则赏之，过则匡之，患则救之，失则革之。自王以下，各有父兄子弟，以补察其政。史为书，瞽为诗，工诵箴谏，大夫规诲，士传言，庶人谤，商

---

❶ 马承源主编：《上海博物馆藏战国楚竹书（第二册）》，上海古籍出版社2002年版，第267页。

❷ 徐元诰撰，王树民、沈长云点校：《国语集解》，中华书局2002年版，第503页。

❸ 同上书，第387~388页。

旅于市，百工献艺。"❶《尚书·无逸》即是周公向成王进谏的实录，其中载周公言："呜呼！我闻曰：'古之人犹胥训告，胥保惠，胥教诲，民无或胥谮张为幻'。"孔安国注曰："叹古之君臣虽君明臣良，犹相道告、相安顺、相教诲以义方。"❷从《周礼》可以知道，对周王进行劝谏，是朝廷重臣师氏、保氏的重要职责之一。《周礼·地官·司徒》载："师氏掌以媺诏王。……居虎门之左，司王朝，掌国中失之事，以教国子弟，凡国之贵游子弟学焉。……保氏掌谏王恶，而养国子以道。"贾公彦《疏》曰："师氏掌以前世美善之道以诏告于王，庶王行其美道也。……保氏以师氏之德行审喻王，王有恶则谏之。"❸

刘怀荣说："进谏经过黄帝以来直至夏、商两代的漫长发展后，在周代不仅被周人普遍视为有效的政治手段，给予高度的赞扬，并切实地加以施行，使之在官职设置、人员数量等方面均有了明确的规定，进入了制度化的发展阶段。"❹

---

❶ （晋）杜预注，（唐）孔颖达等正义：《春秋左传正义》，上海古籍出版社1997年版，第1958页。

❷ （汉）孔安国传，（唐）孔颖达正义：《尚书正义》，上海古籍出版社2007年版，第640页。

❸ （汉）郑玄注，（唐）贾公彦疏：《周礼注疏》，上海古籍出版社1997年版，第730~731页。

❹ 刘怀荣："先秦进谏制度与怨刺诗及《诗》教之关系"，载《文学评论》2011年第3期，第51~58页。

第三节 戒、规、箴之区别及其与周代的天子听政制度

戒在《尚书》中出现4次，皆用于上对下的提醒与告诫。如《大禹谟》："戒之用休，董之用威，劝之以九歌，俾勿坏"。孔安国传曰："休，美也。言善政之道，美以戒之"。孔颖达疏曰："人虽为善，或寡令终，故当戒敕之念用美道，使民慕美道行善。"❶大禹提出治理天下的方法，建议帝舜在对百姓实施善政的同时，训诫他们念用美道并践行之。

戒在后来逐渐由行为方式转化为文体类别，汉代以后多有创作，但是不仅限于帝王之戒，普通人也通常采用这种文体对弟子或后代进行规诫，语体上兼有散文、韵文。如东方朔的《诫子诗》，便用四言韵文对其儿子进行规诫。刘勰《文心雕龙·诏策》："戒者，慎也；禹称戒之用休。君父至尊，在三罔极。汉高祖之敕太子，东方朔之戒子，亦顾命之作也。及马援以下，各贻家戒。班姬女戒，足称母师也。"❷范文澜注曰："戒，教，命，虽皆尊长示卑下之辞，然不限之于君臣之际，故彦和于篇末附论之。"❸

---

❶ （汉）孔安国传，（唐）孔颖达正义：《尚书正义》，上海古籍出版社2007年版，第126页。

❷ （南朝梁）刘勰著，范文澜注：《文心雕龙注》，人民文学出版社1958年版，第360页。

❶ 同上书，第372页。

汉代以后，帝王对臣下的规诫之文统一称为戒敕。●戒体在民间创作却相对随意，有的是直接对晚辈的训诫之辞，如班昭的《女诫》；有的则是通过书信表达对后代的劝诫和教诲。如诸葛亮的《诫子书》《诫外甥书》。事实上，在书信中，特别是在长辈给晚辈的家书中，教诲和规诫是必不可少的内容。可见，从古至今，中国的家庭教育在个体成长的过程中始终是一个非常重要的环节。

戒和箴有相通之处，故有的文体学著作将戒和箴合为一类，●称为箴诫类。徐师曾说："按《字书》云：'戒者，警敕之辞，字本做诫。'文既有箴，而又有戒，则戒者，箴之别名欤？《淮南子》载《尧戒》曰：'战战栗栗，日谨一日，人莫踬于山，而踬于垤。'至汉杜笃遂作《女戒》，而后世因之，惜其文弗传；意必未若《尧戒》之简也。今采唐宋诸作列于篇。其词或用散文，或用韵语，故分为二体云。"●戒和箴又有很大区别：箴以韵文为主，戒则散文、韵文皆可；箴用于自我规阙或下对上规阙，戒则用于上对下的警诫。如《胤征》将上天对帝王的告诫称为"天戒"："先王克谨天戒，臣人克有常宪，百官修辅，厥后惟明明。"孔颖达疏曰："先王能谨慎敬畏天戒，臣人者能奉先

● （南朝梁）刘勰著，范文澜注：《文心雕龙注》，人民文学出版社1958年版，第358页。

● （宋）李昉等编：《文苑英华》，中华书局1966年版，第4180页。

● （明）徐师曾著，罗根泽校点："文体明辨序说"，见郭绍虞主编：《中国古典文学理论批评专著选辑》，人民文学出版社1962年版，第142页。

王之常法。"❶箴包括对过去错误的规正，也含对未来的警告，戒只是对未来可能发生的不良行为进行预警，起到防患于未然的效果。如《蔡仲之命》记载了成王为防止蔡仲重蹈其父蔡叔之覆辙，对其作出提醒与告诫："为善不同，同归于治；为恶不同，同归于乱。尔其戒哉！"

唐代以后，"诫"不仅可以用于称呼长辈对晚辈的训导之辞，还成为文人表达政见和讽世喻人之思想的文体。这就大大拓展了戒的文体范围，也提高了它的艺术境界。如韩愈的《守戒》、柳宗元的《三戒》等皆是这类著作的杰出代表。

规，在《尚书》中也有提到。《胤征》："每岁孟春，遒人以木铎循于路。官师相规，工执艺事以谏"。孔安国传曰："遒人，宣令之官。木铎，金铃木舌，所以振文教。……官师，众官，更相规阙。百工各执其所治技艺以谏，谏失常，"孔颖达疏曰："先王恐其不然，大开谏争之路，每岁孟春，遒人之官以木铎循于道路，以号令臣下，使在官之众更相规阙。百工虽贱，令执其艺能之事，以谏上之失常。"❷规和箴也有相通之处，故有学者将箴、规并称。徐师曾对此发表不同意见："《书》曰：'官师相规。'言规其阙失，使不敢越，若木之就规也。今人以箴规并称，而文章顾分为二体者何也？孔颖达疏曰：'《书》言官师者，谓众官也；相者，平等之辞；平等有阙，己尚相规，见上有过，谏之必矣。'据此，则箴者，箴上之阙，而规者，臣

---

❶❷（汉）孔安国传，（唐）孔颖达正义：《尚书正义》，上海古籍出版社2007年版，第270页。

下之互相规谏也。其用以自箴者，乃箴之滥觞耳。然规之为名，虽见于《书》，而规之为文，则汉以前绝无作者。至唐元结始作《五规》，岂其缘《书》之命而创为此体欤？"❶吴承学、刘湘兰认为"规与箴的文体功能一样，都是用来进行劝谕，补救他人过失"。❷

徐师曾认为规和箴的不同，主要在于作用的对象不同，箴多用于臣下箴上之阙；而规多用于官职相同的人之间的互相规谏。徐氏得出此结论的依据是孔颖达对《书》所言"官师相规"的解释，实际上这一结论有失片面。规在先秦时期也可以用于臣下对君王的规诲。

《国语·周语》"是故为川者，决之使导，为民者，宣之使言。故天子听政，使公卿至于列士献诗，瞽献曲，史献书，师箴，瞍赋，矇诵。百工谏，庶人传语，近臣尽规，亲戚补察，瞽史教诲，耆艾修之，而后王斟酌焉，是以事行而不悖"。韦昭注："近臣谓驺仆之属也。尽规，尽其规计以告王也。"❸徐元诰《集解》引吴曾祺言云："'规，训规谏，较顺。'"❹联系此句话的上下文，诗、曲、书、箴、赋、诵、谏、传语、规等是社会各阶层对君王执政的评价行为及内容。因此，公卿、列士、瞽、史、师、瞍、矇、百

---

❶ （明）徐师曾著，罗根泽校点："文体明辨序说"，见郭绍虞主编：《中国古典文学理论批评专著选辑》，人民文学出版社1962年版，第141页。

❷ 吴承学、刘湘兰："箴铭类文体"，载《古典文学知识》2009年第6期，第109~116页。

❸ （三国）韦昭注：《国语》，商务印书馆1958年版，第4页。

❹ 徐元诰撰，王树民、沈长云点校：《国语集解》，中华书局2002年版，第12页。

工、庶人、亲戚等所有人的行为指向都是天子，近臣的规谏对象也不应该例外，应当指向天子，而非近臣自身或近臣相互之间。这说明上古三代时期，规也可以用于规谏君王。那么规和箴的最大区别是什么呢？这值得深入辨别。

先秦文献多处提到规和箴二体。《诗经·庭燎》，毛传曰："美宣王也。因以箴之。"郑笺："诸侯将朝宣王，以夜未央之时，问夜早晚。美者，美其能自勤以政事。因以箴者，王有鸡人之官，凡国事为期，则告之以时，王不正其官而问夜早晚，"孔颖达正义曰："因以箴之者，言王虽可美，犹有所失。此失须治，若病之须箴。三章皆美其勤于政事，讥其不正其官，是美而因箴之事也。宣王既在变诗，此言美而箴之，以下规诲为衰失之渐。"❶《诗经·沔水》毛传："《沔水》，规宣王也。"郑笺："规者正圆之器也，规主仁恩也，以思亲正君曰规。"孔颖达疏曰："《沔水》，规宣王也。规者，正圆之器也。规主仁恩也，以恩亲正君曰规，春秋传曰：'近臣尽规'。"孔颖达正义曰："《沔水》诗者，规宣王也。圆者周匝之物，以比人行周备。物有不圆匝者，规之使成圆。人行有不周者，规之使周备，是匡谏之名。刺者，责其为恶。言宣王政教多善，小有不备，今欲规之使备，故言规之，不言刺也。经云诸侯不朝天子，妄相侵伐，又谗言将起，王不禁之。欲王治诸侯，察谮佞，皆规王使为善也。……正物之器，不独规也。规以正圆，矩以正方，绳正曲直，权正轻重，皆可以比。谏君独言

❶ （汉）郑玄笺，（唐）孔颖达疏：《毛诗正义》，上海古籍出版社1997年版，第432页。

规者，以'主仁恩，以恩亲正君曰规'。规之使圆，则外无廉隅，犹人之为恩，貌不严肃，故五行规主东方，是主仁恩也。案《援神契》云：'春执规，夏持衡，秋执矩，冬持权。'"❶

《左传》襄公十四年："自王以下各有父兄子弟以補察其政。史为书，瞽为诗，工诵箴谏，大夫规诲，士传言，庶人谤，商旅于市，百工献艺。故夏书曰：遒人以木铎徇于路，官师相规，工执艺以谏。"郑笺曰："工，乐人也，诵箴谏之辞。"孔颖达疏曰："《仪礼》通谓乐人为工，工亦瞽也。诗辞自是箴谏，而箴谏之辞或有非诗者，如《虞箴》之类，其文似诗而别，且谏者，万端，非独诗、箴而已。诗必播之于乐，余或直颂其言，与歌诵小别，故使工、瞽异文也。"❷

据以上材料可以看出，规和箴的不同之处有以下两点：第一，二者的行为主体不同，箴的行为主体为乐师，而规的行为主体则为公卿大夫和近臣。古代乐官地位相对较低，这样看来规的主体地位要高于箴的主体，这也是官箴类文章总是在结尾冠上"敢告仆夫"等字样的原因。第二，二者表达方式不同，箴通常采用赋的方法，将帝王的不当行为直接铺陈出来，达到针砭其弊促其警戒之目的，如《诗经·庭燎》："夜如何其，夜未央，庭燎之光。君子至止，鸾声将

---

❶ （汉）郑玄笺，（唐）孔颖达疏：《毛诗正义》，上海古籍出版社1997年版，第432页。

❷ （晋）杜预注，（唐）孔颖达等正义：《春秋左传正义》，上海古籍出版社1997年版，第1958页。

将；夜如何其，夜未艾，庭燎晰晰。君子至止，鸾声哕哕。夜如何其，夜乡晨，庭燎有辉。君子至止，言观其旂。"这里通过"鸾声将将""鸾声哕哕""言观其旂"三句排比铺陈，展示了周宣王勤于政事的形象，但也对其在用人方面的不当提出箴诚。故刘勰云："箴者，所以攻疾防患，喻针石也。……箴全御过，故文资确切。"❶与此相反，规则通常采用比和兴的方法，带着深厚的感情对帝王的行为进行委婉规劝，如《诗经·沔水》则用"沔彼流水，朝宗于海。鴥彼飞隼，载飞载止"，象征作者渴望周宣王能够团结邦人诸友，使他们和谐共处，效忠周王室的愿景。规之所以采取这种表达方式，可能源于其本义。《说文解字注》云："规，规巨，有法度也。"段注："法者，刑也，度者，法制也。规矩者，有法度之谓也。……凡有所图度匡正皆曰规。"❷以上说明臣下应根据法度对君主的行为进行匡正，但是匡正的方法要比较圆通和委婉，此乃正义所谓的"规以正圆"。

规作为一种行为方式，和箴、戒等一样，在先秦文献中多次出现，可惜没有具体作品流传下来。原因可能在于，臣下对帝王规谏的作品被收录《诗经》之中，后人无法将其辨别出来，而箴则有一部分没有被编入《诗经》，仍以箴名流传下来，如《虞箴》。后世兴起的赋、诵等文体在先秦皆可以在《尚书》《诗经》等典籍找到源头，在于他们都是早期

---

❶ （南朝梁）刘勰著，范文澜注：《文心雕龙注》，人民文学出版社1958年版，第194~195页。

❷ （汉）许慎撰，（清）段玉裁注：《说文解字注》，上海古籍出版社，1988年第2版，第499页。

社会各阶层参政议政的不同方式。礼崩乐坏之后，进谏制度不复存在，这些行为方式也随着《尚书》《诗经》等典籍的文本化、静态化而消亡。

这些参政议政的行为方式虽然不复存在，但是其对社会、君王规讽的基本精神还一直保留在文本之中。所以后代作家需要发扬这种精神之时，便自觉地从传统文化中寻找根据，将这些行为方式发展成为固定的文体。如唐代元结的《五规》便是对这种讽谏精神的继承。只是这些文体间的界限无法像古人那样分明，所以后来的文体学著作通常把箴、戒、规、铭之类文体放在一起讨论，称为箴类、[1]箴诫类、[2]箴铭类[3]等。

总之，"文变染乎世情，兴废系乎时序"，[4]文体也随时代变化而呈现出新的特点。《尚书》中的文体，在魏晋以后，发生一些新的变化：语言逐渐趋于偶俪化，抒情成分也大大增加，如李密的《陈情表》；创作主体不再仅局限于王侯大臣，也有普通文人，如吴均的《与朱元思书》；题材内容不仅包括国家大事，还包括个人生活中的大事、荐士、干禄、自明等，如江淹的《诣建平王上书》、孔融的《荐祢衡

---

[1] 宋姚铉把箴、诫、铭三体放在一起，统称为"箴"，见（宋）姚铉编：《唐文粹》卷七十八，见（清）纪昀、永瑢等编纂：《景印文渊阁四库全书》第1343册，台北商务印书馆2008年版，第199页。

[2] （宋）李昉等编：《文苑英华》，中华书局1966年版，第4180页。

[3] （清）姚鼐集，胡士民、李祚唐标校：《古文辞类纂》，上海古籍出版社1998年版，第16页。

[4] （南朝梁）刘勰著，范文澜注：《文心雕龙注》，人民文学出版社1958年版，第675页。

表》等。萧统认为"文章踵其事而增华"，❶选取作品时很注重词采，他在《文选》中收录了很多书类篇章，这表明后来的书类篇章在追求实用性的同时，也增加了可欣赏性。

文体的演化与消长，不仅受时代风气影响，还与其功能的变化息息相关。春秋以后，周王室衰微，文化由贵族和王官的专利开始向社会其他各个阶层下移。"学而优则仕"，文化逐渐成为文人士子干禄的工具。书之文体外延扩大，包括帝王将相之间的政治文书和普通人的书信两大类别。三代时期是"因事立体"，后来的文士则是"因体成事"或"因情而作"，留下了更多文情兼备的篇章。很多普通人撰写的书类文章虽然衍生于《尚书》各体，但由于内容更加贴近大众生活，所以对读者有着更加丰富的启迪意义。吴讷《文章辨体序说》："昔臣僚敷奏，朋旧往复，皆总曰书。近世臣僚上言，名为表奏；惟朋旧之间，则曰书而已。盖论议知识，人岂能同？苟不具之于书，则安得尽其委曲之意哉？战国、两汉间，若乐生、司马子长、若刘歆诸书，敷陈明白，辩难肯到，诚可为修辞之助。至若唐之韩柳，宋之程朱张吕，凡其所与知旧、门人答问之言，率多本乎进修之实。读者诚能熟复，以反之于身，则其所得又岂止乎文辞而已哉？"❷这里虽然说的是书体，推而及之其他各体亦适用。

《尚书》文体的演变，大致沿着这样三条路径发展：第

---

❶　（南朝梁）萧统编，（唐）李善注：《文选（第一册）》，中华书局1977年版，第1页。

❷　（明）吴讷著，于北山校点："文章辨体序说"，见郭绍虞主编：《中国古典文学理论批评专著选辑》，人民文学出版社1982年版，第41页。

一是官方或私人修订的史书，仍然遵循《尚书》的体例而作，后代叫法除了书，还有记、志、史等。如《史记》《汉书》《后汉书》《三国志》《清史稿》等。第二是演化为普通人之间交流的文体类型，如《诫子书》《与妻书》等。普通人之间的交流来往之文字也可叫做书，取书之规诫、沟通、实用之义。这一变异过程表明，书由帝王的专利转向普通人，这体现了中国古代文化从社会精英阶层向普通人下移的趋势。汉代以后，为了与普通人之间的书信相区别，《尚书》的书体改用上书、章、表、启、奏等专门性文体名称。第三是部分文体向纯文学方向发展，将《尚书》文体文学审美方面的功能发挥到极致，如歌，后来《楚辞》中的《九歌》，以组歌的形式表达深沉哀婉的情感，文体形式上都押韵，这和《尚书·大禹谟》中提到的"九歌"以及《五子之歌》，应该是一个系统继承下来的。汉代以后，许多创作者将歌与行为、音乐等元素相结合，演变成为长篇歌行体。歌行体继承了歌体的韵文形式，保留着以史为鉴、警诫世人的基本精神，在历史的兴亡中寄托作者的深沉哀婉之慨叹。后代如杜甫的《丽人行》、白居易的《长恨歌》、吴梅村的《圆圆曲》等，皆是情韵兼具的歌行名篇。

第五章　西周礼制与《尚书》文体的成因

　　郭英德说："中国古代文体的生成大都基于与特定场合相关的'言说'这种行为方式，这一点从早期文体名称的确定多为动词性词语便不难看出。"❶这里的场合不仅包括上古神权政治下的祭祀场合、也包括神道设教、礼乐治国时期的礼制场合。在这两种特定的场合中生成的文体构成了中国古代最初的文体类别，大致有宗教色彩很强的文体和功利色彩很强的政令性文体。前者起源于上古社会人们祭祀天地山川和祭祀祖先的各种仪式之中，后者则是统治者出于维护国家长治久安而发布的各种政令诰誓以及社会各个阶层"以言成事"的参政行为而发表的政见和言论。很多时候，二者杂糅于一体，这是统治者采取"神道设教"的治国策略的结果，目的是美化王者、教化臣民，以维护政权的长久安定。

---

❶　郭英德：《中国古代文体学论稿》，北京大学出版社2005年版，第29页。

第一节 上古社会的祭祀仪式与《尚书》文体形成

中国古代文体的形成和分类都与特定场合的特殊需要有关系。郭英德说："人们在特定的交际场合中，为了达到某种社会功能而采取了特定的言说行为，这种特定的言说行为派生出相应的言辞样式，于是人们就用这种言说行为（动词）指称相应的言辞样式，久而久之，便约定俗成地生成了特定的文体。"❶

沈立岩说："'文'之本义为裂纹，但这显然不是一般的裂纹，而是占卜时用以显示和推测神意的迹象或符号，所以它既非凡俗之物，也非无心之物，而是神圣而富有深意的，因之，能够洞晓其中深意的人便也绝非等闲之辈。又上古之世，政教合一，身为君王者同时也是宗教领袖，此于俗巫效禹步、成汤祷桑林、文王演周易的传说之中，仍然可以窥见遗踪。"❷ 可见文体从起源时期就与宗教发生密切联系，甚至很多文体直接起源于原始宗教仪式。

古人认为万物有灵，他们相信天地万物、祖先魂灵和生人之间既存在某种神秘的联系，又有着鲜明的界限。"仪式"正是三者之间取得联系，进行沟通的桥梁和纽带。因此，人们常常通过祭祀、膜拜等仪式或礼仪，乞求神灵给予保佑和恩赐。弗雷泽认为，与巫术不同，宗教中人努力通过

---

❶ 郭英德：《中国古代文体学论稿》，北京大学出版社2005年版，第29页。
❷ 沈立岩：《先秦语言活动之形态观念及其文学意义》，人民出版社2005年版，第359页。

祈祷、献祭等温和诌媚手段以求哄诱安抚顽固暴躁、变幻莫测的神灵。❶这些仪式在上古先民生活中占有极其重要的地位，让他们因自然变化莫测产生的恐惧心理得到疏通和缓解。这些祭祀仪式的对象大概可以分为两大类：天地山川和祖先神灵。仪式内容一般包含必不可少的两部分：仪式的主持者和仪式祷词。仪式的主持者通常由巫觋担任，这些具有特异功能的人在祭祀仪式上往往根据祭祀目的和需要，采用不同的言说方式和言说内容。祭祀的仪式和种类繁多，言说方式和内容也不一而同，久而久之，便形成了仪式用词约定俗成的格式和用法，从而形成了不同的文体形式。

一、祭祀天地山川仪式与歌、辞、盟、誓类文体的产生

在先民的思想观念中，自然界的各种现象以及人世间发生的一切事情都和某种神灵之间有着神秘的联系。这些神灵无处不在，且神通广大，他们与人类自身的命运息息相关，甚至掌握着对人类生杀予夺的大权。因此，对这些神灵的膜拜和敬畏是远古时代人们基本的精神信仰。王秀臣说："这些分别被称为天体神、地域神、气象神、动物神、植物神、祖先神、人格神、行业神的无数神灵，形成一个极其庞杂而又各有统属的神祇系统，以超自然、超世俗的神秘力量，连同人类的想象和创造，成为远古人类的精神信仰，长期支配和主宰着人类的历史命运。"❷在古代社会，对这些神灵的

---

❶（英）詹姆斯·乔治·弗雷泽著，赵昍译：《金枝》，安徽人民出版社2012年版，第61~64页。

❷ 王秀臣："从仪式到艺术——祭祀象征理论的形成与应用"，载《中国文化研究》2009年冬之卷，第111~120页。

祭祀是人们生活中的重大事件。在祭祀仪式上，巫觋、宗祝作为人神沟通的使者将配合祭祀仪式颂祷一些赞辞，这些赞辞因仪式的不同，在内容和形式上也有所区别，形成了早期文体的基本形式和类别。"在所有仪式形式中，祭祀礼仪是沟通两个世界最直接、最有效的方式。祭礼中的'祝'是一种既通人间，又通神界，能有效地组织起人神相聚的特殊角色，'祝嘏'则是逐成这种相聚并能顺利进行的交流媒介和特殊语言。"❶

在万物有灵观念的支配下，古人相信自然神灵具有左右人间一切的神秘力量，能够惩恶扬善、伸张正义。因此他们心甘情愿地将一切事情交由神灵判断裁决，盟誓类文体便是这种观念支配下的产物。《周礼·春官·诅祝》："诅祝掌盟、诅、类、造、攻、说、禬、崇之祝号。作盟诅之载辞，以叙国之信用，以质邦国之剂信，"郑玄注："八者之辞，皆所以告神明也。盟诅主于要誓，大事曰盟，小事曰诅。载辞，为辞而载之于策，坎，用牲，加书于其上也，"贾公彦疏曰："云'作盟诅之载辞'者，为要誓之辞，载之於策，人多无信，故为辞对神要之，使用信。故云以叙国之信用。云'以质邦国之剂信'者，质，正也，成也。亦为此盟诅之载辞，以成正诸侯。邦国之剂，谓要券，故对神成正之，使不犯。"❷《周礼·秋官·司盟》："司盟掌盟载之法。凡

---

❶　王秀臣："从仪式到艺术——祭祀象征理论的形成与应用"，载《中国文化研究》2009年冬之卷，第111~120页。

❷　（汉）郑玄注，（唐）贾公彦疏：《周礼注疏》，上海古籍出版社1997年版，第816页。

邦国有疑会同，则掌其盟约之载及其礼仪，北面诏明神。既盟，则贰之。盟万民之犯命者，诅其不信者亦如之。凡民之有约剂者，其贰在司盟。有狱讼者，则使之盟诅。"郑玄注曰："载，盟辞也。盟者书其辞於策，杀牲取血，坎其牲，加书于上而埋之，谓之载书。……有疑，不协也。明神，神之明察者，谓日月山川也。……盟诅者，欲相与共恶之也。犯命，犯君教令也。不信，违约者也。……不信则不敢听此盟诅，所以省狱讼。"❶早期的盟誓仪式起源于民间，那时盟誓的内容、形式并不固定。但是随着国家的出现，盟誓之词开始规范化、法律化，甚至国家设有专门的撰写和掌管盟誓之辞的职官，这时的盟誓格式逐渐固定，内容也逐渐书面化（原因是要书于简册，和祭祀之牲一起埋掉），从而形成一种新的文体。誓和盟关系密切，陈梦家说："凡盟必有要誓之辞，所以盟亦是誓。"❷《左传》僖公二十八年："王子虎盟诸侯于王庭，要言曰：皆奖王室，无相害也，有渝此盟，明神殛之，俾坠其师，无克祚国，及其玄孙，无有老幼。"❸

誓的出现当更早于盟，单独个体的自我约剂立信行为称为立誓，多个个体或群体之间的约剂立信之词则称为立盟，与之相对应产生的文辞就称为誓和盟。但是誓、盟诞生的前提和土壤是神权至上的远古社会。《左传》哀公十二年：

---

❶　（汉）郑玄注，（唐）贾公彦疏：《周礼注疏》，上海古籍出版社1997年版，第881页。

❷　陈梦家：《尚书通论》，中华书局2005年版，第314页。

❸　（晋）杜预注，（唐）孔颖达等正义：《春秋左传正义》，上海古籍出版社1997年版，第1826页。

"子贡对曰：盟所以周信也，故心以制之，玉帛以奉之，言以结之，明神以要之。"❶誓和盟在西周以后发生一些变化，就目前发现的材料来看，誓在夏、商时期只用于军旅，由此看来，誓的功能范围有所扩大，由三代时只用于军旅和号令百官扩大到普通人或群体之间的约信行为。孔颖达云："将与敌战，恐其损败，将士设约，示赏罚之信也。将战而誓，是誓之大者。《礼》将祭而号令齐百官，亦谓之誓。"❷

另外，在祭祀天地山川的仪式中，还产生了最早的文体类型：上古歌谣和辞体。在这些祭祀仪式中，巫觋是主持者，他们的言说行为生成了早期的文体类型。这两种文体类型以"葛天氏乐歌"和"伊耆氏蜡辞"为代表。《吕氏春秋·古乐》记载的"葛天氏之乐"就是上古时代祭祀仪式上巫师的歌辞：葛天氏之乐，三人操牛尾投足以歌八阕："一曰载民，二曰玄鸟，三曰遂草木，四曰奋五谷，五曰敬天常，六曰建帝功，七曰依地德，八曰总禽兽之极。"许维遹释："葛天氏，古帝名。投足犹蹀足。阕，终。……上皆乐之八篇名也。"❸说明远古的歌谣是在祭祀仪式中，伴随着祭祀舞蹈而歌唱的祷辞。并且这些祷辞常常不是单一的一首，而是以组歌形式出现，就像"葛天氏之乐"一样，共

---

❶ （晋）杜预注，（唐）孔颖达等正义：《春秋左传正义》，上海古籍出版社1997年版，第2170页。

❷ （汉）孔安国传，（唐）孔颖达正义：《尚书正义》，上海古籍出版社2007年版，第257~258页。

❸ 许维遹撰，梁运华整理：《吕氏春秋集释》，中华书局2009年版，第118页。

包含8篇歌辞。这是因为在早期的祭祀活动中，人们祭祀的对象、仪式往往复杂而丰富，凡是对人类有影响的自然之物皆可称为祭祀的对象，其中包括天、地、山、川、日、月、星等各种自然神灵，祭祀的内容也包含求丰年、佑人民、谢天地等很多方面。后世的歌谣体虽然不一定产生于祭祀场合，但是在文体形式上却继承了早期歌谣体的成组形式。《尚书·夏书》中的"五子之歌"便是由五篇体式相似的诗歌组成，《尚书·虞书》"大禹谟"中提到的"九歌"应该也是9篇祭祀仪式歌词，内容涉及水、火、金、木、土、谷、正德、利用、厚生等9个方面。后来屈原在沅湘民歌基础上创作的楚辞《九歌》和原始"九歌"已经有很大不同，但是其在内容和形式上却保留了原始"九歌"的一些痕迹，如包含了天、地、山、川、人鬼等各种自然神，以及采纳了其组歌的形式等。"伊耆氏蜡辞"则是辞体的早期形式，其文曰："土反其宅。水归其壑。昆虫勿作。草木归其泽。"孔氏云："土归其安，则得不崩。……水归其壑，谓不汜溢。……昆虫母作，谓不为灾。……草苔、稗木、榛梗之属也，当各归生薮泽之中，不得生于良田害嘉谷也。蜡祭乃是报功，故亦因祈祷有此辞也。"❶可见，辞的最初含义是对自然万物表达感谢和祈愿。

尧舜时期尚无文字，早期的歌谣体和辞体都是歌、乐、舞三位为一体的，这与祭祀仪式中巫觋的行为方式有关。《周礼·春官·司巫》："司巫掌群巫之政令。若国大旱，

---

❶（汉）郑玄注，（唐）孔颖达等正义：《礼记正义》，上海古籍出版社1997年版，第1454页。

则帅巫而舞雩。"❶又《礼记·月令》"仲夏之月，……命
有司为民祈祀山川百源。大雩帝，习盛乐。乃命百悬雩祀百
辟卿士有益于民者，以祈谷实"。郑玄注云："雩者，吁嗟
求雨之祭也。"❷《周礼·春官·女巫》："女巫掌岁时祓
除、衅浴。旱暵，则舞雩。……凡邦之大灾，歌哭而请。"
郑玄注："有歌者，有哭者，冀以悲哀感神灵也。"❸

以上材料说明巫师的行为都是配合音乐、舞蹈而作，但
是舞蹈为主，因此其口中所唱祷的言辞最初也是歌、乐、
舞三位一体的，所以早期的歌谣和辞体都是可舞、可唱的。
《诗经》里有部分篇章就是出自巫师之口，如《云汉》。贾
公彦认为"《云汉》"之篇，就是大旱之歌。❹歌谣体是配
合音乐、舞蹈歌唱自不必多说，商周社会变革之际，在国家
政治生活中原始巫术色彩大大褪去，辞体的指称对象不仅是
自然万物之神，也指向生人，其与音乐、舞蹈也呈逐渐分离
的态势。如在后面的文体功能内涵中将谈到的"六辞"，就
是大祝的口头念白。但是作为原始宗教起源时期的辞体，其
可歌可舞的文体特征到战国时期还有遗留，荀子的《成相》
篇，又叫《成相杂辞》就是配合音乐演唱的歌词。

二、祭祀祖先仪式与典、册类文体的形成

古代先民除了相信天地山川皆有灵性之外，他们还相信

---

❶ （汉）郑玄注，（唐）贾公彦疏：《周礼注疏》，上海古籍出版社1997年
版，第816页。

❷ （汉）郑玄注，（唐）孔颖达等正义：《礼记正义》，上海古籍出版社1997
年版，第1369页。

❸❹ （汉）郑玄注，（唐）贾公彦疏：《周礼注疏》，上海古籍出版社1997年
版，第817页。

人死后有灵魂。灵魂具有一种超自然的能力，可以与生者在特定场合进行交流。有时灵魂可以护佑生人，有时又会作祟于生者，使其生病或遭灾。这种敬畏的心理便是祭祀祖先行为产生的重要原因。随着氏族社会的发展，人们在崇拜自然神灵的同时渐渐对宗族祖先产生了莫名而深挚的怀念。于是人类进入祭祀天地万物和祭祀祖先并举的阶段，特别是进入父系社会以后，血缘关系逐渐被强调和重视，并成为维系家族的纽带。

甲骨卜辞中就有大量的祭祀祖先的资料：

贞之于王亥卅牛辛亥（《殷墟书契前编》卷四第8叶）

乙丑卜□贞王宾[乙]祭。（《殷墟书契后编》卷四上第8叶）

根据王国维考证，以上卜辞中提到的相土、亥、报乙等皆为殷人先王先公之名号。❶可见，商代祭祀祖先的行为已经非常频繁。他们用丰厚的祭品祭祀祖先，以祈求祖先神的庇护。在这些祭祀祖先的仪式上，一个重要的环节就是主持者要将写有对祖先神灵的祝告之辞和先王先公祀谱、庙号的书册高高举起，祭告祖先神灵。这些书册最初便被称为"典"，甲骨文中也多处提到这样的典、册：

癸未，卜，王在丰，贞，[旬]亡[卜]，在六月甲申，工典其酒彡。（《甲骨文合集》24387）

---

❶　王国维：《观堂集林》，中华书局1959年版，第410页。

癸酉王卜，贞旬王畎。王[卣]曰：吉。在十月又一，甲戌妹工典其宫。隹王三祀。（《甲骨文合集》37840）

金文中也存在很多这样的例子：

余弗敢废乃命，尸典其先旧，及其高祖成汤。（《殷周金文集成》00275.2）

诸侯寅荐吉金，用作孝武赶公祭器故，以烝以尝，保有齐邦，世万子孙，永为典常。（《殷周金文集成》04649）

"册"亦见于殷代文献：

子克册父辛（《殷周金文集成》02017）
扶（扶）册父乙（《殷周金文集成》01821）

上文中的"工典"即"贡典"，"典"和"册"意思相同，即在祭祀时贡献典、册于祖先神灵之前。于省吾《释工典》云："契文之工典，典即今典字，典犹册也，贡典犹言献册告册也。……谓祭时贡献典册于神也。……综之，契文之工典（古体典），工应读为贡，典即古典字，典亦册也，书祝告之辞于典册，祭而献之于神，故云贡典也。"❶综上可知，"典"和"册"两种文体均来源于祭祀先王先妣的宗教仪式，二者在最初的用法相同。掌管和宣读这些典册的史官就称为"作册"。《宔震鼎》："庚午，王令寝震省北

---

❶ 于省吾：《于省吾著作集》，中华书局2009年版，第165~166页。

田四品，在二月，乍（作）册友史赐赚贝，用作父乙尊，羊
册。"（《殷周金文集成》02710）作册豊鼎："癸亥，王
迨于乍（作）册般新宗，王商（赏）作册丰贝。"（《殷周
金文集成》02711）

　　这些出土的甲骨文、金文表明，商代不但有成熟的文
字，而且散文也开始发轫，只是篇幅都很短小。《尚书》的
典、册文体应该形成于商代，并成为早期散文的主要载体。
《尚书·多士》有："惟殷先人有册有典，殷革夏命。"这
说明周初的人们还可以读到不少商代传世典籍。一种文学样
式在形成之后，因长期反复使用就会具有相对的稳定性，并
对后人的创作产生一定的示范作用。《尚书》中的典体、册
体就是后代史官模仿《商书》和其他商代典籍中的典册文体
追记而成。不同的是西周以后，"典"和"册"的用法发生
了一些分化。

　　邵（昭）朕福盟，朕臣天子，用典王令（命），乍（作）
周公彝。（《殷周金文集成》04241）
　　余典勿敢对，近余既讯，有司曰：戛令，今余既一名典
狱。（《殷周金文集成》04293）
　　王乎乍（作）册尹（册赐）走。（《殷周金文集成》
04244）
　　内史尹氏册命楚。（《殷周金文集成》04246.1）
　　王乎尹氏册命师察。（《殷周金文集成》04253）

　　以上5则都是西周时期的材料，可以看出这里的"典"
指的不再是贡献于祖先神明的典册，而是取其尊敬典重之

意，说明要以极度尊重的态度去完成周王的命令，表达对周王的绝对尊重和服从。此时典的意义和用法更加宽泛，人们把具有典范意义的重要制度和资料都称为典，如《尚书》的《尧典》《舜典》，《逸周书》中的《程典》《宝典》《本典》。在殷代，"册"的含义也有很大变化，虽然册的仪式还是在太庙中举行，但是"册"的对象却发生很大改变，西周中期以后册、命经常连用，由原来的贡献祖先神明的册子，演变为册命或奖赏生人。

太祝之官，其重要的职责就是协调上下、亲疏、远近等关系，由此产生了不同的言说方式："（大祝）作六辞，以通上下、亲疏、远近，一曰祠，二曰命，三曰诰，四曰会，五曰祷，六曰诔，"郑玄注："郑司农云：'祠当为辞，谓辞令也。命，《论语》所谓为命裨谌草创之。诰，谓《康诰》《盘庚之诰》之属也'。盘庚将迁于殷，诰其世臣卿大夫，道其先祖之善功，故曰以通上下亲疏远近。会，谓王官之伯，命事于会，胥命于蒲，主为其命也。祷，谓祷於天地、社稷、宗庙，主为其辞也。……诔，谓积累生时德行，以锡之命，主为其辞也。……此皆有文雅辞令，难为者也，故大祝官主作六辞。"❶清孙诒让《周礼正义》说："'作六辞以通上下亲疏远近'者，此以生人通辞为文，与上六祝、六祈主鬼神示言者异。……此通上下亲疏远近，统君臣

---

❶ （汉）郑玄注，（唐）贾公彦疏：《周礼注疏》，上海古籍出版社1997年版，第808~809页。

邦国家族言之。"❶

　　叶修成不同意郑、孙二氏观点，认为大祝所作"六辞"均为宗教行为方式，他说："祝官是一种宗教神职人员，其职能是礼神，也就是以语言行为巫术沟通人神、协调人神关系。'祠''命''诰''禬''祷''诔'本为祝官的原始宗教职业行为，它所指涉的对象为天地神祇，而不是生人，由此六种宗教职业行为生成的文辞样式，即为六种原始宗教性的文体。"❷我们认为叶说比较符合实际。考《诗·鄘风·定之方中》"卜云其吉，终然允臧"句下毛公提到周代大夫从政必备的"九能"之说，其中一个就是"丧纪能诔"。❸孔颖达正义曰："丧纪能诔者谓于丧纪之事，能累列其行为文辞以作谥。"❹这说明诔的对象不是生人，而是鬼神。另外，《周礼·小祝》："小祝掌小祭祀，将事侯禳祷祠之祝号，以祈福祥、顺丰年、逆时雨、宁风旱、弥灾兵、远罪疾。……凡事，佐大祝。……及葬，设道赍之奠，分祷五祀。"贾公彦疏曰："祈福祥、顺丰年、逆时雨，三者皆是侯。宁风旱、弥灾兵、远罪疾，三者即是禳。求福谓之祷，报赛谓之祠。皆有祝号。故总谓之祷祠之祝辞。"❺这说明小祝侯、禳、祷、祠行为的对象都是鬼神，

---

❶ （清）孙诒让撰，王文锦、陈玉霞点校：《周礼正义》，中华书局1987年版，第1993~1994页。

❷ 叶修成：《〈尚书〉文体研究》，北京师范大学博士学位论文2008年，第31页。

❸❹ （汉）郑玄笺，（唐）孔颖达等正义：《毛诗正义》，上海古籍出版社1997年版，第316页。

❺ （汉）郑玄注，（唐）贾公彦疏：《周礼注疏》，上海古籍出版社1997年版，第811~812页。

而非生人。又《周礼·春官·宗伯》："大祝下大夫二人，上士四人。小祝中士八人，下士十又六人。"贾公彦疏："大祝与小祝别职而同官，故共府。"❶据此可以认为，大祝与小祝皆是事鬼神之官，其职业行为当是宗教行为，因之生成的文体也是宗教性文体。

　　要之，古代太祝在不同的交际场合要适应不同的职能来进行言说，此时这些言说内容还是行为方式和口头之文。王秀臣说"经过从史前到夏商周三代的演变，原始宗教祭祀中无秩序的神灵秩序化，神在人们心中的观念和地位发生了很大变化，自发的祈祷和膜拜行为仪式化、制度化，这表明'礼'已脱胎于宗教祭祀礼仪，开始进入人们社会生活的方方面面，成为社交的礼仪规范和道德规范，礼制完全形成了。"❷祭祀的仪式化、制度化形成礼的过程，也是祭祀者言辞文本化的过程。这些文本化的文辞样式，就是辞、命、诰、会、祷、诔等文体的最初形态。但是随着社会的发展，这些文体的运用对象和范围也有所变化，有的文体运用对象扩大到生人，如"诰""命"，有的文体甚至消失，如"会"。但是文体的生发消长并不仅仅是简单孤立的文学现象，其一定与社会文化的变迁息息相关。此问题留待日后再撰文深入探讨。

---

❶ （汉）郑玄注，（唐）贾公彦疏：《周礼注疏》，上海古籍出版社1997年版，第755页。

❷ 王秀臣："从仪式到艺术——祭祀象征理论的形成与应用"，载《中国文化研究》2009年冬之卷，第111~120页。

第二节 宗周社会的政治制度与《尚书》文体形成

从殷商到宗周，社会经历一场巨大的变革。西周初年，周代统治者在政治、思想文化领域进行了一系列的维新和变革，周公"制礼作乐"的行为标志着这场变革的进一步规范化和制度化。王国维说："中国政治与文化之变革，莫剧于殷、周之际。……殷、周间之大变革，自其表言之，不过一姓一家之兴亡与都邑之转移；自其里言之，则旧制度废而新制度兴，旧文化废而新文化兴。"❶宗周社会新制度、新文化的建立和健全，都对人的行为方式和思想观念产生一定影响，随之也诞生了一些新的文体样式。

一、完备的史官制度与诰、命、训等政令性文体名称的确立

《尚书》作为历史文献的总集，内容涉及国家政治生活的方方面面，包括帝王训示、册命文书、政府文告、君臣谈话、军旅誓词、国家法令草案，地理规划等。我们可以想象，这些文字和语言在创作之初不可能有标题。学者一般认为，《尚书》中这些篇章标题为史官所后加，这是有道理的，因为它们都出自君王或大臣之口。统治者为确保行政顺畅，随时随事都可以发表言论，不可能有时间去思考言论的标题。班固《汉书·艺文志》："古之王者世有史官。君举必书，所以慎言行，昭法式也。左史记言，右史记事，事

---

❶ 王国维：《观堂集林》，中华书局1959年版，第451~453页。

为《春秋》，言为《尚书》，帝王靡不同之。"❶ "君举必书"是西周社会对王者言行约束的常规行政制度，在统治者的言论从口头语言到书面文字的过程中，史官起到了很重要的作用。史官除了记录王者言论以外，还要对之进行加工、润色并收藏和管理。在此过程中，史官为便于管理，就根据言论内容和功能给这些文字加上标题，分门别类收藏起来。子曰："为命：裨谌草创之，世叔讨论之，行人子羽修饰之，东里子产润色之。"❷ 这里正展示了一篇王命或政令文书从产生动意到形成成品的复杂过程。就在此过程中，史官创作了很多文书的类别和名称，如诰、命、训等。这些类别和名称在以后的行政过程中不断被强化，形成约定俗成的称谓习惯后，就固定成一种文体。史官的这种行为也形成了中国古代最初朦胧的文体分类意识，这是中国古代学者一直强调的"辨体意识"的文化渊源。章明寿说："我国古代文体类专著出现较晚，但其理论则可远溯到秦汉以前。当时的诗歌总集《诗》（后称《诗经》）和散文集《尚书》，把不同的文体——诗歌与散文分别汇编成集，反映了当时人们对文体类别的认识。"❸ 清代学者龚自珍在《古史钩沉论》中说："周之世官大者史。史之外无有语言焉；史之外无有文字焉；史之外无有人伦品目焉。史存则周存，史亡而周

❶ （汉）班固撰，（唐）颜师古注：《汉书》，中华书局1962年版，第1715页。

❷ （魏）何晏等注，（宋）邢昺疏：《论语注疏》，上海古籍出版社1997年版，第2510页。

❸ 章明寿："古代文体论与文章分类"，载《淮阴师专学报（哲社版）》1990年第1期，第76~79页。

亡。"❶史官承担着诸如起草诏书，策命诸侯、卿大夫，记录国家大事，掌管天文、历法、祭祀、教育等工作的事项。

根据《周礼》记载，周代有五类史官，分别掌管国家不同类型的政治事务和文书。《周礼·春官·大史》云：

> 大史掌建邦之六典，以逆邦国之治，掌法以逆官府之治，掌则以逆都鄙之治。凡辨法者考焉，不信者刑之。凡邦国都鄙及万民之有约剂者藏焉，以贰六官，六官之所登……戒及宿之日，与群执事读礼书而协事。祭之日，执书以次位常，……大会同朝觐，以书协礼事，……遣之日，读诔。

郑玄注云：

> 典、则，亦法也。……谓邦国、官府、都鄙以法争讼来正之者。……约剂，要盟之载辞及券书也。❷

贾公彦疏曰：

> 大宰既掌此，大史迎其治职文书。❸

《周礼·春官·小史》云：

---

❶　（清）龚自珍：《龚自珍全集（第1辑）》，上海人民出版社1975年版，第21页。

❷❸　（汉）郑玄注，（唐）贾公彦疏：《周礼注疏》，上海古籍出版社1997年版，第817页。

小史掌邦国之志，奠系世，辨昭穆。若有事，则诏王之忌讳。大祭祀，读礼法，史以书叙昭穆之俎簋。大丧、大宾客、大会同、大军旅，佐大史。凡国事之用礼法者，掌其小事。

郑玄注："郑司农云：'志谓记也，《春秋传》所谓《周志》，《国语》所谓《郑书》之属是也。'"贾公彦疏曰："赐谥是大史之事，非小史，但小史于大史赐谥之时，须谋列生时行迹而读之。"❶在《周礼·春官·小史》"大丧、大宾客、大会同、大军旅，佐大史"之下，贾公彦疏曰："此数事，皆大史掌之，小史得佐之。"❷说明邦国会同、军旅、大丧等大事皆由大史掌管，小史辅佐大史，具体的作为当是根据礼的规定协助草拟处理这些大事所需要的文书，如诰、誓、命等。

又考《周礼·内史》：

内史掌王之八枋之法。以诏王治。一曰爵，二曰禄，三曰废，四曰置，五曰杀，六曰生，七曰予，八曰夺。执国法及国令之贰，以考政事，以逆会计。掌叙事之法，受纳访以诏王听治。凡命诸侯及孤卿大夫，则策命之。凡四方之事书，内史读之。王制禄，则赞为之，以方出之。赏赐亦如之。内史掌书王命，遂贰之。❸

---

❶❷（汉）郑玄注，（唐）贾公彦疏：《周礼注疏》，上海古籍出版社1997年版，第818页。

❸ 同上书，第820页。

由上可见，内史主要负责协助或代替君王草拟封爵、赏赐等策命文书，并为王宣读诸侯国进贡的文书。《春秋传》曰"王命尹氏及王子虎、内史兴父策命晋侯为侯伯"，❶这一记录也证实了内史之职确是如此。又《周礼·外史》：

外史掌书外令。掌四方之志。掌三皇五帝之书。掌达书名于四方。

郑玄注云：

志，记也，谓若鲁之春秋，晋之乘，楚之梼杌。……楚灵王所谓三坟五典。……谓若《尧典》《禹贡》，达此名使知之。或曰：古曰名，今曰字，使四方知书之文字，得能读之。❷

贾公彦疏云：

《尚书》有《尧典》《舜典》《禹贡》之等，是《书》之篇名。《聘礼记》云："百名以上，书之於策。不满百名，书之于方。"其文字之书名俱是书名，此经宜云书名，未知何者之书名，故郑两解之。云'古曰名，今曰字'，古者之文字

---

❶　（晋）杜预注，（唐）孔颖达等正义：《春秋左传正义》，上海古籍出版社1997年版，第1825页。

❷　（汉）郑玄注，（唐）贾公彦疏：《周礼注疏》，上海古籍出版社1997年版，第820页。

少，直曰名，后代文字多，则曰字。字者，滋也，滋益而名，故更称曰字，正其名字，使四方知而读之也。❶

可见外史的一项职能是通过书策的形制以及对文书的定名帮助诸侯国更好理解文书内容。

《周礼·春官·御史》："御史掌邦国都鄙及万民之治令，以赞冢宰"，贾公彦疏曰："天官冢宰，六典治邦国，八则治都鄙及畿内万民之治。今此御史亦掌之以赞佐，故同其事。"❷

可见，御史负责协助冢宰，草拟文书和法令，主要是治理朝廷以外百姓之文书。

从上面引文可知，周代的政治文书都掌握在史官手中，对政治文书的草拟、上传下达、整理和保存是史官的基本职能。这些职能涉及的文体名称众多，有典、刑、约剂、书、谏、志、令、策、命、赞、法、则等，其中既有原始宗教时期已经形成的文体，如典、谏、书、志，也有史官出于收藏方便而总结提炼的文体，如刑、约剂、策、命、法、则等，孔颖达在谈及《尚书》体例时说："《书》篇之名，因事而立，既无体例，随便为文。"❸这既说明《尚书》文本多体

---

❶ （汉）郑玄注，（唐）贾公彦疏：《周礼注疏》，上海古籍出版社1997年版，第820页。

❷ 同上书，第822页。

❸ （汉）孔安国传，（唐）孔颖达正义：《尚书正义》，上海古籍出版社2007年版，第27~28页。

杂糅的文体状态，也揭示了导致这种状态的原因，就是《尚书》的篇章是在处理国家政治事务的过程中根据实际需要自然形成的。其中很多文体名称不见于甲骨文、金文，在《尚书》中都是首创，而此首创之功当归于周代的史官。郭英德也认为史官在《尚书》文体形成及分类过程中发挥了重要作用："上古史官在命名篇章时，首先区分各种不同的行为方式，据以确定篇名中的动词，再辅之以动作的发出者或者接受者、动作产生的地点等相关因素，为记录这些行为方式的文本进行命名。而这种命名方式的反复出现，实际上表现出一种类的归属，从而启发、引导，甚至暗中制约、规定着后人以篇名末字来对《尚书》文体进行分类，归纳出所谓'六体'。"❶

二、"以言成事"的参政、议政制度与讽谏类文体的形成

语言，是一种音义结合的符号系统，是人类最基本的认知行为、文化形态、交际工具和符号系统。语言也是社会得以构成、互动和整合，文化得以创造和持存的最基本的工具。人类的语言具有交际的自然功能，人类学习和运用语言，目的是更好地发挥语言的社会功能，从而达到"以言成事"的效果。中国人重视语言的观念，在殷商时代的卜辞中就已经凸显出来，作为占卜问神之词具有神秘性，作为预知吉凶的手段具有很强的功利色彩。当人们走出殷墟的残龟片骨，走进郁郁乎文的宗周礼乐文明，一个形态更加精致、观念更加复杂的语言世界将呈现在我们面前。沈立岩说："对

---

❶　郭英德：《中国古代文体学论稿》，北京大学出版社2005年版，第35页。

于语言的性质和作用，周人有着更为深刻的理解和更为强烈的关注，但可以想见的是，在很大程度上，这正是建立在对殷人的经验、教训的反思和总结的基础之上的。"❶其中典型的代表就是周代社会的贵族、官员乃至庶民的参政议政方式。

《左传》襄公十四年：

自王以下各有父兄子弟以補察其政。史为书，瞽为诗，工诵箴谏，大夫规诲，士传言，庶人谤，商旅于市，百工献艺。故夏书曰："道人以木铎徇于路，官师相规，工执艺事以谏"，杜预注："工，乐人也，诵箴谏之辞。"

孔颖达疏曰：

《仪礼》通谓乐人为工，工亦瞽也。诗辞自是箴谏，而箴谏之辞或有非诗者，如《虞箴》之类，其文似诗而别，且谏者万端，非独诗、箴而已。诗必播之于乐，余或直颂其言，与歌诵小别，故使工、瞽异文也。❷

在"史为书"下面杜预注："谓大史君举则书"，在"瞽为诗"下杜预注："瞽，盲者，以诗为风刺。"❸

---

❶ 沈立岩：《先秦语言活动之形态观念及其文学意义》，人民出版社2005年版，第77~78页。
❷❸（晋）杜预注，（唐）孔颖达等正义：《春秋左传正义》，上海古籍出版社1997年版，第1958页。

又《国语·周语》记载：

故天子听政，使公卿至于列士献诗，瞽献曲，史献书，师
箴，瞍赋，矇诵。百工谏，庶人传语，近臣尽规，亲戚补察，
瞽史教诲，耆艾修之，而后王斟酌焉，是以事行而不悖"。韦
昭注云："公以下至上士，各献讽谏之诗，瞽陈乐曲，献之于
王，是言瞽为歌诗之事。"❶

受周代礼制和阶级身份差异的制约，人们的言说行为分
工之明晰、规则之细密、态度之慎重、制度之完备。同样
是以言参政，史官、瞽、乐工、大夫、士、庶人、商、百工
的言说方式却又有很大不同，有书、诗、箴、规诲、传言、
谤、旅、献艺等，这些言说方式便生成了不同的文体类别。
这些言说活动的目的是参政议政，具有"言以载道"的政治
色彩，因此这些文体也具有很强的政治含义。由于社会阶层
和话语形式及其规则并非一成不变，所以相应的政令性文体
也处于一个相对开放的状态，随着言语方式和规则的变化不
断地生成。神职人员的言说方式生成的宗教性文体则相对静
态化，一种言说方式或内容一旦生成，便形成固定程式，一
旦遇见相同场合便可以直接拿过来反复唱诵。这些宗教性文
体的内容和形式的表演性、仪式性大于创造性，比如"葛天
氏乐歌""伊耆氏蜡辞"等就是神职人员在庆祝丰年时感恩
神灵的歌舞活动中的唱词。相比而言，那些生成于现实政治
生活中的政令性文体则不同，除了一些简单的仪式套语之

---

❶　（三国）韦昭注：《国语》，商务印书馆1958年版，第4页。

外，具体内容都需要创作主体根据情况变化而创新。应该说这些政令性文体才是具有真正文学创作意味的形式和载体。由此可见，中国古代的文学从一开始就是为政治而诞生，具有很强的政治功利性和价值指向性。这一特征影响了以后几千年中国文学乃至文化的价值取向，它把"文以载道"的观念深深根植于中国文学和文化的土壤之中。这一观念要求文学载道，所以在文学史上纯粹为文学而创作的作品少之又少；这一观念要求文体载道，所以古代小说被斥为"街谈巷语，道听途说"的"小道"；❶这一观念要求题材载道，所以无论是在小说、戏曲还是诗歌中，历史题材始终最为创作者所倚重和青睐。

又《毛诗诂训传》提到的"九能"之说，《诗·鄘风·定之方中》"卜云其吉，终然允臧"句下毛传云：

> 建国必卜之，故建邦能命龟，田能施命，作器能铭，使能造命，升高能赋，师旅能誓，山川能说，丧纪能诔，祭祀能语，君子能此九者，可谓有德音，可以为大夫。

孔颖达正义：

> 故建邦能命龟，以迁取吉之意也，……田能施命者谓于田猎而能施教令以设誓，……田，所以习战故施命以戒众也；作器能铭者谓既作器能为其铭。……铭者，名也，所以因其器

---

❶ （汉）班固撰，（唐）颜师古注：《汉书》，中华书局1962年版，第1745页。

名而书以为戒也；使能造命者谓随前事因机造其辞命以对……升高能赋者谓升高有所见能为诗赋其形状铺陈其事势也；师旅能誓者谓将帅能誓戒之，……山川能说者谓行过山川能说其形势而陈述其状也，……丧纪能诔者谓于丧纪之事，能累列其行为文辞以作谥，……祭祀能语者谓于祭祀能祝告鬼神而为言语……君子由能以上九者，故可为九德，乃可以列为大夫。❶

　　由上可见，命龟、施命、能铭、造命、能誓、能说、能诔、能语是周代要求士大夫必须掌握的9种从政行为能力，这些能力是士大夫德行的外在彰显。这9种行为也相应生成和丰富了中国古代文体类型，《尚书》中的文体和篇章有很多与士大夫的这些行为方式息息相关。《尚书·大禹谟》就记录了大禹在出征有苗前的誓师词："济济有众，咸听朕命。蠢兹有苗，昏迷不恭，侮慢自贤，反道败德，君子在野，小人在位，民弃不保，天降之咎，肆予以尔众士，奉辞伐罪。尔尚一乃心力，其克有勋。"❷

　　"九能德音"的行政要求是周代贵族教育之重言传统的根本原因，"学而优则仕"，❸贵族子弟接受教育目的是"以言成事"，参与国家大事的管理。古人推崇的"立德""立功""立言"的"三不朽"理念，"言"之所以

---

　　❶（汉）郑玄笺，（唐）孔颖达等正义：《毛诗正义》，上海古籍出版社1997年版，第316页。

　　❷（汉）孔安国传，（唐）孔颖达正义：《尚书正义》，上海古籍出版社2007年版，第137页。

　　❸（魏）何晏等注，（宋）邢昺疏：《论语注疏》，上海古籍出版社1997年版，第2532页。

能够和"德""功"并列在一起，享有不朽的地位，就是因为在周代政治生活中"言"扮演着重要的社会作用，可以说无言不成事。但是这里的"言"不是一般意义上的言语，而是指根据场合、言说主体、言说对象不同而进行的行政言说行为，属于礼的范畴。故孔子说："不学诗，无以言"，❶ "诵诗三百，授之以政不达，使于四方不能专对，虽多亦奚以为？"❷ "诗"即是礼乐，"学诗"就是学习礼乐规范，在此前提下发表言论才能达到预期的政治或外交效果。《诗》云："德音莫违"，❸德指的是德行，音指的是各种性质的言，长言、诵、颂等言语形式，二者的结合是贵族君子最完美的行为状态和行政状态。

同时，这些在礼制规定下的行为和语言，被赋予明确的道德内涵和严格的形式要求。这些言说的书面化形成的文体，自然带有很多独特的气质。如征的"奉辞伐罪"；誓的"短小警戒"；诔的"褒赞哀戚"等，为后世相关类型的文体奠定了基本的形制基础和情感基调。

三、宗周社会的"乐语之教"与《尚书》文体的形成

孔子云："郁郁乎文哉，吾从周"。❹司马迁说："古者

---

❶ （魏）何晏等注，（宋）邢昺疏：《论语注疏》，上海古籍出版社1997年版，第2522页。
❷ 同上书，第2507页。
❸ （汉）郑玄笺，（唐）孔颖达等正义：《毛诗正义》，上海古籍出版社1997年版，第304页。
❹ （魏）何晏等注，（宋）邢昺疏：《论语注疏》，上海古籍出版社1997年版，第2467页。

《诗》三千余篇。"❶可见，在尊祖敬宗、崇德尚礼的宗周社会，礼乐文化非常发达。礼乐文化几乎笼罩了社会生活的方方面面，包括对贵族子弟的教育。乐语教育是贵族子弟教育的一项重要内容。语言是人与神、人与人交际过程中最为敏感和有力的工具，片言，可能化干戈为玉帛，片语，可能引来杀身之祸，这全赖于言说者对言说环境的判断能力和对言说技巧的掌控能力。周代的统治者已经敏感意识到，语言是社会调控的有力工具，是沟通人神，协调人际关系，划分阶级差等、巩固统治秩序最为有效的办法。因此，周代学校教育非常注重对国子们语言技能的示范和培养，目的是让他们具备语比于乐，语合于礼的能力，最终能"达于政事"和"出使专对"。《周礼·春官·大司乐》：

大司乐掌成均之法，以治建国之学政，而合国之子弟焉。凡有道者，有德者，使教焉。死则以为乐祖，祭于瞽宗。以乐德教国子：中、和、祗、庸、孝、友。以乐语教国子：兴、道、讽、诵、言、语，以乐舞教国子：舞云门、大卷、大咸、大韶、大夏、大濩、大武。以六律六同、五声、八音、六舞、大合乐以致鬼神示，以和邦国，以谐万民，以安宾客，以说远人，以作动物。

郑玄注曰：

---

❶ （汉）司马迁撰，（唐）张守节正义：《史记》，中华书局1982年第2版，第1936页。

兴者，以善物喻善事，道，读曰导。导者言古以剀今也。倍文曰讽，以声节之曰诵，发端曰言，答述曰语。❶

又《诗经·公刘》云："于时言言，于时语语"，毛传云："直言曰言，论难曰语"，郑笺："言其所当言，语其所当语，谓安民馆客施教令也"，孔疏："既立都邑，乃宣布教令，公刘于是言其所当言，语其所当语，谓施政教于民也。"❷又郑玄注《礼记·杂记》云："言，言己事也。为人说为语。"❸

兴、道、讽、诵、言、语是大司乐教育国子的内容之一，具体指的是公卿大夫子弟如何运用言辞，在礼乐的规范下与人交流沟通的能力。这些贵族子弟经过系统全面的礼乐教化之后，一般都具备博通的人文知识、礼乐技能和文辞技巧，他们成年后或表治世方略，或驰骋文辞以干名利荣禄，其文化水平的提升、文辞技巧的修炼以及各种思想的渗透，无疑成为促成这些言辞技能向相应的文体类型转化的重要因素。

乐语究竟是怎样的言语形式呢？现以"言"和"语"为例加以阐述。《礼记·射义》载：

---

❶（汉）郑玄注，（唐）贾公彦疏：《周礼注疏》，上海古籍出版社1997年版，第787页。

❷（汉）郑玄笺，（唐）孔颖达疏：《毛诗正义》，上海古籍出版社1997年版，第542页。

❸（汉）郑玄注，（唐）孔颖达等正义：《礼记正义》，上海古籍出版社1997年版，第1561页。

孔子射于瞿相之圃……使公罔之裘、序点扬觯而语。公罔之裘扬觯而语曰：幼、壮孝弟，耆、耋好礼，不从流俗，修身以俟死，者不？在此位也。盖去者半，处者半。……序点又扬觯而语曰：好学不倦，好礼不变，旄，期称道不乱，者不？在此位也。

郑玄注曰："古者于旅也语，语，谓说义理也。"❶公罔之裘、序点二人之语，即是旅酬之际的言语活动。

又《礼记·文王世子》：

凡祭，与养老乞言、合语之礼，皆小乐正诏之于东序。大乐正学舞干戚，语说，命乞言，皆大乐正授数，大司成论说在东序。……遂设三老、五更、群老之席位焉……登歌《清庙》，既歌而语，以成之也。言父子、君臣、长幼之道，合德音之致，礼之大成也。

孙希旦《礼记集解》云："乞言，求善言可行者也。合语，谓于旅酬之时，而论说义理，以合于升歌之义。……祭祀之礼，及养老时乞言、合语之礼，皆小乐正于东序之中教之也。"❷朱彬《礼记训纂》引江永曰："此皆言学中之事，谓释奠释菜也，乞言、合语皆养老时之礼也。……乞

---

❶　（汉）郑玄注，（唐）孔颖达等正义：《礼记正义》，上海古籍出版社1997年版，第1687页。

❷　（清）孙希旦撰，沈啸寰、王星贤点校：《礼记集解（中）》，中华书局1989年版，第558页。

言、合语皆有威仪，小乐正诏之；其言语有篇章辞说，大乐正授数，大司成论说之。"❶

言、语的具体行为状态和言说内容大致如此，其他几类乐语情况也与此类似。故沈立岩说："乐语即是与礼乐相辅而行的语言活动，乃礼仪固有之组成部分（即'乐终合语''既歌而语'）。有一定内容、规范和技巧（所谓'威仪'和'篇章辞说'）；它的功能在于结合具体的礼仪、诗乐的活动来发明其内涵之义理，宣扬宗法贵族的伦理观念，培养国子们合礼的言语习惯，昭显贵族阶层特有的风度威仪……'比乐于诗'的另一层意思，是说与礼乐相伴而行的言语教育，以培养国子们语言方面的知识和技能，以及贵族之优雅、高贵的语言风格为旨归。"❷《毛诗诂训传》提到大夫参政必须具备的"九能"之说，是乐语教育的必然结果。而拥有兴、道、讽、诵、言、语的言语技巧，掌握这些乐语的合礼内容和适度的威仪，才能胜任上层社会纷繁复杂的礼仪活动。从言语技能教学方面看，相关的资源、科目范本和实践形成文本以后，就生成相应的文体，如言体、语录体等。而兴、道、讽、诵、言、语的乐语之教，也让随这些行为方式生成的文体具备联类取譬、借古证今的行文技巧和慎言主敬、雍容典雅的语言风格。

---

❶ （清）朱彬撰，饶钦农点校：《礼记训纂（上）》，见十三经清人注疏，中华书局1996年版，第316页。

❷ 沈立岩：《先秦语言活动之形态观念及其文学意义》，人民出版社2005年版，第372页。

第六章 《尚书》文体对后世文体的影响

　　"文本于经"是中国古代关于各类文章起源较为普遍和有代表性的观念，学者们多认为五经及解释经书之传是后代各类文体的渊薮，这些文体包括诗、赋、颂、赞、论、铭、诔、箴、祝、诏、策、章、奏、论、说等。刘勰在《文心雕龙·宗经》篇中首先提出此观点，他说："故论说辞序，则易统其首；诏策章奏，则书发其源；赋颂歌赞，则诗立其本；铭诔箴祝，则礼总其端；纪传铭檄，则春秋为根：并穷高以树表，极远以启疆，所以百家腾跃，终入环内者也。"❶这一论述表明五经与各种文体之间的源流关系，开了"文源五经"说的先河。自刘勰之后，持此观点的学者，历代不乏其人。南北朝时期的颜之推在《颜氏家训·文章》篇中云："夫文章者，原出五经：诏命策檄，生于《书》者也。序述论议，生于《易》者也；歌咏赋颂，生于《诗》也者；祭祀哀诔，生于《礼》者也；书奏铭箴，生于《春秋》者也。"❷明代吴讷《文章辨体序说》云："著作者流，盖

---

　　❶ （南朝梁）刘勰著，范文澜注：《文心雕龙注》，人民文学出版社1958年版，第22~23页。

　　❷ （北齐）颜之推著，王利器集解：《颜氏家训集解》，上海古籍出版社1980年版，第221页。

出于书之谟、训，易之象系，春秋之笔削，……比兴者流，盖出于虞、夏之咏歌，商、周之风雅。"❶据明代学者黄佐的统计，与《诗》《礼》《乐》《春秋》《易》五经相比，后代文体类型出自《尚书》的最多，有四十多种。❷可见，《尚书》对后代文体的影响之深远。下面将就《尚书》文体对官方文书、文学文体等方面的影响具体论述之。为更好地论述《尚书》文体的流变及其对后世文体的影响，本文将《尚书》涉及的22种文体与《文选》类总集收录的文体类别进行对比，具体见表6-1所示。

---

❶ （明）吴讷著，于北山校点："文章辨体序说"，见郭绍虞主编：《中国古典文学理论批评专著选辑》，人民文学出版社1962年版，第11页。

❷ （明）黄佐撰：《六艺流别》卷一，见四库全书存目丛书编纂委员会编：《四库全书存目丛书》集部第300册，齐鲁书社1997年版，第71~72页。

表6-1：历代重要《文选》类总集所录文体名称与《尚书》中相同或相近的文体名称对照表

序号	《殷周金文集成》（17类）	《尚书》（22类）	《文选》（38类）	《文心雕龙》（33类）	《文苑英华》（39类）	《唐文粹》（23类）	《宋文鉴》（58类）	《文章辨体》（59类）	《文体明辨》（127类）	《古文辞类纂》（13类）	《全上古三代秦汉三国六朝文》（69类）	《经史百家杂钞》（87小类）
1	书	书	上书、书	书	书	书	书	书	玺书、上书、书记、说书	书说类	玺书、书、书、下赐书、上书	玺书、书
2	典	典		典								
3	谟	谟		谟								
4	诰	诰			制诰		诰	诰			诰	诰
5	折（誓）	誓		誓				誓	誓		誓	

续表

序号	《殷周金文集成》(17类)	《尚书》(22类)	《文选》(38类)	《文心雕龙》(33类)	《文苑英华》(39类)	《唐文粹》(23类)	《宋文鉴》(58类)	《文章辨体》(59类)	《文体明辨》(127类)	《古文辞类纂》(13类)	《全上古三代秦汉三国六朝文》(69类)	《经史百家杂钞》(87小类)
6	命、令	命	诏、令、符、命	诏策:诏、戒、教、命	翰林制诏:赦书、德音、册文、诏敕				命、符	诏令类	策命、令	策命
7		贡										
8		范										
9	刑	刑			刑法							
10	怨(训)	训										训
11	征	征										
12	歌	歌			歌行			古歌谣、歌辞、歌行	歌			歌

续表

序号	《殷周金文集成》（17类）	《尚书》（22类）	《文选》（38类）	《文心雕龙》（33类）	《文苑英华》（39类）	《唐文粹》（23类）	《宋文鉴》（58类）	《文章辨体》（59类）	《文体明辨》（127类）	《古文辞类纂》（13类）	《全上古三代秦汉三国六朝文》（69类）	《经史百家杂钞》（87小类）
13		诗	诗	诗	诗		诗：四言、五言、七言古诗、古律诗	古诗	诗			
14		箴	箴	箴	箴	箴类	箴	箴	箴：官箴、私箴	铭箴类	箴	箴
15	盟	盟		盟	盟文				盟		盟文	
16	谚语	谚语		谚					古歌谣谚：歌、谣、诵、谚、诗、讴			
17	辞	辞	辞	辞	哀辞			诔辞、哀辞	辞	辞类、赋	哀辞	辞、哀辞

续表

序号	《殷周金文集成》(17类)	《尚书》(22类)	《文选》(38类)	《文心雕龙》(33类)	《文苑英华》(39类)	《唐文粹》(23类)	《宋文鉴》(58类)	《文章辨体》(59类)	《文体明辨》(127类)	《古文辞类纂》(13类)	《全上古三代秦汉三国六朝文》(69类)	《经史百家杂钞》(87小类)
18	册、命	册	册		谥册、哀文、册文、册	谥册、哀册	册	册	册		哀册	
19	嘏	赞	赞;史赞	颂、赞		赞类	赞	赞	杂赞、史赞		赞	赞
20	言	言										
21	戒	戒		戒	箴诫	诫类	说戒	戒	戒		诫	
22	规	规							规			

第一节 《尚书》文体对官方文书的影响

公文是一种应用文书，主要用于公务活动。公文是统治阶级用以记载、传递和保存公务信息的重要工具。从文艺发生学角度来看，公文出现的根本原因是社会需要。斯大林说："生产的继续发展，阶级的出现，文字的出现，国家的产生，国家进行管理工作需要比较有条理的文书，商业的发展，商业更需要有条理的书信来往。"❶人类社会的发展需要进行各种形式的交流，因此产生了各种形式的语言文字活动，交际文体由此产生，并随着社会的进步日趋丰富与精密。但从文学史和文体学角度来看，公文的出现和发展则与《尚书》有着重要的联系。

关于《尚书》文体和公文文体之间的关系，历代学者皆有论述。元代郝经的《郝氏续后汉书》卷六十六"文章总叙"将历代文章归入《易》《书》《诗》《春秋》四部，其中书部总序："《书》者，言之经。后世王言之制，臣子之辞，皆本于《书》。凡制、诏、赦、令、册、檄、教、记、诰、誓，命、戒之余也，书、疏、笺、表、奏、议、启、状、谟、训、规、谏之余也。国书、策问、弹章、露布，后世增益之耳，皆代典国程，是服是行，是信是使，非空言比，尤官样体制之文也。"❷明代学者黄佐从"文本于经"

---

❶ （苏联）斯大林：《斯大林选集（下卷）》，人民出版1979年版，第518页。

❷ （元）郝经撰：《续后汉书》，见（清）永瑢、纪昀等撰：《景印文渊阁四库全书》第385册，台北商务印书馆2008年版，第611页。

的观念出发，以选本的形式把古代的基本文体形态分别归于《诗》《书》《礼》《乐》《春秋》《易》之下，构建了一个中国古代文体庞大的谱系。据黄氏观点，《尚书》的文体源流关系如下：书艺：典、谟。典之流其别有二：命、诰。谟之流其别有二：训、誓。命训之出于典者其流又别而为六：制、诏、问、答、令、律。命之流又别而为四：册、敕、诫、教。诰之流又别而为六：谕、赐书、书、告、判、遗命。训誓之出于谟者其流又别而为十一：议、疏、状、表、笺、启、上书、封事、弹劾、启事、奏记。训之流又别而为十：对、策、谏、规、讽、喻、发、势、设论、连珠。誓之流又别而为八：盟、檄、移、露布、让、责、券、约。黄佐希望通过层层的流别关系，把后世43种文体的源头归属于《尚书》"六体"之中，显示《尚书》篇章对后世文体特别是公文的重要示范意义和源流关系。❶下面将从两个方面论述《尚书》文体对公文文体的影响。

一、《尚书》文体提供了公文写作的基本范式

公文文体政治功能性很强，其在行文风格和文体形态等方面有着迥异于一般文学文体的特征，这些公文的基本特征我们可以在《尚书》文体中找到很多痕迹。

（1）《尚书》文体奠定了中国古代公文庄重严肃，简洁晓畅的行文风格。谭家健说："《尚书》这种文体，虽然从春秋末年以后，就不再在社会上流行了，但是，汉以后的皇室文告，也经常模仿它。如汉武帝《策封燕王旦》《策

---

❶ （明）黄佐撰：《六艺流别》卷一，见四库全书存目丛书编纂委员会编：《四库全书存目丛书》集部第300册，齐鲁书社1997年版，第71~72页。

封齐王闳》以及西晋夏侯湛的《昆弟诰》、北周苏绰的《大诰》……直至清末，大凡庄重严肃的军国大事，需要祷告天地晓谕万民时，往往不用通常的古文或骈文，而要采用《尚书》体以表示郑重其事。"❶《尚书》中的"誓"体文章，便是《尚书》体的代表之一，在行文方面显示出庄重典雅、深沉严肃的风格。《甘誓》《汤誓》《泰誓》《牧誓》《费誓》5篇文章皆是战争动员令，开头均用一个感叹词，以引起即将参加战争的将士们的注意，保持场面严肃，从而达到鼓舞士气的效果。如《甘誓》开始就是如此：王曰："嗟！六事之人，予誓告汝：……"以一个叹词"嗟"开始了对军队的战争动员，保持了讲话的严肃性。另外，《甘誓》在行文中，还打着"替天行道"的幌子，给文章添加了一份浓厚严肃的宗教色彩，占领了道义和舆论的制高点，极大鼓舞了士兵的士气。誓体篇章的结尾一般采用固定的仪式性句式，充满王者的霸气和杀气，以达到同仇敌忾，一举制胜的战争目的。如《汤誓》结尾："尔尚辅予一人，致天之罚，予其大赉汝！尔无不信，朕不食言。尔不从誓言，予则孥戮汝，罔有攸赦。"商汤以不容置疑的命令语气，对士兵下达战争的最后命令，听话者将受到奖赏，不听话者将连同家人一起遭到杀戮。这里体现了王者至高无上的权威，掌握着士兵生杀予夺的大权。这种风格对后世战争类的公文产生了深远的影响。如三国时曹操向孙权下的战书在文风上与誓体类似："近者奉辞伐罪，旄麾南指，刘琮束手。今治水军八十万众，方与将军会猎于吴"，这封战前书信，文风剑拔弩张，

---

❶ 谭家健：《中国古代散文史稿》，重庆出版社2006年版，第55页。

威逼、清峻之势尽显，结果是"权得书以示群臣，莫不响震失色"。❶

（2）《尚书》文体开创了后世公文讲究文采的传统。"言之无文，行而不远"，❷文章如果没有文采就不生动，就难以达到预想的交际目的。古代公文往往通过一些修辞手法的运用，增强文章的文采和情韵。《尚书》中很多篇章是辞彩兼具的典范。《牧誓》是周武王在商都城牧野郊外时发布的讨伐商纣的军事动员令。其中"今予发惟恭行天之罚。今日之事，不愆于六步、七步，乃止，齐焉。夫子，勖哉！不愆于四伐、五伐、六伐、七伐，乃止，齐焉。勖哉，夫子！尚桓桓。如虎如貔、如熊如罴，于商郊！弗迓克奔，以役西土。勖哉，夫子！尔所弗勖，其于尔躬有戮！"这里周武王运用了排比、比喻等修辞手法，使得语言气势澎湃，大大鼓舞了军队的士气。受其影响，我国古代很多公文都不排斥文学表现手法和抒情性话语，用以增强文章的说服力和感染力。如《出师表》和《陈情表》就是这样情采兼具的名篇。宋代赵与时在《宾退录》里曾引用隐士安子顺的话："读诸葛孔明《出师表》而不堕泪者，其人必不忠；读李令伯《陈情表》而不堕泪者，其人必不孝。"❸由此可见这两篇表文的艺术感染力之强。唐代骆宾王的《代李敬业

---

❶ （晋）陈寿撰，（唐）裴松之注：《三国志》，中华书局1982年版，第1118页。

❷ （晋）杜预注，（唐）孔颖达等正义：《春秋左传正义》，上海古籍出版社1997年版，第1985页。

❸ （宋）赵与时、徐度撰，傅成、尚成点校：《宾退录·却扫编》，见《历代笔记小说大观》，上海古籍出版社2012年版，第89页。

传檄天下文》，是战争檄文的名篇，以其文风犀利、文采斐然，令反武则天者深受鼓舞，就连武则天本人也为之震动。"一抔之土未干，六尺之孤安在"，❶采用了反诘的修辞手法，对武则天擅权灭亲的行径进行鞭挞，可谓入木三分。据《新唐书》载，就是武则天读到这里，也发出了"宰相安得失此人"❷的慨叹，足见这篇檄文的煽动力。刘勰在《文心雕龙·诏策篇》中对诏策应用于不同场合、不同对象时的情绪表现和情感色彩作了描述："故授官选贤，则义炳重离之辉；优文封策，则气含风雨之润；敕戒恒诰，则笔吐星汉之华；治戎燮伐，则声有洊雷之威；眚灾肆赦，则文有春露之滋；明罚敕法，则辞有秋霜之烈。"❸就是要求公文写作应针对不同的类别、功能，在语言表达上要体现出不同的感情色彩。

另外，《尚书》中的公文无论长篇还是短制，多有说理的文字。在众多的说理方式之中，常用的方法是形象化说理。古代公文说理时往往描摹甚至想象出一些激发人们感情的形象，给人留下难忘的印象。《牧誓》武王为表达其"偃武修文"的决心，做出"归马于华山之阳，放牛于桃林之野"的举动，通过对武王这一行为的诗意描述，塑造出其仁德爱民的圣王形象。我国古代的其他公文也有这样的现象，如汉文帝刘恒颁布的《恤民诏》。诏书的开头就以自然草木

---

❶ 钱伯城主编：《古文观止新编（上册）》，上海古籍出版社1988年版，第515~518页。

❷ （宋）欧阳修，宋祁撰：《新唐书》，中华书局1975年版，第5742页。

❸ （南朝梁）刘勰著，范文澜注：《文心雕龙注》，人民文学出版社1958年版，第360页。

起兴，表达对百姓疾苦的深深体恤："方春和时，草木群生之物，皆有以自乐，而吾百姓鳏寡孤独穷困之人，或阽于死亡，而莫之省忧。为民父母将何如？其议所以振贷之。"❶公文开头运用了比兴手法，文中运用设问的形式，使文章具有一种平易近人、朴实亲切的风格，从而增加了文章的感染力。

林语堂在《中国人》一书中说："诗歌教会了中国人一种生活观念，通过谚语和诗卷深切地渗入社会，给予他们一种悲天悯人的意识，使他们对大自然寄予无限的深情，并用一种艺术的眼光来看待人生。诗歌通过对大自然的感情，医治人们心灵的创痛；诗歌通过享受简朴生活的教育，为中国文明保持了圣洁的理想。"❷在这样的大文化背景下，即使是应该以庄重、严谨甚至枯燥、乏味的形象立于世人面前的古代公文，也较多地表现出文学的泛化与政治的艺术化的现象。这也应该是中国古代公文讲究文采的深层社会原因之一。

（3）《尚书》文体开创了中国古代公文注重文化底蕴的优良传统。首先，《尚书》文体篇章蕴含丰富、真挚的情感。古代的奏、议、章、表等属于上行公文，呈送对象一般是具有至高无上权力的封建君王。古人对此类公文甚为重视，通常为讨得皇帝喜欢或重视，就用文中的情感去打动君

---

❶（汉）班固撰，（唐）颜师古注：《汉书》，中华书局1962年版，第113页。

❷ 林语堂著，郝志东、沈益洪译：《中国人》，学林出版社2007年版，第181页。

王。如《尚书》中的《商书·仲虺之诰》一文，钟虺为了让成汤放下"逆反伐桀"的思想包袱，引用葛国百姓的话来证明成汤的行为深得人心，其文曰："乃葛伯仇饷，初征自葛，东征，西夷怨；南征，北狄怨，曰：'奚独后予？'攸徂之民，室家相庆，曰：'徯予后，后来其苏。'民之戴商，厥惟旧哉！"文章通过记叙百姓的话语，真切地表达了对成汤征葛行为的赞美和鼓励，帮助成汤放下了"来世以台为口实"的思想包袱。依靠情感打动君主的公文还有西晋时期李密的《陈情表》。李密是一个极其孝顺而又淡泊名利之人，曾以一份《陈情表》，彻底拒绝朝廷的征召。该文中表现出的对祖母的"孝"心，和对晋武帝的"忠"情，真挚感人，其中有一段是这样写的："（祖母）刘日薄西山，气息奄奄，人命危浅，朝不虑夕。臣无祖母，无以至今日；祖母无臣，无以终余年。母孙二人更相为命，是以私情区区不敢弃远。"❶据说晋武帝看了深受感动，夸赞李密是"士之有名，不虚然哉"，从而放弃了对他的征召。❷

其次，《尚书》文体篇章体现了作者的高风亮节。《虞书·大禹谟》中禹和皋陶"以德相让"的场景，体现了他们"不汲汲于功名，不戚戚于富贵"的高风亮节。因此皋陶和禹都受到了帝舜的赞扬，尤其是大禹，更是勤于政事，功勋卓著。帝舜夸奖他说："来，禹。降水儆予，成允成功，惟汝贤。克勤于邦，克俭于家，不自满假，惟汝贤。汝惟不矜，天下莫与汝争能；汝惟不伐，天下莫与汝争功。予懋乃

---

❶❷ （唐）房玄龄等撰：《晋书》，中华书局1974年版，第2275页。

德，嘉乃丕绩，天之历数在汝躬，汝终陟元后。"

这里，作者用简短的话语刻画出大禹勤于政事的功臣形象和谦逊和蔼、厚生爱民的高尚品质。这种写法在后世的公文文体或政论文中也常常被借鉴。

西汉贾谊的《治安策》开篇便沉痛地指出："臣窃惟事势，可为痛哭者一，可为流涕者二，可为长太息者六，若其他背理而伤道者难遍以疏举。"❶ "痛哭""流涕""长太息"等词汇表现了作者忧国忧民的人道主义情怀和知识分子的担当精神，值得后人敬仰。诸葛亮的《后出师表》也蕴含了他"鞠躬尽力，死而后已"❷的可贵品格，其运用了《论语》的典故："士不可以不弘毅，任重而道远。仁以为己任，岂不重乎？死而后已，岂不远乎"，❸表达对主上和刘氏江山的耿耿忠心，感动了无数后人。

另外，《尚书》文体还展示了鲜明的时代精神。周代统治者看到了天命、德行和国运之间的关系，所以他们在任官、行政等方面都把"德行"作为重要的参考条件。《周书·蔡仲之命》："皇天无亲，惟德是辅；民心无常，惟惠之怀。为善不同，同归于治；为恶不同，同归于乱。尔其戒哉！"《尚书·毕命》："呜呼，父师！邦之安危，惟兹殷士。不刚不柔，厥德允修。"这里，康王不但要求毕公自己要有德行，还提醒他要重视对殷遗民道德修养方面的教育，

---

❶（清）姚鼐集，胡士民、李祚唐标校：《古文辞类纂》，上海古籍出版社1998年版，第143页。
❷（三国）诸葛亮：《诸葛亮集》，中华书局1960年版，第7页。
❸（魏）何晏等注，（宋）邢昺疏：《论语注疏》，上海古籍出版社1997年版，第2487页。

这样才能让他们成为周代顺民，维护周家政权的安定。这些周代文书因蕴含周代统治者推崇的德治精神，为后人研究周代社会和历史提供了重要的参考资料。受此影响，中国古代很多公文都是秉着"文以载道"的原则，蕴含丰富的文化和时代精神，有的公文甚至是直接针对时事而撰写。如韩愈的《论佛骨表》、王安石的《上时政疏》等，都是内容精辟且时代感较强的公文佳作。《论佛骨表》的写作背景是中唐时期社会上佛教盛行，唐宪宗预以隆重仪式迎佛骨回国。针对这一荒唐做法，韩愈上疏《论佛骨表》进行劝说。这篇公文体现了政治家关注民生，敢于挑战权威的勇敢精神。

中国古代公文具有深厚的文化意蕴，这与古代社会的官员一般都具备较高的文化修养有直接的关系。夏、商、周三代实行三种选人方式：一种是实行官爵世袭的"世卿"制度；一种是从贵族学校的国子中选拔；一种是从诸侯向天子贡献的"士"中选拔。官员们在进入官场之前就接受传统文化的浸润。"学而优则仕"，他们做官以后，案牍劳形，虽然逐渐远离文学创作，就不自觉地将其艺术才华和文学素养施展到公文写作之中，这直接提升了中国古代公文深厚的文化底蕴和人文精神。

二、《尚书》文体开创了中国公文的基本文体形态

公文文体作为一种功能性很强的文体，其在文体类别、等级要求、基本要素等方面都有特殊的要求。《尚书》中的很多篇章已经初步具备了后世公文要求的基本文体要素。下面将从三个方面分而论述之。

（1）《尚书》文体创立了后世公文的基本文体类别。文字的出现是文书产生的前提，国家的出现是正规文书形成的条件。迄今为止，出土最早的官方文书是甲骨文书。甲骨文书虽然已经具有固定结构，但是程式简单，而形式完整的书面文书则保存在《尚书》之中。褚斌杰先生说："《尚书》中的商、周文字大都是由史官执笔记载的官方文告。其中有誓辞、诏令、诰言、训辞和政治语录等，……这些文章的体制一直对后代中央王朝的公牍文体有深远影响。"❶

据《尚书》记载，我国早期的官方文书除了来源于祭祀祖先的"典""册"，还有"贡""誓"和"征"三种。"贡"是我国历史上第一个奴隶制国家夏朝的文书，是对夏代赋税之法的记录。《尚书正义》孔传："禹制九州之贡法，"孔颖达疏："禹制贡法，故以《禹贡》名篇。"❷这一体裁为后代立法类文书的拟作提供了范本。中国古代最早的文书体裁还有"誓""征"，二者都是为战争需要而产生的文体。《左传》云："国之大事，在祀与戎，"❸由这些与战争相关的文体亦可推知，古代的战争确实是国家生活中的大事。此后，为适应国家政治、文化、经济、军事等各方面的需要，文书的种类日趋增多。如商代又出现了"训""诰""命"等文书题材，这些商代文书主要保存在竹木质地的简牍上面，故《尚书·多士》："惟殷先人，有

---

❶ 褚斌杰：《中国古代文体概论（增订本）》，北京大学出版社1997年版，第5页。

❷ （汉）孔安国传，（唐）孔颖达正义：《尚书正义》，上海古籍出版社2007年版，第190页。

❸ （晋）杜预注，（唐）孔颖达等正义：《春秋左传正义》，上海古籍出版社1997年版，第1911页。

典有册。"西周时期，除了基本沿用前代的文书形式以外，又在其基础上增加了"谟""范""刑"等文书类型。《尚书》就是这些文书体裁和类型的汇编，因此它对后世各类文书的写作都具有重要的典范意义。秦汉以后，官方文书的名称和类别有所变化，但是基本内容和分类还是以《尚书》为参照。刘勰云："皇帝御宇，其言也神。渊嘿黼扆，而响盈四表，唯诏策乎！昔轩辕唐虞，同称为'命'。命之为义，制性之本也。其在三代，事兼诰誓。誓以训戒，诰以敷政，命喻自天，故授官锡胤。……令者，使也。秦并天下，改命曰制。汉初定仪则，则命有四品：一曰策书，二曰制书，三曰诏书，四曰戒敕。敕戒州部，诏诰百官，制施赦命，策封王侯。"❶《史记·秦始皇本纪》："命为'制'，令为'诏'。"❷《汉书·高后纪》："高皇后吕氏，生惠帝。……惠帝崩，太子立为皇帝，年幼，太后临朝听制，大赦天下。"颜师古注曰："天子之言，一曰制书，二曰诏书。制书者，谓为制度之命也，非皇后所得称。今吕太后临朝行天子事，断决万机，故称制诏。"❸《后汉书·光武帝纪》云："九月，赤眉入长安，更始奔高陵。辛未，诏曰：'更始破败，弃城逃走，妻子裸袒，流冗道路。'"句下，李贤等注曰："帝之下书有四：一曰策书，二曰制书，三曰

---

❶ （南朝梁）刘勰著，范文澜注：《文心雕龙注》，人民文学出版社1958年版，第358页。

❷ （汉）司马迁撰，（唐）张守节正义：《史记》，中华书局1982年第2版，第236页。

❸ （汉）班固撰，（唐）颜师古注：《汉书》，中华书局1962年版，第95页。

诏书，四曰诫敕。策书者，编简也，其制长二尺，短者半之，篆书，起年、月、日，称皇帝，以命诸侯王。三公以罪免亦赐策，而以隶书，用尺一木，两行，唯此为异也。制书者，帝者制度之命，其文曰制诏三公，皆玺封，尚书令印重封，露布州郡也。诏书者，诏，告也，其文曰告某官云，如故事。诫敕者，谓敕刺史、太守，其文曰有诏敕某官。它皆仿此。"❶《新唐书》卷四七《百官志二》记载，唐朝"王言之制有七"，其中"制书"的内容和作用为："大赏罚，赦宥虑囚，大除授则用之。"❷

　　秦代称为"制"的官方文书，和汉代的策书、制书、诏书、戒敕均是由《尚书》中命类文书发展而来。其实，秦代的官方文书除了制，还有一类召诰臣民的令文，称为"诏书"，此类文书也是由诰、命和册发展而来。就"历代重要《文选》类总集所录文体名称与《尚书》中相同或相近的文体名称对照表"（见附录）来看，在此后的年代，《尚书》中的文体类别发生一些变化，典、谟、训、贡和征等五种文体，后代不再作为官方文书继续沿用，书、诰、誓、命等四种文体名称一直沿用至明清时代。据此可知，不管后代的官方文书如何变化损益，但是其基本类型大致不出《尚书》所载文书种类之外。

　　（2）《尚书》文体规范了后世公文文体的大致层次级别。各级封建政权的官方文书，包括中央政权各部门与地

❶（南朝宋）范晔撰，（唐）李贤等注：《后汉书》，中华书局1965年版，第24页。

❷（宋）欧阳修，宋祁撰：《新唐书》，中华书局1975年版，第1210页。

方政权的往来公文、君王和大臣之间的往来公文、地方政权之间相互往来的公文等。根据发文者和发文对象之间的不同关系，公文的层次级别可分为下行公文、上行公文和平行公文。《尚书》是夏、商、周三代王室的文档资料汇编，其中的公文以下行文居多，也有少量的上行文。《尚书》中的帝王号令是最早的下行公文，用以布政和誓师教民，如诰、誓、命、征等，这类公文后世演变成历代帝王的诏、册、制、命等文书形式；《尚书》中的"刑"是周代的司法文书（规定犯罪和刑罚）的通称，属于下行文书。这是最早的国家刑法法规、条例类文书，相当于现在的《刑法》。

《尚书》中大臣对国家大事的谋议以及对君主的劝说篇章是上行公文的雏形，这类文书主要内容是大臣在朝廷上参政议政或对君主勤劳执政、明德慎罚的规谏，如谟、训、规、谏、箴、言、赞等。三代以后，谟、训、规、谏、箴、言、赞等文体内涵和用途发生变化，谟体名称不再使用，训、规、箴、言、赞的用途也发生变化，原来的君臣等级关系逐渐淡化，演变为普通人教诫后代或自省其身的文体，如家训、弟子规、画像赞等。代之而起的行政公文是章、表、奏、启、议等，记录臣下之言，用以向君王陈情、进议或咨答。刘勰《文心雕龙·章表》曰："章表奏议，经国之枢机……原夫章表之为用也，所以对扬王庭，昭明心曲。"❶这类文章不仅在《尚书》中较多，在《左传》《国语》《战国策》诸古籍中也存在不少范本，唯古人语言质朴，没有专

---

❶ （南朝梁）刘勰著，范文澜注：《文心雕龙注》，人民文学出版社1958年版，第407~408页。

设奏疏诸名称，战国以前统称上书，秦统一六国后，改书曰奏。汉室礼仪，则有四品，章、奏、表、议。汉以后体制日增，又有疏、翻子、封事、笺等，文书种类因功能的细化而呈现逐渐繁多的趋势。

在《尚书》涉及的所有文体类别中，"书"的内涵和用途变化最大，战国以前书体没有等级之别，包括下行公文、上行公文和平行公文在内的所有官府文书皆可称为"书"。所以作为上古三代档案资料汇编的总集称为"书"，因其在时间上可以追溯到上古时期，在内容上记载王者言论和英雄贤臣事迹，故称为《尚书》。但是随着社会的发展，"书"体内涵也发生变化，春秋战国时期，"书"主要用于大夫之间往来，互相商量重要事宜和解决意见分歧，甚至普通人之间的交游往来。"书"由三种级别公文的统称，逐渐演化为平行公文的专称。这是秦汉以前平行公文的主要名称和类别。平行公文种类的真正增多是在秦汉以后。何庄说，"事实上，由于秦汉时期才出现了后来意义上的君与臣、中央与地方的概念，出现了地方国家行政机关——官府，因此这一时期的公文文种，才开始形成较为完整的体系，出现了君臣专用文种和地方行政所需的官府往来文种"。❶公文在这一时期的国家行政管理活动中，起到巨大的作用，东汉王充在《论衡·别通》中也强调了这一点："以文书御天下，天下之富，孰与家人之财，"马宗霍笺："言以文书治天下

---

❶ 何庄："古代公文文种变迁原因探析"，载《档案学通讯》2012年第3期，第42~45页。

也。"❶

（3）《尚书》文体粗略具备了后世公文的文本要素。在中国文体史上，首先成熟的是散文。在中国散文史上，首先成熟的是公文文体。公文文体虽然属于散文，但是由于其特殊的功用，在文本要素方面又体现出不同于一般散文的特色。《尚书》中的典、谟、训、诰、誓、命等公文篇章已经具备了古代公文的一些基本文本要素，在古代国家的政治生活中发挥巨大的作用，也为后世公文写作提供重要参照。

首先，在是公文的外部表征方面，《尚书》公文篇章已经初步显示公文的程式化特征和用语。公文的程式化特是由其实用性决定，格式划一的程式化特征，体现了早期公文已经有了一定的分类、规范和程序意识。如《尚书》中的诰体文书，主要是君王在民众大会或者诸侯会同时发表的讲话。每次讲话都有标题，下面交代讲话的缘由或时间，如《康诰》：

惟三月哉生魄，周公初基作新大邑于东国洛，四方民大和会。侯、甸、男邦、采、卫百工、播民，和见士于周。周公咸勤，乃洪大诰治。王若曰："孟侯，朕其弟，小子封。惟乃丕显考文王，克明德慎罚；不敢侮鳏寡，庸庸，祗祗，威威，显民，用肇造我区夏，越我一、二邦以修我西土。……"王若曰："往哉！封，勿替敬，典听朕告，汝乃以殷民世享。"

这篇诰文有标题，交代了诰文发布的时间、缘由和背

---

❶　马宗霍：《论衡校读笺识》，中华书局2010年版，第182页。

景，紧接着是王者讲话的载录，最后，对听诰者提出希望和要求。这些内容已经蕴含了后代公文中的部分程序要素包括缓急时限（往哉！）、签发人（王）、公文标题（康诰）、正文（"王若曰"之后所有文字）、生效时间（三月哉生魄）等，这对于公文的贯彻执行和分类整理都有很大帮助，对后来公文程式的设计也有一定的启发。另外，在诰体公文正文之前还有一个标志性提示语"曰""王曰"或"王若曰"。关于"王若曰"的释义，前贤已有较多探讨，董作宾说："其为殷周之世，载于简册之习用语，凡王命之见于笔录者，其开始必作'王若曰'，盖彼时之公文程序然也。"❶陈梦家说："周诰中的'王若曰'乃是史官或周公代宣王命，与西周金文相同。"❷于省吾的观点和陈氏相似，认为"王若曰"应解释为"王如此说"，凡是王直接命令臣属者从来不称"王若曰"，凡史官宣示王命臣某或王呼史官册命臣某而称"王若曰"者，多在一篇之首或一篇的前一段，以下如复述之，则均简称"王曰"。❸叶修成认为"王若曰""王如曰"是古代帝王神道设教的标志性提示语。❹无论"王若曰"之义为何，总之，其是诰体文书的标志性文体特征，这一点是毫无疑问的。这一文体特征在后代的诏册类文书之中仍然被沿用，帝王颁布的圣旨仍沿用类似

---

❶ 董作宾："王若曰古义"，载《说文月刊》1944年第4期，第327~333页。

❷ 陈梦家：《尚书通论》，中华书局2005年版，第163页。

❸ 于省吾："'王若曰'释义"，载《中国语文》1966年第2期，第147~150页。

❹ 叶修成："论《尚书》诰体的生成机制及其文化意蕴"，载《海南大学学报（人文社会科学版）》2009年第5期，第566~574页。

的套语，如后来的诏书一般都有这样的套语：奉天承运，皇帝诏曰。

公文用语，主要指公文中常用的比较固定的语词，或具有特定含义的专用语，如公文中的谦敬用语。谦敬用语在古代公文写作中最为常用，它反映着公文的行文对象和制定程序。古代公文是权力与威严的集中体现，体现出上下尊卑的君臣秩序，这一点最直接的表现是公文的称谓语。称谓语包括自称语和他称语。公文中的自称语包括两类：一是帝王自称语，即皇帝下行文中的自称语"朕""朕躬""吾"等，皇帝则敬称臣下为"卿""公"等；二是臣僚百官的谦称语，即诸侯、臣僚及上行文中的自谦称谓"臣""愚""身"等，而尊称皇帝为"陛下""皇上""圣上"等。另外，古代平行文中的函件起首"某曰""某言"，结尾用"某启"等。以上这些是表示陈述之意的程式术语，就是公文文体特征的外在标志。

公文中尊卑有别的程式术语与中国古代的封建等级制度相伴而生，也随着后者的消亡而消亡。公文中的程式术语有位于文首的，如"顿首顿首，死罪死罪""臣某言""臣闻"等。有位于文末的，如表告中的"敢重祈奏"等。程式术语可以调节公文的语势，增强公文的雅趣和礼节性，其在《尚书》里已经有所使用，如臣下向君王进言或得到君王奖掖、赏赐时，在行文中要写上"拜首"或"稽首"，或者二者联用，以示进一步的尊敬。《尚书·舜典》：

舜曰："咨！四岳有能奋庸熙帝之载，使宅百揆。亮采惠，畴？"佥曰："伯禹作司空。"帝曰："俞。咨，禹：汝平水土，惟时懋哉！"禹拜稽首，让于稷、契暨皋陶。

又如《洛诰》：

周公拜手稽首曰："朕复子明辟。王如弗敢及天基命定命，予乃胤保，大相东土，其基作民明辟。"

"拜首"或"稽首"，这样的谦敬用语在《尚书》中多次出现，表明臣子对君王的尊敬以及君臣之间的友好关系。这一用语在后代文书中也被继承下来，后代很多章表奏启在末尾都有套语"臣某诚惶诚恐顿首顿首死罪死罪""臣稽首再拜以闻"等类套语。

其次，从内部逻辑结构看，《尚书》中很多篇章已具有一定的逻辑架构意识。纵观古今公文，深入考察其内部行文思路和逻辑结构，除个别种类外，都遵循了大致相同的规则，即正文部分通常由"依据""引申"和"归结"三部分构成，这三部分符合人类提出问题、分析问题、解决问题的逻辑思路。《尚书》的很多篇章在内在逻辑上已经具备这样完整的思维方式。如《周书·无逸》篇，周公开始提出"君子所其无逸"的论点，接着列举殷、周两代的君王"勤政"和"荒政"的事例，从正反两个方面论证自己的观点，文章的结尾再次重申观点，告诫成王要以前辈的经验和教训为鉴，做一个勤劳政治、敬天保民的贤明君王。又《微子之命》是成王任命商纣的兄长微子启为殷人之后并延续祭祀其祖先的文书。首先，命书的开始，成王就对微子提出期望，要求他"惟稽古，崇德象贤。统承先王，修其礼物，作宾于

王家"，这样才能做到"与国咸休，永世无穷"。其次，成
王举殷代明君成汤的例子激励微子，要求他以其祖先的嘉德
懿行为榜样，管理好殷人，为周代政权的安稳作出贡献。
最后，成王再一次嘱咐微子，一定不要辜负他的期望，做到
"崇德象贤"，永远拥护周朝统治。这篇命体公文虽然篇幅
短小，但是条理清晰，情感真挚，富于感染力。据《礼记》
《史记》等典籍记载，❶微子因对商纣王的荒淫无道不满，
知其必然亡国，于是隐居荒野。周武王克殷以后，微子乃归
顺于周，由此可见周代政治确实深得人心。这一点从这篇任
命微子的文书里也可以窥见一斑。

　　《尚书》公文注重逻辑结构的方法也被后代的公文所借
鉴，中国古代公文无论篇幅长短，行文对象级别高低，都非
常注重行文的逻辑结构。如秦代李斯的《谏逐客书》，西汉
贾谊的《论贵粟疏》等。以《谏逐客书》为例，该文在列举
历史上的客卿、物产皆有益于秦而秦王所用之物又不产于秦
的大量事实后，总结道："夫物不产于秦，可宝者多；士不
产于秦，而愿忠者众。今逐客以资敌国，损民以益雠，内自
虚而外树怨于诸侯，求国无危，不可得也。"❷所言事事属

---

❶ 《礼记·乐记》：武王克殷反商，未及下车，而封黄帝之后于蓟，封帝尧之
后于祝，封帝舜之后于陈，下车而封夏后氏之后于杞，投殷之后于宋，封王子比干之
墓，释箕子之囚，使之行商容而复其位。投殷之后于宋。见（汉）郑玄注，（唐）孔
颖达等正义：《礼记正义》，上海古籍出版社1997年版，第1542页；《史记》记载：
周武王伐纣克殷，微子乃持其祭器造于军门，肉袒面缚，左牵羊，右把茅，膝行而前
以告。于是武王乃释微子，复其位如故。见（汉）司马迁撰，（唐）张守节正义：
《史记》，中华书局1982年第2版，第1610页。

❷ （汉）司马迁撰，（唐）张守节正义：《史记》，中华书局1982年第2版，
第2545页。

实，句句在理，言辞恳切而又逻辑严密，致使秦王读后不得不收回了逐客的成命。可见，一篇逻辑严密、说理顺畅的公文可以达到良好的参政议政的效果。

《尚书》就是殷商至春秋初期各种文件的汇编，其中的"典""谟""训""诰""誓""命"等，便是中国最早的6种公文体式。此后历经汉魏六朝直至唐宋，不但公文的分类越来越细，公文的写作日渐规范，而且公文的文化内涵也日趋丰厚，并出现了许多脍炙人口、传之永久的名文。像李斯的《谏逐客书》、贾谊的《论积贮疏》、晁错的《论贵粟疏》、诸葛亮的《出师表》、李密的《陈情表》、魏征的《谏太宗十思疏》、韩愈的《论佛骨表》、王安石的《上时政疏》等，都是内容精辟而又辞采华茂的传世公文佳作。明清以降，公文程式化的倾向虽比较明显，但也出现了一些颇富特色的公文。像朱元璋的《正礼仪风俗诏》、海瑞的《治安疏》、康熙的《遗诏》、郑板桥的《判词》等，或直言其事，或情理兼备，或慷慨激昂，或自由流畅，也都为后世的公文写作树立了不同的榜样。

朱岩说："《尚书》中的篇章虽不能涵盖全部的中国古代公文，但却为后代的公文奠定了典雅敦穆的行文风格，也使得诏令与奏议成为历代文选类总集的必选类别，成为中国文学中独特又壮美的景观。"❶从这个意义上讲，我们称《尚书》为中国古代公文文体的渊薮，实不为过。

---

❶　朱岩："《尚书》与中国古代公文"，载《兰台世界》2008年6月下半月，第56~57页。

第二节 《尚书》文体对散文、骈文、小说等文体的影响

作为中国最早的文章总集，《尚书》在中国文学史上的影响无疑巨大。《尚书》中的典、谟、训、诰等常用文体，皆是应现实生活的需要而产生的，并非后人所说的为文学而文学的纯文学作品，但文学的因素就在这些文体中日渐酝酿。为了增强言说的生动性和说服力，达到预期目的，言说主体充分调动各种修辞手法、语言艺术，这些都促进了《尚书》篇章中文学因素的迅速发展。刘勰云："九代之文，富矣盛矣；其辞令华采，可略而详也。虞夏文章，则有皋陶六德，夔序八音，益则有赞，五子作歌，词义温雅，万代之仪表也。商周之世，则仲虺垂诰，伊尹敷训，吉甫之徒，并述诗颂，义固为经，文亦师矣。"❶诚如刘勰所说，《尚书》篇章确实对中国古代散文、骈文、小说、戏剧等各种文体的产生有一定的启发意义和典范作用。本章的第一节主要从政治公文角度将《尚书》对后世散文的影响进行梳理。同时，《尚书》篇章作为史官制度和史官文化的产物，又对中国的史传散文产生突出而深远的影响，故本书将在下一节专门撰文探讨。本节主要探讨《尚书》对纯文学文体的影响，下面将从纯文学的角度探讨《尚书》文体对中国散文的影响。

---

❶ （南朝梁）刘勰著，范文澜注：《文心雕龙注》，人民文学出版社1958年版，第697~698页。

一、《尚书》文体对一般散文的影响

（1）《尚书》对文学散文产生深远的影响。关于《尚书》对文学散文的影响，许多学者已经有过探讨。常康认为，《尚书》在雏形阶段就"闪烁着中国散文特有的民族风格和传统特色的光辉，而这种光辉一直照耀着中国散文发展的道路，先秦以后历代的道德风尚、政治思想、散文风格，甚至美学思想，都与《尚书》存在着某种渊源关系"。❶于文哲认为，诸子散文所取得的辉煌成就，其所以能够开创一个散文辉煌时代，是与其对《尚书》散文的学习借鉴分不开的。他认为，"诸子散文在很大程度上从哲学、历史、宗教著作中脱离出来，具有了鲜明的文学特征。而其成就的取得，除了得益于春秋战国时代的特殊政治、文化环境外，也与前代文学影响密不可分。如果没有《尚书》记言文的成熟，也就不可能出现诸子散文的繁荣局面"。❷章明寿则从史传、山水、叙事状物、抒情言志、论说文、杂文等6个方面，对《尚书》散文的题材类型给予细化研究，肯定了《尚书》在中国散文史上的源头地位。❸刘振东、❹王文清、❺刘

---

❶ 常康："《尚书》：散文审美的丰碑——兼论东方文章美学的'童年气派'和风韵"，载《名作欣赏》2009年第18期，第120~125页。

❷ 于文哲："《尚书》记言对先秦诸子散文的文学影响"，载《哈尔滨工业大学学报（社会科学版）》2011年第4期，第117~122页。

❸ 章明寿："《尚书》——古代各类散文的开篇"，载《中国古代、近代文学研究》1980年第28期，第9~12页。

❹ 刘振东："由《尚书》看中国散文始生期的历史状貌"，载《齐鲁学刊》1990年第6期，第21~26页。

❺ 王文清："论《尚书》散文的艺术风格特点"，载《山东社会科学》1998年第6期，第77~79页。

绪义、❶徐柏青、❷赵敏俐、谭家健❸等学者从语言、修辞手法、篇章结构等方面高度评价《尚书》的艺术成就。而与此相反，石鹏飞、❹苏保华❺等却认为《尚书》篇章整体的艺术性不高，只是中国散文的萌芽状态。就学者们探讨的具体情况来看，大多数学者认为《尚书》散文的艺术成就已经成熟，并对其在中国散文史上的地位给予很高评价，这一观点是目前学界的主流认识。我们认为，对于《尚书》散文艺术的评价不应该单纯用今天的眼光和标准去衡量，而应该结合其诞生的时代特点去评价，这才能够对《尚书》散文在中国文体史和散文史上的地位给予客观公允的定位。从上古三代时期的政治、经济、文化条件来看，《尚书》散文能够达到这样的艺术水平已经很不容易，其在散文体式、表现技巧等方面为后代散文树立了光辉的榜样和模范。

第一，《尚书》散文开创了中国散文关注历史、社会和人生的精神传统。《尚书》散文对历史特别关注，关注的方式就是"稽古"，即援引古人的事迹来证实自己的观点。"稽古"的内容包括了正反两个方面，既有可供后世学习借

---

❶ 刘绪义："《尚书》——中国最早的语录体散文"，载《湖南税务高等专科学校学报》2007年第4期，第46~49页。
❷ 徐柏青："论《尚书》在我国散文发展史上的贡献"，载《海南师范大学学报》2008年第1期，第94~97页。
❸ 赵敏俐、谭家健主编：《中国古代文学通论（先秦两汉卷）》，见傅璇琮、蒋寅主编：《中国古代文学通论》，辽宁人民出版社2005年版，第96页
❹ 石鹏飞："谈谈《尚书》——中国散文史札记"，载《思想战线（云南大学人文社会科学学报）》1999年第4期，第73~76页。
❺ 苏保华："论中国古代艺术散文审美形式的历史形态"，载《山西师大学报》1999年第1期，第47~51页。

鉴的具有积极进步意义的正面事迹和史实，也包括了作为教训的反面史实。如《无逸》开头第一句，周公说"呜呼！君子所其无逸"，开宗明义，直揭主题，以富于感情色彩的感叹句提出论点，不但引起读者、听众的注意，而且具有很强的情感效果，能够打动读者和听众的心灵。"稽古"的目的在于对现实的关注，以古鉴今，从历史中寻找现实行为的根据和经验教训。《无逸》篇就是这样一个典范，该文前面征引古代正反两方面丰富的经验教训，反复陈说，但最后的目的却是告诫现在的君王，做到"无淫于观、于逸、于游、于田，以万民惟正之供"。

纵观中国文学史，"文以载道""文以明道"的传统思想根深蒂固，散文的使命向来就是关注历史、社会和国家大事。"稽古鉴今"的方式为历代文学家所熟用，如汉代贾谊的《过秦论》，其在总结秦王朝灭亡的历史教训时，以古鉴今，密切联系现实，表现出强烈的忧患意识和对现实社会政治的积极参与精神。唐代的韩愈和柳宗元明确提出"文以载道"的主张，赋予文以强烈的政治色彩和鲜明的现实品格，并在此理念的引导下，创作了大量饱含政治激情、具有强烈现实针对性和感召力的散文杰作。清代桐城派"清真古雅"的散文要求等，都与《尚书》篇章关注历史、社会、人生的思想指向有很大关系。

第二，《尚书》文体开启了中国散文综合运用多种说理技巧的文学追求。《尚书》运用多种修辞手法来说理的作文技巧对后代散文也产生重要影响。《尚书》通过比喻、引用、排比、对偶等修辞手法的运用，使抒情、叙事、议论三者水乳交融，达到了议论含情、说理形象的艺术效果。首先是巧用比喻，如《盘庚》中就使用了许多比喻："若颠木之有由蘗""予若观火""若网在纲，有条不紊，若农服田，力穑乃亦有秋""若火之燎原，不可向迩""若射之有志""若乘舟，汝弗济，臭厥载"，等等。《周书》中所用比喻则更多，如"惟我文考，若日月之照临，光于四方，显于西土。"（《泰誓》）"勖哉，夫子！尚桓桓，如虎如貔，如熊如罴，于商郊！"（《牧誓》）这些比喻都取材于现实生活，不仅把抽象的道理说得十分形象，而且读起来颇感亲切，让人印象深刻。《尚书》的引用也恰到好处，增强了说理的力度。《尚书》中引用的对象非常广泛，包括古代圣贤的名言，前代诰命中的名句，广泛流传、被社会普遍接受的谣谚等。如《盘庚》篇引用的古贤人迟任之言"人惟求旧，器非求旧，惟新"，用以拉拢和游说那些反对迁都之人；《牧誓》中武王伐纣时，引用古人言论"牝鸡无晨，牝鸡之晨，惟家之索"，大大增强了对商纣王的批判力度，有利于激励士兵同仇敌忾，取得战争的最后胜利。《梓材》的"引养引恬"、《多士》的"上帝引逸"等格言，《秦誓》以"古人有言"引起的前贤名言，都是在汲取历史经验教训基础上形成的富有深刻哲理的格言警句，表现了以民为本的进步思想意识。这些政治性的引语增加了话语的权威性，也增强了文章说理论证的感染力和说服力。

这些修辞手法后来成为中国散文最常用的表现手法，被后代作家广泛继承和发展。在先秦说理散文中，比喻、引用、排比等修辞手法都已经有成熟表现，《荀子》中就大量运用日常生活中常见的事物为比喻，深入浅出、生动巧妙地把抽象的道理具体化、形象化。如《劝学篇》通篇都是引类譬喻，并且譬喻的方式变化多端，或正反为喻，或并列为喻，真可谓辞彩缤纷、形象生动。

第三，《尚书》文体创立了中国古代语录体散文的发语方式。《尚书》以记言为主，其记言技巧的娴熟对中国散文尤其是语录体散文影响深远。所谓"语录体"，简而言之即是偏重于只言片语的记录，不追求篇章结构及逻辑关系的文体。"语录体"作为一种文体，大约始自春秋时期。语录体具有亲切、警策、精辟的特点，可作为修身养性、励志为学的凭借。而由语录体汇集而成的文献，在内容主题上又具有本身的特质。除了励志的内容外，也可能是一个人哲思或学术的精华。《尚书》具备上述语录体的本质特征，可以说是语录体散文的最初范式。从《尚书》典、谟、训、诰、誓、命等体例名称皆与言有关就可以看出，《尚书》各体皆是对人的言论的记录。通过这些记录，我们可以了解上古三代的历史特征和思想观念。

春秋时期语录体的代表《论语》在很多方面和《尚书》相似。在记言目的上，《尚书》是为圣王立传，《论语》则是为圣人立传，《尚书》是为圣王宣言，《论语》则是为圣人传道；在文本形式上，《论语》中的"子曰"应该就是直接从《尚书》中的"王曰""周公曰"等发语方式借用而来。语录体的书写方法，因其能够生动活泼地表达人物内心情感而为后世很多文学家所借鉴。汉代扬雄的《法言》，隋代王通的《中说》（又名《文中子》）等都是语录体名著。后者在语气上完全模仿《尚书》和《论语》，或为独白，称"子曰"或"文中子曰"；或为问对。大都简短扼要，常用感叹式和反问句，深婉古雅，偶尔也记叙说话者的仪态或描述当时的场景。

（2）《尚书》对史传散文及史传文学产生深远的影响。《史通·六家》说："古往今来，质文递变，诸史之作，不恒厥体。榷而为论，其流有六：一曰《尚书》家，二曰《春秋》家，三曰《左传》家，四曰《国语》家，五曰《史记》家，六曰《汉书》家。"❶刘知几从史籍源流角度出发，提出"六家"之说，这"六家"应该说是综合了史书体裁和史书内容而言的。从中可以看出，在刘氏的思想中，"《尚书》家"是排在第一位的。因此若追溯本源，"《春秋》家""《左传》家""《国语》家""《史记》家"和"《汉书》家"都与"《尚书》家"有一定的渊源关系。可以说，作为中国最早的史书，《尚书》在书写精神、书写体例和书写倾向等方面对后世的史书和史传文学都产生深远影响。下面就从这三个方面具体论述之。

第一，"以史为鉴"的书写精神的影响。中国早期文明产生过程中的独特之处，就是较早地摆脱了封建神学的束缚，理性地看到人及其本身行为在社会变革中的重要作用。"由于中国传统文化自先秦就具有摆脱神学独断的特点，所以在中国历史上，未出现过像欧洲中世纪基督教神学占领思想统治地位的'黑暗时代（the dark ages）'"。❷特别是在殷、周易代之际，周人亲眼看见大邦殷被来自西方的小邦周打败，这使得他们逐渐领悟到德政和民心向背是政权能否长

---

❶ （唐）刘知几著，（清）蒲起龙通释，王煦华整理：《史通通释》，上海古籍出版社2009年版，第1页。

❷ 张岱年、方克立主编：《中国文化概论（修订版）》，北京大学出版社2004年第2版，第280页。

久的关键。在这样的背景下，统治者提出"天命靡常""敬天保民"等以人为重的民本思想。如《尚书·酒诰》中，周公曰："古人有言曰：'人无于水监，当于民监。'今惟殷坠厥命，我其可不大监，抚于时？"周公告诫成王，要以殷亡为前车之鉴，关注并重视百姓的诉求和人事的力量。《尚书·召诰》中成王也一再强调国运与君主德行之间的关系："我不可不监于有夏，亦不可不监于有殷。我不敢知曰有夏服天命，惟有历年；我不敢知曰不其延，惟不敬厥德，乃早坠厥命。我不敢知曰有殷受天命，惟有历年；我不敢知曰不其延，惟不敬厥德，乃早坠厥命。今王嗣受厥命，我亦惟兹二国命，嗣若功。"成王明确指出，朝代更替的主导因素不是天命，而是统治者的德行，敬德就可以长久享国，反之则会很快丧国。这是从夏、商两代亡国的历史中总结出来的经验教训。而总结这些经验教训的一个重要目的，是为了更好地治理本朝政权，安定社会。

受这种史鉴思想倾向的影响，史家编撰史书时，在人物、事件的选择和安排上都要匠心独运，不仅要记载相关历史事实，同时也要加强对其渲染，使人们从中汲取经验教训，继而达到规范道德行为、服务社会现实的历史目的。如《尚书·多士》："惟殷先人，有典有册"。《尚书·无逸》中周公也经常引用前贤言论教育成王。同样《尚书》编纂者记录这些言论和事件，目的是为后人提供借鉴。蒋迪说："以史为鉴这种具有强烈经世致用倾向的史学精神，是我国古代人本思想与中国古代史学在形成过程中所碰撞出的思想火花。在这种精神的渗透下，史书的编撰都有其相应的选择和安排。"❶《尚书》对历史事件和人物的记载有明显的偏重，每一篇文章都有重点描述的对象及其言论，而这些重点描述的对象和言论都与重大历史事件相关，作者借这些事件和言论寄托自己的政治伦理思想，或总结朝代兴亡的原因，或宣扬崇德进贤的王道思想，或进行惩恶劝善的道德评判，每一个历史事件的叙述都是一次道德伦理的阐释。《尚书》选择的是上古三代历史中两种形象的代表，一种是贤能的帝王将相和深受人们爱戴的英雄人物，如盘庚、文王、伊尹、周公、大禹等。另一种是夏桀、商纣等荒淫无道帝王的代表。作者的目的是通过对圣王、暴君形象的塑造，表达爱憎分明的情感，并对其道德人格作出或褒或贬的评价。这些人物形象以及相关评价为后代帝王提供了可以效法或借鉴的参照。

《尚书》以后的史书也都贯穿着这种精神。在叙述历史事件中表现出褒贬分明的思想倾向。后世史家作史，干脆在直书历史人物的言行事迹之后，以史家赞语的形式对其作出评判。《春秋》因史制经、经史互见、态度鲜明，据鲁史笔削而成。言虽简，而义却易见，寓褒贬于一字之中。《左传》《国语》等作品中用"君子曰"等形式对事件进行评述，《史记》篇末也有太史公作评，以显见个人好恶。这些都是"以史为鉴"的思想观念在史传文学中的表现。史籍固当以真实记事为先务，但史家记事亦必担负起"史掌官书以

---

❶ 蒋迪："从人本思想的发展看先秦史书编撰的变化"，载《许昌学院学报》2012年第1期，第79~82页。

赞治"❶"慎言行，昭法式"❷"为之耸善而抑恶❸"的神圣职责。

这种史鉴精神在统治者文化思想环境相对轻松的时候，正反面皆有，史官并称实录精神。在《史记》中，司马迁并没有因刘邦当上皇帝而有所忌讳，在叙述其称帝前的故事时仍然尊重事实，在文中直呼其名为刘季，这就是史官不向权势折腰的正气和风骨。但是在思想控制严酷的时代，史书的撰写则会沦为统治者歌功颂德、篡改历史事实的工具，很多帝王登基之后通常美化自身，借作史以宣扬先帝和自身的功业。如《东观汉纪》对东汉历史的记载从光武帝登基写起，但是历史事实是在光武帝登基之前还有一段"更始践祚"的历史，这也应该被记录在册。东汉统治者为了宣扬光武帝的功绩，故意抹杀这段历史，导致后人对这段历史知之甚少，这不能不说是一种遗憾。所以东汉时，就有人对此书的写作内容提出异议，张衡就是其中著名的一位。《后汉书·张衡传》记载："更始居位，人无异望，光武初为其将，然后即真，宜以更始之号建于光武之初。书数上，竟不听。"❹张衡乃东汉当朝之人，敢于正视历史真实，提出以更始帝编次于光武帝之前的观点，这体现了他的良知、正义和胆识。因

---

❶ （汉）郑玄注，（唐）贾公彦疏：《周礼注疏》，上海古籍出版社1997年版，第655页。

❷ （汉）班固撰，（唐）颜师古注：《汉书》，中华书局1962年版，第1715页。

❸ 徐元诰撰，王树民、沈长云点校：《国语集解》，中华书局2002年版，第485页。

❹ （南朝宋）范晔撰，（唐）李贤等注：《后汉书》，中华书局1965年版，第1940页。

此张衡受到刘知几等史学家的肯定和赞扬。有像司马迁那样不畏权贵，大胆直书历史的优秀史官；也有畏惧权贵置职业操守于不顾，随意篡改历史的史官。历史的车轮滚滚向前，史书代代编纂，他们的做法也将被后代的史官所记录。公道自在人心，他们的行为或得到后代人们的尊重，或遭到后代人们的批判和不齿。但是总体来说中国历史的记载和修纂还是相对客观的，因此我们现在仍能够与历史上形形色色的人物对话，从中得到人生经验和教训，做到"以史为鉴"。

第二，多体杂糅的书写体例的影响。总体来讲，中国古代作品可分诗、文两大类，体例丰富的《尚书》几乎就是古代各种文类的祖先。对于《尚书》书写体例杂糅的状况，很多学者已经有所认识。刘知几（661~721）在论述《尚书》文体时说："至如尧、舜二典直序人事，《禹贡》一篇惟言地理；《洪范》总述灾祥，《顾命》都陈丧礼，兹亦为例不纯者也。"❶章学诚说："而典、谟、训、诰、贡、范、官、刑之属，详略去取，惟意所命，不必著为一定之例焉。"❷薛凤昌说："《尚书》一经，在文体上已十得六七。"❸元董鼎《书传辑录纂注序》云："古史之体可见者，《书》《春秋》而已。《春秋》编年通纪以见事之先后，《书》则每事别纪以具事之首尾。意者当时史官即以编年纪事，至于事之大者，则又采合而别纪之。若二典所记

---

❶ （唐）刘知几著，（清）蒲起龙通释，王煦华整理：《史通通释》，上海：上海古籍出版社2009年版，第2页。

❷ （清）章学诚著，叶瑛校注：《文史通义校注》，中华书局1985年版，第30页。

❸ 薛凤昌：《文体论》，商务印书馆1947年版，第22~23页。

上下百余年而《金縢》诸篇其具所纪理或更岁月或历数年其间，岂无异事？盖必已具于编年之史，而今不复见矣。"❶董氏对《尚书》史传体特征的论述，可谓详矣。以上这些学者都看出《尚书》"体例不纯"的特点。陈赟不但看到了《尚书》文本这一特点，还尝试对其形成原因进行简单分析："事实上，没有任何一种区分法能够把《尚书》本来就'体例不纯'的复杂文体现象完全解释清楚，《尚书》本来就不是在严格文体意识指导下的作品。'六体''十体'的划分尽管有其不足，但仍然有助于我们认识《尚书》的文体及其影响。"❷

闻学对于《尚书》文体杂糅现象作了总结性的评价："在经典之中，学界一般认为《尚书》是纪事本末体史书之祖，《春秋》是编年体史书之祖。及至汉代，司马迁吸取前两部史书的优点所著的《史记》，又被认为是纪传体史书之祖。他们三者之间，各有所重，成为后世史书写作效法的对象。"❸事实上，《尚书》作为我国最早的一部史书，其中已经出现了纪事本末体、编年体和纪传体的萌芽。

《尚书》每一篇有一个标题，在标题之下，记述一个完整的人物或事件，它是纪事本末体的萌芽。钱基博说：

---

❶（元）董鼎撰：《书传辑录纂注序》，见（清）永瑢、纪昀等编纂：《文渊阁四库全书》第61册，上海古籍出版社1987年版，第535页。
❷ 陈赟："《尚书》'十体'的文体学价值"，载《湖南社会科学》2007年3期，第145~148页。
❸ 闻学："《春秋》对后世史传体写作的影响"，载《益阳职业技术学院学报》2006年第3期，第48~51页。

"尧、舜二典，备载一君终始，是纪传本末之滥觞。"❶例如《尧典》记述尧、舜的事迹；《禹贡》记述夏禹治水及任土作贡之事；《顾命》记载成王崩，康王即位之事；《洪范》记录武王访问箕子，讨论治国安民大法之事；《洛诰》记录周公往营洛邑之事，这些均是纪事本末体。《尚书》也具备编年体的雏形。《尚书》虽是古代历史文献的汇编，但全书是按《虞书》《夏书》《商书》《周书》4个朝代的先后进行编排的。在每一个朝代之中，作者又按事件发生的时间先后顺序排列文献，使人读后能大致了解一个王朝兴衰变化的完整过程。因此，我们可以认为《尚书》是我国编年体史书撰写的开端。于文哲说："尤其是舜的部分，准确表明事件发生的时间，如'正月上日''岁二月'……这对其后的《春秋》等编年体史书有着重要影响。叙事上尧舜二人事迹相接，前后关联，对照对称，脉络条贯，可见作者谋篇布局之匠心。这种结构方式对其后的《左传》《史记》等史传文学作品，尤其是纪传体的作品，如本纪列传中的人物合传，都产生了重要影响。"❷

最后，《禹贡》一篇，总结了秦统一以前的地理知识，记载了九州的地理情况，渲染了一个政治一统、疆域广阔的大中国形象。它作为中国最早的一篇地理志，又开了后世书志体的先例。

中国史书体例的杂糅状况也为学者所论及，于文哲说：

---

❶　钱基博：《中国文学史》，中华书局1993年版，第13页。

❷　于文哲："《尧典》可以观美——试析《尧典》的文学价值"，载《北方论丛》2007年第3期，第7~10页。

"《史记》以人物为中心，分为本纪、表、书、世家、列传五体，开创了纪传体史书体例。班固因《史记》撰《汉书》，改书曰志，取消世家，整齐为纪、表、志、传四体。而纪、传是这种体裁的主体，班书以下，表、志或有缺略，但一定有纪有传，凡属于这种体例的，都叫做纪传体。"❶但是，无论后来的史书体例如何变化，总是不能完全脱离《尚书》体例的影响。陈衍认为《尚书》中的典、谟两体，为后世的传状、墓志所模仿："《禹贡》《金縢》《顾命》，则开后世纪事本末之体。后世的奏议本于《皋陶谟》《洪范》《无逸》《召洛》二诰，而《皋陶谟》实开徐乐、严安二列传之体。赠序为同辈相告语之言，始于回、路之相赠处，而实本于《君奭》，盖共处一地而赠言者。"❷

《尚书》文体驳杂，大约涉及22种文体，后世史传类文学著作也是如此，如《吕氏春秋》中的表、纪等，《史记》中的本纪、世家、表、书、传等。这些史传文学作品在体例上对《尚书》既有继承也有发展。《史记》在《尚书》以描写帝王将相为题材的体例之外，又增加了"列传"这一新的体裁，并且在全书中占很大篇幅，这表明史官的视野逐渐开阔和民主，由早期的上层社会扩大到民间。当普通人物也成为历史主角，活跃在历史舞台上时，这标志着中国社会民主意识的萌芽和觉醒。但是总体来说，史书仍然延续《尚

❶ 于文哲："《尧典》可以观美——试析《尧典》的文学价值"，载《北方论丛》2007年第3期，第7~10页。
❷ 陈衍：《石遗室论文（卷一）》，见《陈石遗集（下）》，福建人民出版社2001年版，第22页。

书》《春秋》等先秦史书的一贯传统，以记录帝王之事为书写的正统，主要撰写目的还是为统治阶级提供资治通鉴之参照。

《尚书》体例杂糅的原因很复杂，这一点已经引起一些学者的注意。《尚书》中很多文体的命名方式，并不是按照文本自身的构成要素（如体制、语体、功能等）去类分文体，而是根基于各自不同的行为方式，是行为方式"文本化"的结果。这正如孔颖达所说的"致言有本，各随其事"，❶章学诚所分析的"因事命篇，本无成法"。❷的确，追本溯源，文体的社会功能乃是从其"明治化、陈政事"等行为方式衍生出来的。在《尚书》中，篇章的命名并不都指向特定的行为方式，相同的行为方式可以有不同的命名，不同的行为方式也可以有相似的命名。因此孔颖达说："《书》篇之名，因事而立，既无体例，随便为文。"❸既然篇章的命名是"因事而立"或"惟意所命"，而事有诸端，意出多歧，那么篇章的命名本身就具有不规范性，"不必著为一定之例"。这种篇章命名的不规范性，必然导致文体体例的不规范性，即所谓"为例不纯"。后世史书多体杂糅的原因也大致与此相同，后世史家的聪明之处就是发明一些新的为文体例，对史书的内容和篇章进行归纳分类，比如

---

❶ （汉）孔安国传，（唐）孔颖达正义：《尚书正义》，上海古籍出版社2007年版，第27页。

❷ （清）章学诚著，叶瑛校注：《文史通义校注》，中华书局1985年版，第30页。

❸ （汉）孔安国传，（唐）孔颖达正义：《尚书正义》，上海古籍出版社2007年版，第28页。

将描写帝王事迹的文字统一归类于"本纪"，描写将相事迹的篇章统一归类于"世家"，等等，这是史书书写史上的伟大进步，也是文学史上的一大进步。尤其是太史公，创造了"本纪、世家、列传、书、表"的史书编写体例，真可谓"究天人之际，通古今之变"，给后代史书的撰写树立了光辉的典范。后来历代史家都有所发明，但是大体范围均未超出《史记》体例。

近代以来，史学家们还在不断探索创新史书体裁。刘永祥说："在中西文化交融的时代背景下，以梁启超、萧一山、张荫麟、吕思勉等为代表的'新史学'派继承、发扬了中国传统史学勇于进行体裁创新的优良传统，充分吸收中西史书体裁之长，大胆尝试，创造出诸多令人耳目一新的综合体裁。……新史学将历史视为一个整体，既主张纵向的贯通，以梳理历史演进大势，又强调横向的铺陈，以描绘社会生活情形，以此作为新史学的两大要旨。反映到史书体裁上，即表现为对纪事本末体和典志体的重视，并大胆地尝试将纪事本末体与典志体这两大传统体裁加以糅合。"❶梁启超曾在《中国历史研究方法》中称赞纪事本末体，说："故纪事本末体，于吾侪之理想的新史最为相近。抑亦旧史界进化之极轨也。……纪传体中有书志一门，盖导源于《尚书》，而旨趣在专纪文物制度，此又与吾侪所要求之新史较

---

❶ 刘永祥："20世纪'新史学'流派对史书体裁的综合创造"，载《人文杂志》2012年第1期，第137~143页。

为接近者也。"❶新史学派对这两大体裁的重视和运用，是史家创造出的又一种新颖的史书编纂体裁。

总之，无论史书题材如何变化，滥觞于《尚书》的纪传体、纪事本末体和典志体等传统体裁始终是史学家编纂史书和史传文学的灵魂所在。如萧一山私人撰写的《清代通史》，张荫麟所著的《中国史纲》，从篇到目的标题皆以"事"为中心设置相关专题，而有关经济、生活和学术等部分合理安插其中。这种因"事"命篇的方法，突破旧体纪事本末记载范围狭窄的局限，突出历史的连续性，层层统摄、前后连贯、浑然一体，而每层均详述始末原委，深入分析。在这些史书撰写过程中，我们相信史学家们一定对包括《尚书》在内的前代史书的写作方法有所借鉴。

第三，"唯尊者讳"的不良书写倾向的影响。《尚书》通过对材料的取舍编纂体现作者的思想倾向：如书类材料原本是王室的档案资料，是对夏、商、周三代帝王言行及其发布诏令等的忠实记录，其中肯定有关于统治者的正反两方面的材料。但是编订者在整编的时候只是选取那些杰出帝王、贤能将相的正面事迹以垂范后世，也告诉后人唯有那些勤于王政，爱民如子的君王和德才兼备的股肱大臣才能在历史上留下足迹，受到历代人民的爱戴。在《尚书》中，作者虽然没有对昏君暴行进行直接批判，但是通过忽略不编入史书来对他们进行间接否定，这在一定程度上削弱了对统治者不良行为的批判力度，容易给读者留下"天下太平""歌舞升

---

❶ 梁启超：《饮冰室合集（专集之七十三）》，中华书局1989年版，第20~21页。

平"的错觉，违背了"实录"精神，给后代史书的修纂带来不良影响。

《礼记·礼器》："礼也者，反本修古，不忘其初者也。故凶事不诏，朝事以乐。"❶所谓古，指礼仪中保留的上古生活习俗，体现周人对传统的崇尚，它是祭祀至敬的外在体现。这也可能是史书中"唯尊者讳"观念的渊源所在。

二、《尚书》文体对骈文的影响

"散文"和"骈文"是古代文章中两种相对的文体概念。其中，"散文"是指行文运句散而不整、奇而不偶、长短错落、无韵律限制的散体文章，同时也具有较少用典、不尚藻饰的特点。它是先秦古籍和诸子文章所用的主要文体形式，故散文又称为"古文"。"骈文"则是指由传统散文发展演化而来，以俪辞藻饰、对仗排偶、工于用典为形式特征，产生并成熟于六朝时期的一种新的文章体式。骈文的形成除了受六朝时期追求辞藻、声律等形式美的社会环境影响之外，还与中国古代传统文化特色有很深的渊源关系。关于这一点，已有很多学者给予关注。钱基博曾将中国的典籍与印度的佛经对比，认为印度的佛经分经、论、律三类，而"籀我古籍，亦不越此三者：一曰文，藻绘成文，复杂以韵偶，垂之不刊，以资讽诵，如《易》《书》《诗》是也，是即佛书之经科。一曰语，辞有论难，义贵畅发，多用单行之语，如《礼记》之属，是即佛书之论科也。一曰例，明法布令，语简事赅，义取共晓，以便遵行，如《周礼》《仪礼》

---

❶ （汉）郑玄注，（唐）孔颖达等正义：《礼记正义》，上海古籍出版社1997年版，第1439页。

及《春秋》，是即佛书之律科也。后世以降，排偶之文，皆经类也。单行之文，皆论科也。典制之文，皆律科也。故经、律、论三者，可以赅古今文体之全焉"。**❶**何庄说："文质兼备的古代公文多骈散相间，而以质为主的现代公文主要以散体为特征。这些骈语的出现，成为六朝骈体公文的先声，为文质兼备的古代公文一步一步积淀着'文'的特质。"**❷**确实，在《尚书》中，我们可以找到很多"骈文"的文体要素。

（1）《尚书》比较注意语言的形式美，这对骈文对形式美的追求起到了一定的导向作用。骈文又叫四六文，主要句式特征是以四言和六言为主。《尚书》虽然是散文的代表，整体来说句式长短错落，但是四言句式却频繁地出现在其中，这些句式可以说对于骈文四言句式的选择起到一定的导向作用。《尚书》中存在大量对偶、乃至排偶句式，据何凌风统计，**❸**《尚书》中共有对偶429对（其中排偶71联），对偶用字为4 783字，约占全书字数比例的1950‰，几乎占了全书文字的1/5，《春秋》中对偶用字约为全书文字的836‰，《国语》中对偶用字约占全书文字的1115‰，《战国策》有对偶用字10 851字，也只占全书字数的886‰。通过对《尚书》对偶使用情况的分析，我们不难看出，相对于先秦其他典籍，《尚书》篇章在语言形式有着更高的追求。

---

❶ 钱基博：《中国文学史》，中华书局1993年版，第18~19页。

❷ 何庄："文体骈散的分合对古代公文发展的影响分析"，载《档案学通讯》2004年第6期，第40~43页。

❸ 何凌风："《尚书》'对偶'艺术浅析"，载《牡丹江师范学院学报（哲学社会科学版）》2000年第4期，第18~21页。

何凌风最后总结道："《尚书》的对偶不仅种类多，使用频率高，且颇具艺术水准。这无疑为此后骈偶的诸多门类创下了许多雏形，奠定了发展的基础；同时，也对我国骈偶传统的形成，以及基本由对偶的修辞句子组成的华美骈文的孕育产生了深远的影响。"❶何氏看到了《尚书》中对偶的修辞手法对骈文产生的重要影响，可谓真知灼见。

事实确是如此，《尚书》各篇均或多或少存在骈语，比如："满招损，谦受益。"（《大禹谟》）"左杖黄钺，右秉白旄。"（《牧誓》）"德日新，万邦为怀；志自满，九族乃离。"（《仲虺之诰》）这些都是典型的对偶句式。"居上克明，为下克忠，与人不求备，检身若不及。"（《伊训》）又如："彭蠡既猪，阳鸟攸居。三江既入，震泽厎定。筱簜既敷，厥草惟夭，厥木惟乔。"（《禹贡》）这是整齐的四言句式，其中"猪""入""敷"押韵，读起来音韵铿锵，朗朗上口。又如《尚书·泰誓》有这么一段话："呜呼！惟我文考若日月之照临，光于四方，显于西土。惟我有周，诞受多方。予克受，非予武，惟朕文考无罪。受克予，非朕文考有罪，惟予小子无良。"四六句式，对仗、押韵皆有。以上所举的这些句子都是《尚书》中有代表意义的骈语，其中既有简单的对偶句，也有句式颇为复杂的对偶句。这些文字，在散体之中巧妙地杂入一些偶俪之辞，将散体之古朴错落与骈体之偶俪整饬有机地糅为一体，不仅使文气变得跌宕有致，而且使语言增添了整齐对称的建

---

❶ 何凌风："《尚书》'对偶'艺术浅析"，载《牡丹江师范学院学报（哲学社会科学版）》2000年第4期，第18~21页。

筑美和圆润流动的音乐美。这对后来骈文对语言形式美的追求产生了重要而深远的导向作用。

（2）《尚书》中"借古说今"的言说方式启发了骈文"用典"的思维方式。大量"用典"是骈文重要的文体特征之一，骈文中的典故一个重要特点就是大多引用历史上典型的人物或事件，借以表达作者对当下人或事的看法。一方面，《尚书》文本为骈文作家提供了大量原始的典故材料，很多骈文作品里的典故直接取材于《尚书》；另一方面，《尚书》中"引经据典"的思维方式对骈文作家也有一定的启发作用。从历史中吸取经验和教训，是周代统治者的共识。因此，"借古说今"是《尚书》中最重要的论证方法。《多士》："惟殷先人，有典有册。殷革夏命。"典、册是社会文化的载体，其所记内容乃是前代的历史人物和事件，周公认为殷代先王正是因为注重这些典、册的内容并从中吸取经验教训，殷人才能够推翻夏朝统治，建立自己的政权。这里隐含着周公"崇古象贤"的思想意识。这种意识，在周代开国之初就已经显露，史官追述上古圣王之事，为本朝国君树立治理国家的范本，《虞书》五篇就是这一观念的产物。另外，周人在言论的过程中也通常引用古人典、册中的事例，以证明自己的论点，增强言论的说服力。周书《武成》《康诰》《无逸》等篇多次追溯周代先王、大王、王季、文王、武王以德称王之史实，以鼓励时王时刻不忘祖训，勤政保民，从而确保有周江山子孙永保用。《酒诰》分别列举了商代成汤至帝乙时期诸位帝王"秉德兴邦"和其后嗣王"酗酒丧邦"的历史事实，对比说明了"彝酒丧邦"的道理。这种"稽古"的思想倾向在《尚书》"周书"中表现最为突出，这是周人"史鉴"意识的开始，也开启了中国人"借古说今""古为今用"的思维模式和作文传统。但是《尚书》篇章只是不自觉地引用古事以说明自己观点或某种道理，引用的史事也很简单，尚未形成真正意义上的修辞手法。后来的文学家在诗文中进一步继承这种精神，他们有意识地从历史中搜集人或事，并将之浓缩、提炼为典故，运用于诗文之中，逐渐形成"用典"的文章技巧。典故的恰当运用，能够大大增加文学作品的历史厚重感和文化内涵，因此"用典"逐渐成为包括骈文作家在内的文学家们喜爱使用的修辞手法。但是过犹不及，一些骈文作家则将这种文学技巧发挥到极致，借此驰骋才情，相互比攀，甚至在文坛上形成一种不良的风气。因此，他们遭到一些文学理论家的批评，如钟嵘就曾用"句无虚语，语无虚字"❶对这种堆砌典故的现象加以批判，《南齐书》也对此表示不满："全借古语，用申今情。崎岖牵引，直为偶说。"❷

三、《尚书》文体对小说等其他文体的影响

关于中国小说的源头，一般文学史都从魏晋南北朝的志人、志怪小说谈起。实际上中国古代小说的萌芽可以追溯到先秦时期的《尚书》《山海经》等古籍。对于这一点，近年来已经有一些学者给予关注，谭家健认为，《尚书》是我国最早的一部历史文献总集，其中有一些历史故事、写作方法等方面对古代小说提供很大的借鉴。《周书·金縢》就被

---

❶（南朝梁）钟嵘著，周振甫译注：《诗品译注》，中华书局1998年版，第24~25页。

❷（南朝梁）萧子显撰：《南齐书》，中华书局1972年版，第908页。

谭家健称为"我国最早的微型历史小说"。❶于文哲从全知式叙述视角角度出发，分析《尚书》对古代小说的影响，他说："《金縢》全文调动了周公、成王和史官三种叙事视角，通过对三种叙事视角的限制和调整，造成全篇情节上的矛盾与悬念，具有强烈的小说审美效果，因而其被许多研究者视为中国古代最早的一篇短篇小说。"❷由此可见，《尚书》从文本内容、艺术形式到写作方法等方面都对古代小说产生一定的影响。

首先，《尚书》对中国古代小说"神道设教"的叙事方式有一定影响。吴光正认为，"神道设教"在明清章回小说的表现是，作者总喜欢利用宗教来搭建时空架构，构思故事情节，预设情节走向和传达创作意图，有时候还借助宗教描写营造象征性人物或意象，并以此提升小说的哲学品味。学者们将此称为"神道设教"的叙事特性。❸其实，这种"神道设教"的叙事方式和言说技巧在《尚书》中已经被周代的政治家和史学家娴熟运用。周朝建立之初，统治者就采取这一统治策略，叶修成这样解释周代统治者运用的"神道设教"观念："姬周统治集团精英们吸取殷商兴亡正反两方面的经验和教训，将殷人的上帝神接受过来，与周人的天神巧妙地糅合在一起，称为'皇天上帝'（《尚书·召诰》）'昊天上帝'（《逸周书·克殷》）或'天宗上帝'（《逸周

---

❶　谭家健：《先秦散文艺术新探》，齐鲁书社2007年版，第427页。

❷　于文哲："《尚书·金縢》的叙事学解读"，载《哈尔滨工业大学学报（社会科学版）》2009年第3期，第116~120页。

❸　吴光正："'神道设教'：明清章回小说叙事的民族传统"，载《文艺研究》2007年第12期，第34~41页。

书·世俘》）等，并对殷人的神权至上、以神为本的思想观念加以了改造，赋予'德'和'礼'的内涵，注入自觉的人文精神，形成敬德保民、以民为本的思想观念。"❶叶修成所言极是，在殷末周初的社会大动荡之中，周代统治者"神道设教"的统治策略产生良好的社会效果，很好地安抚了殷商遗民和其他诸侯国，顺利完成政权的转接。这些"神道设教"的言说文辞很多被完整地记录于《尚书》之中，如《尚书·召诰》曰："我不可不监于有夏，亦不可不监于有殷。我不敢知曰有夏服天命，惟有历年；我不敢知曰不其延，惟不敬厥德，乃早坠厥命。我不敢知曰有殷受天命，惟有历年；我不敢知曰不其延，惟不敬厥德，乃早坠厥命。今王嗣受厥命，我亦惟兹二国命，嗣若功。"这段文字典型体现了周人"神道设教"的观念，他们宣称夏商的灭亡，周代的兴起都是"天命"所归。这里主要是通过对超凡脱俗情节、品格或人物的描写和塑造，传达行为主体的意图的言说观念和技巧。这一点在明清小说中也被很多作家继承，目的是提升小说的哲学品位和增加叙述的神秘色彩，如《水浒传》中的天罡地煞降凡和九天玄女下天书，《西游记》中的佛道神灵及其对西天取经的操控等。吴光正说："明清章回小说中那些超逸的宗教神灵和宗教人物，通常是配合作者用以传达创作意图的叙事权威。"❷这是对《尚书》开拓的传统文化观

---

❶ 叶修成：《〈尚书〉文体研究》，北京师范大学2008年博士学位论文，第33页。

❷ 吴光正："'神道设教'：明清章回小说叙事的民族传统"，载《文艺研究》2007年第12期，第34~41页。

念的直接继承，同时也说明了"神道设教"是具有中国文学民族特色的叙事策略。

"神道设教"的技巧还体现在对"天人感应"观念的强调。《尚书·洪范》中的"五行"记录了自然界水、火、木、金、土五种物质的特点及其属性，本来是一种客观的叙述和说明，但是箕子将其与大禹联系起来，认为这是上天赐给大禹治理人间的大法，并将其与人伦、政治、天象等相联系，使得这篇文章具有一定的神学色彩。西汉时期，董仲舒把"五行思想"与阴阳之道糅合在一起，创造了"阴阳五行"学说。刘向创作的《阴阳五行传》主要是宣扬"天人感应"之说，已经开古代志怪小说先河。东汉班固的《汉书》中设有《五行志》，专门记述灾异，其中很多事件成为志怪小说《搜神记》的题材来源。《洪范》九畴第七畴"稽疑"中将雨、霁、蒙、驿、克、贞、悔等7种龟背上的兆相与人行为的吉凶相联系，用以推衍帝王行为和国运长短情况，第八畴"庶征"中利用雨、旸、燠、寒、风5种自然现象的不同组合来占卜政治吉凶的做法，都给中国古代的政治和文化蒙上了一层神秘主义的面纱。这种文化习俗不仅在志怪、志人小说中有所表现，在其他类型的小说中也有表现，如《红楼梦》第五回"游幻境指迷十二钗，饮仙醪曲演红楼梦"中，贾宝玉梦境里见到"金陵十二正册"，其册文预示了薛宝钗、林黛玉、史湘云、探春等12位女子的一生命运，就是一个例证，❶通过梦境和预言等神玄的东西来增强小说的神

---

❶ （清）曹雪芹、高鹗：《红楼梦》，人民文学出版社1996年第2版，第45页。

秘感。吴光正说："中国古代的原始宗教神话、政治宗教神话、道教神话、佛教神话以及民间宗教神话都形成了独具特色的叙事规范，这些叙事规范后来都逐渐发展成为中国古代小说尤其是明清章回小说的叙事手段。对这些宗教叙事手段进行清理，可以揭示出古代小说作家的独特表达方式，可以提供建构中国叙事学的基本元素。"❶因此，我们认为《尚书》中包含的原始宗教神话、政治宗教神话以及相关阴阳灾异的描写对中国古代小说家的叙事方式乃至中国的叙事学都产生深远的影响。

其次，《尚书》对古代小说入话模式的影响。中国小说一般在开头都会有一段习惯性入话模式，如"话说"等。《三国演义》的入话模式是："话说天下分久必合，合久必分"。《红楼梦》开头的入话模式是："列位看官：你道此书从何而来？说起根由虽近荒唐，细按则深有趣味。待在下将来历注明，方使阅者了然不惑。"这些程式化的词汇和结构的重复运用是歌手讲唱行为在小说文本中留下的痕迹。入话模式和相似句式的重复运用在《尚书》叙事中也较为普遍。如《尚书》全书开篇作为起首的4个字"曰若稽古"，同时也出现在《尧典》《舜典》《大禹谟》和《皋陶谟》以及《逸周书》的部分篇章中。所谓"曰若稽古"，就是追述历史时的口头入话模式，为故事开头固定的起句，相当于今日民间故事的"在很久很久以前"等常用的固定模式。《洪范》起始的"我闻在昔"、《吕刑》的"若古有训"也是

---

❶ 吴光正："'神道设教'：明清章回小说叙事的民族传统"，载《文艺研究》2007年第12期，第34~41页。

同样的含义。这些程式化的语言和历史小说开头的入话模式，具有相同的成因，这说明二者都经历了口述文学到书面文学的过程。《尚书·洪范》篇的神话起源模式也影响了后世的小说创作，篇中，箕子（或是史学家）为了增强"洪范大法"的神圣性和权威性，假托"大禹治水"的历史典故，称"鲧堙洪水，汩陈其五行"导致"帝乃震怒，不畀'洪范九畴'，彝伦攸斁。鲧则殛死"，而"禹乃嗣兴，天乃锡禹'洪范九畴'，彝伦攸叙"。其目的在说明《洪范》是"天帝"所"赐"，为《洪范》罩上一层神秘的光环。《红楼梦》开篇关于"青埂峰下顽石"的传说，以及宝、钗"金玉良缘"和宝、黛"木石前盟"的说法，都增强了小说的神秘性和宿命感，大大激发了阅读对象了解前因后果的兴趣。

再次，《尚书》对古代小说艺术手法也有一定的启示。在刻画人物性格和心理方面，国外的小说擅长通过大段的环境或肖像描写来烘托人物心理。中国古代小说与此不同，较少大段的环境描写和肖像描写，更擅长通过人物语言、对话或传神的白描来刻画人物形象和勾勒人物内心世界。中国古代小说中很少有大段的景物描写，即使有也是为推动情节发展或刻画人物心理服务，景物描写的功利化色彩较强。这种艺术表现方法和《尚书》的表现方法是一脉相承的。《尚书》很少有景物描写，唯一一次出现在《金滕》中，原文如下："秋，大熟未获，天大雷电以风。禾尽偃，大木斯拔，邦人大恐。"这里对于禾苗、树木及自然景物描写的目的是表现对周公遭到流言陷害不幸遭遇的同情。作者对自然景物并不是带着一种审美的心态去欣赏，而是以纯粹的功利性心态加以描述，并且为了说明自己的观点，不惜人为地改变自然的原生状态。这种思维方式虽然不够客观和科学，但是作为一种文学艺术特别是小说虚构手法却有一定的好处，它能够彰显正义的力量，增强作品的神秘主义色彩，从中可以看出作者的伦理倾向。《尚书》对古代小说的启示还表现在通过人物对话来刻画人物性格或推动情节发展。如《尚书·大禹谟》记载舜帝、益稷和大禹的对话：

> 帝曰："俞！允若兹，嘉言罔攸伏，野无遗贤，万邦咸宁。稽于众，舍己从人，不虐无告，不废困穷，惟帝时克。"
> 益曰："都，帝德广运，乃圣乃神，乃武乃文。皇天眷命，奄有四海为天下君。"
> 禹曰："惠迪吉，从逆凶，惟影响。"

这段文字通过对话，刻画了益稷和大禹二人迥异的性格。在听了舜帝对尧帝的赞美，二人表现有很大不同，益稷在舜帝赞美尧的基础上，继续褒美尧之德行。而与此相反，大禹却从正反两个方面分析尧的行为及其后果之间的因果关系。从中可以看出大禹居安思危、刚正不阿的性格。从文学的角度来看，对话是一种极好的表现手法，因为性格的刻画、情节的推动，都可以借助对话来实现。同时，对话描写还拉近了人物和读者的距离，赋予事件更多的生动性与可感性。这一艺术表现手法也是古代小说常用的表现手法。

最后，《尚书》行文中韵散结合的表达习惯对古代小说也有一定影响。《尚书》虽然以散文为主，但是涉及重大场面描写或抒情部分，通常会用韵文和整齐的四言句式来表达。如《大禹谟》中大禹出征有苗时，为了揭露苗民的罪行，鼓舞士气，"誓师辞"用的就是句式整齐，类似诗体的四言。《皋陶谟》所载的"元首歌"也是这样的四言押韵短歌，烘托出君臣同乐的祥和圣景。这种写作方法也被后世的小说家所借鉴。《红楼梦》中一般情况下是散体叙事，在特定的抒情场景之中，需要表达特定的情感或哲理时，则会用诗性的语言。如第一回中，作者就用一个偈子来形容顽石的经历："无材可去补苍天，枉入红尘若许年。此系身前身后事，倩谁记去作传奇？"❶

杨义说："从小说发生学着眼，神话和子书的作用相当显著；从小说长期演变和成熟上看，史书影响则更为深远。……小说家多从史籍中讨教叙事的章法，已经成为我国古代的重要传统。如果不嫌过于简单化，'小说文体三祖'的关系好有一比，神话和子书是小说得以发生的车之两轮，史书则是驾着这部车子奔跑的骏马。……小说如海，位低而纳众。它的文体活性表现在抱着一种'你有的我也应该有'的态度，胸怀坦荡地吸取史学叙事的智慧。中国小说喜欢讲史，自《三国演义》取得巨大成功之后，讲史之作动辄数十上百万言，这在世界文学史上也堪称奇观。"❷诚如杨氏所论，作为史书之祖的《尚书》对于中国小说的影响自然是不言而喻。

除此之外，如果仔细阅读《尚书》文本，我们还能够从

---

❶ （清）曹雪芹、高鹗：《红楼梦》，人民文学出版社1996年第2版，第3页。

❷ 杨义："中国古典小说的本体论和文体发生发展论"，载《社会科学战线》1995年第4期，第177~193页。

中找到诗歌、辞赋、戏剧等文体的元素。《洪范》全文都由韵文构成，押韵的形式也更规则，基本上可以看作一篇押韵整齐、对仗工整的诗歌作品："水曰润下，火曰炎上，木曰曲直，金曰从革，土爰稼穑。润下作咸，炎上作苦，曲直作酸，从革作辛，稼穑作甘。……貌曰恭，言曰从，视曰明，听曰聪，思曰睿。恭作肃，从作乂，明作哲，聪作谋，睿作圣。"另外，《尚书》的《五子之歌》以及《皋陶谟》中保存的《元首歌》《股肱歌》等3首珍贵的古歌，都是我国历史上现存最早的抒情诗歌。它们对后代的诗歌特别是歌行体诗歌产生深远的影响。《尚书》中描述的"君臣对话"的记言方式，为孔子及其门人所继承和发展。他们在此基础上创作了新的文学式样——"语录体"。此后，荀子又作了进一步尝试，将原来君臣对话、臣臣对话或师生对话的方式转化成辞赋作品中主客问答的言说形式。汉代及以后的文学家继续发扬光大，运用问答体创作了大量的辞赋名篇，如枚乘的《七发》、司马相如的《子虚》《上林》二赋，苏轼的《前赤壁赋》等。《尚书》中的"君臣庚歌""夔典乐""武王牧誓"等表演性很强的场景描写则是后世戏剧的萌芽。于文哲认为《尚书》中的乐舞不但具有歌舞剧的形式，而且具有一定的叙事性，表演古老的或现实的故事情节，具备了戏剧的基本要素，《皋陶谟》中的乐舞表演就是一种雏形的节庆戏剧："有独唱（舜帝的'股肱歌'），有合唱（皋陶等的'元首歌'），有语言道白（乐正夔），有对话（在舜帝和皋陶群臣之间），有舞具和化装（舞者装扮成'百兽'的图腾形象），有场景的变化（奏乐、舞蹈、歌诗），有观众的参与（'庶尹允谐'），还有一位导演和主持者（乐正

夔）。除了叙事性略显不足外，几乎已经具备了戏剧的所有
要素。" ❶

总之，《尚书》文体对中国古代文体的影响是深远的。
钱锺书说："人事代谢，制作递更，厥初因用而施艺，后遂
用失而艺存。" ❷《尚书》不但涉及的文体类别丰富多样，
而且这些文体的增生能力很强，成为古代种类纷繁的政治文
书乃至私人篇章的渊薮。

---

❶ 于文哲："《尚书》中的原始戏剧艺术"，载《广西大学学报（哲学社会
科学版）》2010年第1期，第84~89页。

❷ 钱钟书：《管锥编》，中华书局1986年版，第539页。

参考文献

一、主要参考专著

（一）《尚书》类（以作者时代为序）

1　（汉）伏胜撰，（汉）郑玄注，（清）陈寿祺辑校.尚书大传.北京：中华书局，1985

2　（唐）孔颖达.尚书正义.上海：上海古籍出版社，2007

3　（宋）林之奇.尚书全解.北京：文渊阁四库全书本

4　（宋）蔡沈.书经集传.北京：北京古籍出版社，1996

5　（宋）王柏.书疑.//四库全书存目丛书编纂委员会编.四库全书存目丛书.济南：齐鲁书社，1997

6　（元）董鼎.书传辑录纂注.//（清）纪昀，（清）永瑢等.文渊阁四库全书.上海：上海古籍出版社，1987

7　（清）王夫之.尚书稗疏.//船山全书编辑委员会.船山全书（第二册），长沙：岳麓书社，1988

8　（清）阎若璩.尚书古文疏证.上海：上海古籍出版社，1987

9　（清）孙星衍.尚书今古文注疏.//王云五.丛书集成.上海：商务印书馆，1936

10　（清）曾运乾.尚书正读.北京：中华书局，1986

11　陈梦家.尚书通论.石家庄：河北教育出版社，2000

12　杨筠如.尚书核诂.西安：陕西人民出版社，1959

13　周秉均.尚书易解.长沙：岳麓书社，1984

14　金景芳，吕绍刚.《尚书·虞夏书》新解.沈阳：辽宁古籍出版社，1996

15　顾颉刚，刘起釪.尚书校释译论.北京：中华书局，2005

16　刘起釪.尚书学史.北京：中华书局，1989

17　刘起釪.尚书研究要论.济南：齐鲁书社，2007

18　蒋善国.尚书综述.上海：上海古籍出版社，1988

19　李民.《尚书》与古史研究.郑州：河南人民出版社，1981

20　江灏，钱宗武.今古文尚书全译.贵阳：贵州人民出版社，1990

21　钱宗武.尚书入门.贵阳：贵州人民出版社，1991

22　钱宗武.今文尚书语法研究.北京：商务印书馆，2004

23　钱宗武，杜纯梓.尚书新笺与上古文明.北京：北京大学出版社，2004

24　杜勇.《尚书》周初八诰研究.北京：中国社会科学出版社，1998

25　饶龙隼.书考原.//王小盾.扬州大学中国文化研究所集刊（第一辑）.南京：江苏古籍出版社，1998

26　臧克和.尚书文字校诂.上海：上海教育出版社，1999

27　游唤民.尚书思想研究.长沙：湖南教育出版社，2001

28　刘人鹏.阎若璩与古文尚书辨伪——个学术史的个案研究.台北：花木兰文化工作坊，2005

29　许华峰.阎若璩与《尚书古文疏证》的辨伪方法.台北：花木兰文化工作坊，2005

30　吴通福.晚出《古文尚书》公案与清代学术.上海：上海古籍出版社，2007

31 张鸿范.书经讲义.台中县：文听阁图书有限公司，2009

32 张岩.审核古文尚书案.北京：中华书局，2006

33 张西堂.尚书引论.西安：陕西人民出版社，1958

（一）古籍文献类（以四部为序）

1 （清）阮元.十三经注疏.上海：上海古籍出版社，1997

2 （清）孙诒让.周礼正义.北京：中华书局，1987

3 （唐）陆德明.经典释文.北京：中华书局，2006

4 （宋）朱熹.四书集注.北京：中华书局，1957

5 （宋）朱熹.诗集传.北京：中华书局，2011

6 （汉）司马迁，（唐）张守节.史记.第2版.北京：中华书局，1982

7 （汉）班固，（唐）颜师古注.汉书.北京：中华书局，1962

8 （晋）陈寿，（宋）裴松之.三国志.北京：中华书局，1982

9 （梁）沈约.宋书.北京：中华书局，1974

10 （梁）萧子显.南齐书.北京：中华书局，1972

11 （唐）房玄龄等.晋书.北京：中华书局，1974

12 （宋）欧阳修，宋祁.新唐书.北京：中华书局，1975年

13 （宋）罗泌.路史.//（清）纪昀、永瑢等.景印文渊阁四库全书.台北：台北商务印书馆，2008

14 （宋）洪兴祖.楚辞补注.中华书局，1983

15 （汉）蔡邕.独断.//（清）纪昀、永瑢等.景印文渊阁四库全书.台北：台北商务印书馆，2008

16 （汉）史游.急就篇.//王云五.丛书集成.上海：商务印书馆，1936

17 （东汉）王充.论衡.上海：上海人民出版社，1974

18 （北齐）颜之推.颜氏家训集解.上海：上海古籍出版社，1980

19　（梁）萧统.文选.北京：中华书局，1977

20　（魏）诸葛亮.诸葛亮集.北京：中华书局，1960

21　（三国）韦昭.国语.上海：商务印书馆，1958

22　（宋）李昉等.太平御览.北京：中华书局，1960

23　（宋）真德秀.文章正宗//（清）纪昀、永瑢等.景印文渊阁四库全书.
　　台北：台北商务印书馆，2008

24　（宋）姚铉.唐文萃.//（清）纪昀、永瑢等.景印文渊阁四库全书.台
　　北：台北商务印书馆，2008

25　（宋）吴子良.荆溪林下偶谈.//（清）纪昀、永瑢等.景印文渊阁四库
　　全书.台北：台北商务印书馆，2008

26　（宋）熊朋来.经说.//（清）纪昀、永瑢等.景印文渊阁四库全书.台
　　北：台北商务印书馆，2008

27　（宋）赵与时，徐度.宾退录·却扫编.//历代笔记小说大观.上海：上
　　海古籍出版社，2012

28　（明）吴讷.文章辨体序说.//郭绍虞.中国古典文学理论批评专著选辑.
　　北京：人民文学出版社，1962年

29　（明）黄佐.六艺流别.//四库全书存目丛书编纂委员会.四库全书存目
　　丛书.济南：齐鲁书社，1997

30　（明）胡应麟.诗薮.北京：中华书局，1958

31　（清）姚鼐.古文辞类纂.上海：上海古籍出版社，1998

32　（清）段玉裁.说文解字注.上海：上海古籍出版社，1988年

33　（清）孙希旦.礼记集解.//十三经清人注疏.北京：中华书局，1989

34　（清）章学诚.文史通义.上海：上海古籍出版社，2008

35　（清）阮元.研经室集.北京：中华书局，1993

36　（清）刘宝楠.论语正义.北京：中华书局，1990

37　（清）方玉润.诗经原始.北京：中华书局，1986

38　（清）龚自珍.龚自珍全集.上海：上海人民出版社，1975

39　（清）魏源.书古微.长沙：岳麓书社，2011

40　（清）王聘珍.大戴礼记解诂.北京：中华书局，1983

41　（清）曾国藩.经史百家杂钞.长沙：岳麓书社，2009

42　（清）王先谦.荀子集解.北京：中华书局，1988

43　（清）孙诒让.墨子间诂.北京：中华书局，2001

44　（清）康有为.孔子改制考.北京：中国人民大学出版社，2010

45　（清）朱彬.礼记训纂.//十三经清人注疏.北京：中华书局，1996

46　（清）姚华.弗类堂稿.台北：文海出版社，1974

47　（清）马宗霍.论衡校读笺识.北京：中华书局，2010

48　叶瑛.文史通义校注.北京：中华书局，1985

（二）今人著作类（以作者姓名拼音为序）

1　陈汉平.西周册命制度研究.上海：学林出版社，1986

2　陈来.古代宗教与伦理.北京：三联书店，1996

3　陈梦家.殷墟卜辞综述.北京：中华书局，1988

4　陈衍.陈拾遗集.福州：福建人民出版社，2001

5　陈柱.中国散文史.上海：商务印书馆，1937

6　程裕祯.中国文化要略.北京：外语教学与研究出版社，2011

7　褚斌杰.中国古代文体概论.北京：北京大学出版社，1997

8　董芬芬.春秋辞令文体研究.上海：上海古籍出版社，2012

9　范文澜.文心雕龙注.北京人民文学出版社，1958

10　方诗铭，王修龄.古本竹书纪年版辑证.上海：上海古籍出版社，2005

11 傅修延.文本学——文本主义文论系统研究.北京：北京大学出版社，
    2004

12 复旦大学，上海师范大学.常用文体写作知识.上海：上海人民出版
    社，1976

13 傅亚庶.孔丛子校释.//新编诸子集成续编.北京：中华书局，2011

14 高明.中国文字学通论.北京：北京大学出版社，1996

15 葛志毅.谭史斋论稿续编.哈尔滨：黑龙江人民出版社，2004

16 葛志毅.周代分封制度研究.哈尔滨：黑龙江人民出版社，2005

17 葛兆光.中国思想史.上海：复旦大学出版社，1998

18 顾颉刚.古史辨.上海：上海古籍出版社，1982

19 顾颉刚.顾颉刚读书笔记.台北：联经出版事业公司，1990

20 过常宝.原始文化及文献研究.北京：北京大学出版社，2008

21 过常宝.先秦散文研究——早期文体及话语方式的生成.北京：人民出
    版社，2009

22 国家文物局古文献研究室.马王堆汉墓帛书.北京：文物出版社，1980

23 郭沫若.殷契萃编.北京：科学出版社，1965

24 郭沫若.郭沫若全集.北京：人民出版社，1982

25 郭沫若.中国古代社会研究.石家庄：河北教育出版社，2004

26 郭沫若.十批判书.北京：人民出版社，2012

27 郭绍虞.中国历代文论选.上海：上海古籍出版社，2001

28 郭沂.郭店楚简与中国哲（论纲）.//武汉大学中国文化研究院编.郭店
    楚简国际研讨会论文集.武汉：湖北人民出版社，2000

29 郭英德.中国古代文体学论稿.北京：北京大学出版社，2005

30 郭预衡.中国古代文学史长编.北京：北京师范学院出版社，1992

31 侯仁之.中国古代地理名著选读.北京：科学出版社，1959

32 侯外庐、赵纪彬、杜国庠.中国思想通史.北京：人民出版社，1957

33 胡厚宣、胡振宇.殷商史.上海：上海人民出版社，2003

34 胡留元、冯卓慧.夏商西周法制史.北京：商务印书馆，2006

35 黄怀信.逸周书源流考辨.西安：西北大学出版社，1992

36 黄怀信等.逸周书汇校集注.上海：上海古籍出版社，2007

37 黄震云.山海经.//沈文凡.名家讲解山海经.长春：长春出版社，2011

38 蒋伯潜.十三经概论.上海：上海古籍出版社，1983

39 姜昆武.诗书成词考释.济南：齐鲁书社，1989

40 姜涛.管子新注.济南：齐鲁书社，2009

41 甲骨文研究资料汇编编委会.甲骨文研究资料汇编.北京：北京图书馆
    出版社，2008

42 荆门市博物馆.郭店楚墓竹简.北京：文物出版社，1998

43 金毓黻.中国史学史.石家庄：河北教育出版社，2003

44 李零.简帛古书与学术源流.北京：生活·读书·新知三联书店，2004

45 李无未.周代朝聘制度研究.长春：吉林人民出版社，2005

46 李学勤：简帛佚集与学术史.南昌：江西教育出版社，2001

47 李雪山.商代分封制度研究.北京：中国社会科学出版社，2004

48 李宗焜.甲骨文字编.北京：中华书局，2012

49 梁启超.饮冰室合集.北京：中华书局，1989

50 廖名春：郭店楚简引《书》论《书》考.//武汉大学中国文化研究院.
    郭店楚简国际学术研讨会论文集.武汉：湖北人民出版社，1996

51 林语堂.中国人（郝志东、沈益洪译）.上海：学林出版社，2007

52 刘起釪.古史续辨.北京：中国社会科学出版社，1991

53 刘源.商周祭祖礼研究.北京：商务印书馆，2004

54 逯钦立.先秦汉魏晋南北朝诗.北京：中华书局，1983

55 吕思勉.经子解题.上海：华东师范大学出版社，1995

56 吕静.春秋时期盟誓研究.上海：上海古籍出版社，2007

57 鲁迅.鲁迅全集.北京：人民文学出版社，1981

58 鲁迅.汉文学史纲要.世纪人文系列丛书，上海：上海古籍出版社，
   2011

59 罗根泽.文体明辨序说.//郭绍虞.中国古典文学理论批评专著选.北京：
   人民文学出版社，1982

60 罗家湘.《逸周书》研究.上海：上海古籍出版社，2006

61 罗振玉.殷墟书契考释三种.北京：中华书局，2006

62 罗仲鼎.艺苑卮言校注.//程千帆.明清文学理论丛书.济南：齐鲁书社，
   1992

63 马承源.上海博物馆藏战国楚竹书.上海：上海古籍出版社，2002

64 马士远.周秦《尚书学》研究.北京：中华书局，2008

65 [美]普雷斯顿·詹姆斯.地理学思想史（李旭旦译）.北京：商务印书
   馆，1982

66 蒲起龙.史通通释.上海：上海古籍出版社，2009

67 钱伯城.古文观止新编.上海：上海古籍出版社，1988

68 钱基博.中国文学史.北京：中华书局，1993

69 钱穆.先秦诸子系年.石家庄：河北教育出版社，2002

70 钱穆.国史大纲.//中华现代学术名著丛书.北京：商务印书馆，2010

71 钱锺书.管锥编.北京：中华书局，1986

72 任继昉.释名汇校.济南：齐鲁书社，2006

73   山东大学中文系.文艺学新论.济南：山东人民出版社，1962

74   沈立岩.先秦语言活动之形态观念及其文学意义.北京：人民出版社，
      2005

75   沈文倬.宗周礼乐文明考论.杭州：杭州大学出版社，1999

76   谭家健、郑君华.先秦散文纲要.太原：山西人民出版社，1987

77   褚斌杰、谭家健.先秦文学史.北京：人民文学出版社，1998

78   谭家健.先秦散文艺术新探.济南：齐鲁书社，2007

79   陶东风.文体演变及其文化意味.昆明：云南人民出版社，1994

80   童庆炳.文体与文体的创造.昆明：云南人民出版社，1994

81   王国维.观堂集林.北京：中华书局，1959

82   徐元诰.国语集解.北京：中华书局，2002

83   闻一多.闻一多全集.北京：生活•读书•新知三联书店，1982

84   闻一多.古典新义.//中华现代学术名著丛书.北京：商务印书馆，2011

85   吴承学.中国古代文体形态研究.广州：中山大学出版社，2002

86   席涵静.周代祝官研究.台北：台北励志出版社，1978

87   夏传才.十三经概论.天津：天津人民出版社，1977

88   萧涤非.汉魏六朝乐府文学史.北京：人民文学出版社，1984

89   许维遹.吕氏春秋集释.//新编诸子集成.北京：中华书局，2009

90   许兆昌.先秦史官的制度与文化.哈尔滨：黑龙江人民出版社，2006

91   许倬云.西周史（增补本）.北京：三联书店，2001

92   薛凤昌.文体论.上海：商务印书馆，1931

93   杨宽.西周史.上海：上海人民出版社，1999

94   杨伯峻.春秋左传注.北京：中华书局，1981

95   [美]刘易斯•亨利•摩尔根著.古代社会.杨东莼等译.北京：商务印书

馆，1977

96 杨公骥.中国文学.长春：吉林人民出版社，1957

97 杨向奎.宗周社会与礼乐文明.北京：人民出版社，1992

98 于省吾.于省吾著作集.北京：中华书局，2009

99 （英）詹姆斯·乔治·弗雷泽.金枝.赵昍译.合肥：安徽人民出版社，2012

100 张岱年、方克立.中国文化概论.修订版.北京：北京大学出版社，2004

101 张岩.从部落文明到礼乐制度.上海：三联书店，2004

102 赵敏俐，谭家健.中国古代文学通论.//傅璇琮、蒋寅.中国古代文学通论.辽宁人民出版社，2005

103 中国社会科学院考古研究所.殷周金文集成.北京：中华书局，2007

104 中华书局.甲骨文合集.北京：中华书局，1982

105 朱凤瀚.商周家族形态研究.天津：天津古籍出版社，1990

106 朱光潜.诗论.上海：上海古籍出版社，2005

二、主要参考论文

（一）期刊论文（以刊发时间为顺序）

1 董作宾.王若曰古义.说文月刊，1944（4）

2 谭戒甫.论"若"字的本义及其演变.武汉大学人文科学学报，1957（1）

3 于省吾.从甲骨文看商代社会性质.东北人民大学学报，1957（2）

4 于省吾."王若曰"释义.中国语文，1966（2）

5 陈梦家.东周盟誓与出土载书.考古，1966（5）

6 裘锡圭.史墙盘铭解释.文物，1978（3）

7　刘毓庆.《商颂》非宋人作考.山西大学学报，1980（1）

8　陈全方.陕西岐山凤雏村西周甲骨文概论.古文字研究论文，1980（1）

9　李民.《尚书·尧典》与氏族社会.郑州大学学报，1980（2）

10　刘起釪.《洪范》成书时代考.中国社会科学，1980（3）

11　章明寿.《尚书》——古代各类散文的开篇.中国古代、近代文学研究，1980（28）

12　汪宁生.释"武王伐纣前歌后舞".历史研究，1981（4）

13　胡念贻.《尚书》的散文艺术及其在文学史上的地位和影响.中国古代近代文学研究，1981（5）

14　王玉哲.陕西周原所出甲骨文的来源试探.社会科学战线，1982（1）

15　金德建.《尧典》述作小议.史学史研究.1982（4）

16　王培德.略论《诗经》的起源、性质、流变和史料意义.天津师大学报，1984（3）

17　严斯信.《尚书·尧典》与中国史的文明曙光阶段.昭通师专学报（社会科学版），1990（1）

18　刘盛佳.《禹贡》——世界上最早的区域人文地理学著作.地理学报，1990（4）

19　刘振东.由《尚书》看中国散文始生期的历史状貌.齐鲁学刊，1990（6）

20　张幼良.《尚书》德治思想探赜.昆明师专学报（哲学社会科学版），1993（3）

21　严斯信.《尚书·尧典》新说.昭通师专学报（社会科学版），1994（1）

22　赵世超.巡守制度试探.历史研究，1995（3）

23 杨义.中国古典小说的本体论和文体发生发展论.社会科学战线，1995（8）

24 廖名春.《尚书》始称新证.文献，1996（4）

25 葛志毅.试据《尚书》体例论其编纂成书问题.学习与探索，1998（2）

26 周森甲.《尚书》——我国早期公文写作的总结.湘潭大学学报，1998（4）

27 郝明朝.论《尚书》的文学价值.齐鲁学刊，1998（4）

28 饶龙隼.《尚书》始称质疑.文献，1998（5）

29 王文清.论《尚书》散文的艺术风格特点.山东社会科学，1998（6）

30 苏保华.论中国古代艺术散文审美形式的历史形态.山西师范大学学报，1999（1）

31 石鹏飞.谈谈《尚书》——中国散文史札记.思想战线，1999（4）

32 李学勤，裘锡圭.新学问大都由于新发现——考古发现与先秦、秦汉典籍文化.文学遗产，2000（3）

33 刘敏.我国应用写作的源流与发展.东岳论丛，2000（3）

34 王恒展.《尚书》与中国小说.山东师大学报，2000（3）

35 何凌风.《尚书》"对偶"艺术浅析.牡丹江师范学院学报（哲学社会科学版），2000（4）

36 张兴福，王伟翔.古代中国应用文的初始实践——《尚书》的性质及其文体类型浅析.社科纵横，2000（4）

37 吴承学.先秦盟誓及其文化意蕴.文学评论，2001（1）

38 田耕滋.《诗经》功能之进展与"诗"的圣化.汉中师范学院学报（社会科学版），2002（3）

39 臧克和.上海博物馆藏《战国楚竹书·缁衣》所引《尚书》文字考.古

籍整理研究学刊，2003（1）

40　徐正英.甲骨刻辞中的文艺思想因素.甘肃社会科学，2003（2）

41　王定璋."明德慎罚"——《尚书》的"以德治国"思想探析.中华文化论坛，2003（4）

42　晁福林.上博简《甘棠》之论语召公奭史事探析——附论《尚书·召诰》的性质.南都学刊，2003（5）

43　王连龙.近二十年来《尚书》研究综述.吉林师范大学学报，2003（5）

44　刘丽文.春秋时期赋诗言志的礼学渊源及形成的机制原理.文学遗产，2004（1）

45　王颖.西周金文及《尚书》中"若曰"考.廊坊师范学院学报，2004（1）

46　史国良.有关周代"采诗"对我国史诗篇幅影响的几点看法.青海师专学报（教育科学版），2004（1）

47　林志强.新出材料与《尚书》文本的解读.福建师范大学学报（哲学社会科学版），2004（3）

48　何庄.文体骈散的分合对古代公文发展的影响分析.档案学通讯，2004（6）

49　陈来生."诗亡而后春秋作"新解：韵文史诗向散文史书的嬗递.社会科学，2004（6）

50　陈声柏."洪范九畴"的思维方式——从"范畴"的角度看.甘肃联合大学学报（社会科学版），2005（1）

51　郭英德.中国古代文体分类学刍议.中山大学学报，2005（3）

52　王齐洲.雅俗观念的演进与文学形态的发展.中国社会科学，2005（3）

53　叶新源.从先秦史书、子书角度观照中国人权.江西社会科学，2005

（5）

54 吴承学，陈赟.对"文本于经"说的文体学考察.学术研究，2006（1）

55 张碧波.人文地理学与文明中心观之始原——读《尚书·禹贡》.黑龙江社会科学，2006（1）

56 于雪棠.《尚书》文体分类及行为与文本的关系.北方论丛，2006（2）

57 闻学.《春秋》对后世史传体写作的影响.益阳职业技术学院学报，2006（3）

58 姚爱斌.论中国古代文体论研究范式的转换.文学评论，2006（6）

59 张克锋.上古谏诤传统，献诗、采诗制度与诗歌讽谏论.西北师大学报（社会科学版），2006（6）

60 马士远.帛书《要》与墨子称说"尚书"意旨新探.学术月刊（哲学社会科学版），2007（1）

61 陈赟.《尚书》"十体"的文体学价值.湖南社会科学，2007（3）

62 于文哲.《尧典》可以观美——试析《尧典》的文学价值.北方论丛，2007（3）

63 刘绪义.《尚书》——中国最早的语录体散文.湖南税务高等专科学校学报，2007（4）

64 刘绪义.《尚书》——中国最早的语录体散文.湖南税务高等专科学校学报，2007（4）

65 薛天纬.歌行诗体论.文学评论，2007（6）

66 叶修成.周公"制礼作乐"与《尚书》的最初编纂.求索，2007（11）

67 吴光正."神道设教"：明清章回小说叙事的民族传统.文艺研究，2007（12）

68 徐柏青.论《尚书》在我国散文发展史上的贡献.海南师范大学学报，

2008（1）

69 叶修成.论上古礼制与文体的生成及《尚书》的性质.中国文化研究，
    2008年春之卷

70 高华平.诗言志续辨——结合新近出土竹简的探讨.文学评论，2008
    （1）

71 过常宝.论《尚书》诰体的文化背景.北京师范大学学报，2008（4）

72 朱岩.《尚书》与中国古代公文.兰台世界，2008（6）

73 朱岩.《尚书·君奭》与后代书牍散文.名作欣赏，2008（8）

74 王士俊：禅让说.黑龙江社会科学，2009（1）

75 叶修成.论《尚书·尧典》之生成及其文体功能.华南农业大学学报，
    2009（2）

76 刘冬颖.出土文献与先秦时期的楚地儒家传诗.文学遗产，2009（2）

77 [芬兰]聂培德.从《尚书》看周代思想中的天与王朝更迭.求是学
    刊，2009（2）

78 于文哲.《尚书·金縢》的叙事学解读.哈尔滨工业大学学报（社会科
    学版），2009（3）

79 叶修成.论《尚书》命体及其文化功能.上海交通大学学报，2009（3）

80 李凯.晋侯苏编钟所见的西周巡狩行为.文物春秋，2009（5）

81 叶修成.论谟体之生成及《尚书·皋陶谟》的文化意义.华中科技大学
    学报，2009（5）

82 叶修成.论《尚书》诰体的生成机制及其文化意蕴.河海大学学报，
    2009（5）

83 于文哲.论原始宗教祭祀活动与《尚书》修辞的起源.河南师范大学学
    报，2009（6）

84 李凯.帝辛十祀征夷方与商王巡狩史实.中国历史文物，2009（6）

85 吴承学，刘湘兰.箴铭类文体.古典文学知识，2009（6）

86 过常宝.论《尚书》典谟.中国文化研究，2009年秋之卷

87 王秀臣.从仪式到艺术——祭祀象征理论的形成与应用.中国文化研究，2009年冬之卷

88 刘新生.《尚书》思想与中华民族共有精神家园建设.齐鲁学刊，2010（1）

89 于文哲.《尚书》中的原始戏剧艺术.广西大学学报（哲学社会科学版），2010（1）

90 李壮鹰.《尚书·尧典》论乐辨证.安徽大学学报（哲学社会科学版），2010（4）

91 宣英.中国"记言"传统的承传与创新——浅析"重言"在《庄子》中的运用.学术交流，2010（11）

92 宁登国.先秦记言制的形成及其演变.南昌大学学报（人文社会科学版），2011（1）

93 陈伯礼，王哲民.周人观念中的天、德、刑——对《尚书·周书》的法伦理解读.求索，2011（2）

94 刘怀荣.先秦进谏制度与怨刺诗及《诗》教之关系.文学评论，2011（3）

95 于文哲，洪明亮.论"古史即诗"：《尚书》史诗因素考辨.南昌大学学报（人文社会科学版），2011（4）

96 于文哲.《尚书》记言对先秦诸子散文的文学影响.哈尔滨工业大学学报（社会科学版），2011（4）

97 王灿.《尚书》"圣王"形象"被同质化"研究——尧、舜、禹、

汤、武形象考察.广西社会科学，2011（7）

98　于文哲.《尚书·皋陶谟》古歌解读.名作欣赏，2011（20）

99　刘永祥.20世纪"新史学"流派对史书体裁的综合创造.人文杂志，2012（1）

100　蒋迪.从人本思想的发展看先秦史书编撰的变化.许昌学院学报，2012（1）

101　何庄.古代公文文种变迁原因探析.档案学通讯，2012（3）

（二）相关学位论文

博士论文：

1　陈赟.六经与文体学.广州：中山大学，2006

2　叶修成.《尚书》文体研究.北京：北京师范大学，2008

3　朱岩.《尚书》文体研究.扬州：扬州大学，2008

4　王媛.今文《尚书》文本结构研究.北京：首都师范大学，2008

5　王灿.《尚书》历史思想研究.济南：山东大学，2011

6　张华.《洪范》与先秦思想.长春：吉林大学，2011

硕士论文：

1　卢一飞.今文《尚书》文学性研究.扬州：扬州大学，2005

2　贾清宇.孟子引《书》论《书》考论.沈阳：辽宁师范大学，2010

后　记

　　日月不淹，春秋代序。三年的读博时光虽已渐行渐远，但在中央民族大学求学期间美好的学习生活却永远铭刻我心。在即将向辛勤培养我的学校和老师交上这份"答卷"之际，我心里有些惴惴不安，同时更充满感激。因为这份"答卷"凝结了导师黄凤显先生太多的心血。入学之初，先生就督促我早作准备，尽快确定论文选题。在得知我有作《尚书》文体研究的想法之后，先生给予我极大的鼓励和支持，同时，不断督促我熟悉《尚书》文本、搜集材料、列出提纲并尽快进入论文写作状态。在论文动手之前，我遵照先生要求抄写《尚书》多遍，最终熟读成诵，这对于我理解《尚书》的文体及其思想具有重要的意义。在写作过程中，先生又多次对论文的框架结构、语言以及许多小细节，予以详尽而具体的指导。如今，我的论文虽然几经修改和打磨，已初步完成。但是，整篇论文的研究深度与创新距离先生的要求还很远，这令我非常惭愧。本论文即便有某些可取之处，也是先生辛勤指导的结果。先生温恭和蔼，睿智博雅，不仅教会我勤奋刻苦、慎思笃行的为学之法，更教给我踏实诚信、宽容博爱的为人之道。先生的教诲，三载如一日；师恩如山，弟子将永远铭刻于心。同时我也要感谢我的师母张老师，感谢她三年中给予我生活上无微不至的关心和鼓励，这令我感动不已并永志不忘。

在论文构思和开题过程中，傅承洲先生、陈允锋先生、云峰先生、蓝旭先生都提出了许多宝贵的意见，使我在论文创作过程中少走了很多弯路。在平日问学的过程中，詹福瑞先生也给了我很多的指导和帮助，在这里我要对这五位先生表示衷心的感谢！我从心底感谢中央民族大学，感谢母校古代文学学科组的所有老师，他们严谨求实的治学态度，不懈创新的治学精神，博学儒雅的治学情怀，温良恭俭让的为人姿态，都深深地感染了我，在今后的人生道路上我将永远以他们为榜样。

感谢邓莹师姐、陆丽明师姐、罗文荟同门、陈锦剑师妹、戴永新师妹和谢小刚师弟，和他们一起"相将以道，相开以颜"的日子，是我一生中最美好的记忆，值得我永远珍藏。特别感谢我的好友王翠菊博士，在论文写作和校对过程中，给予我无私的帮助，令我感动至极。落花无言，人淡如菊。光阴荏苒，友谊历久弥新。

论文完成后，北京语言大学方铭教授、中国政法大学黄震云教授、中央民族大学傅承洲教授、蓝旭教授、曹立波教授评阅了论文并参加了我的论文答辩。答辩时，专家们对我的论文提出了很多中肯和具有指导性的意见。此书就是在毕业论文的基础上，根据诸位教授的意见修改而成。在此谨向各位先生致以诚挚的谢意！

本书能够顺利出版，得到了我现在工作单位徐州工程学院科研处的大力资助，也得力于知识产权出版社编辑邓莹女士高效热忱的工作。谨此说明，并致以衷心的感谢！

感谢我的领导、同事，他们的关心、支持和帮助，让我心无旁骛，安心研修；感谢我的父母和兄弟姐妹，家人期待的目光，让我在进德修业的道路上时刻感到温暖；感谢我的爱人曹其湘，他的理解、包容和担当，让我在论著的写作和修改中能够始终专心致志，忘却生活的压力和烦恼。

潘　莉

2016年12月于翟山